JOHANNES KARAKATSANES

Die Widerrechtlichkeit in § 123 BGB

Schriften zum Bürgerlichen Recht

Band 12

Die Widerrechtlichkeit
in § 123 BGB

Von

Dr. Johannes Karakatsanes

DUNCKER & HUMBLOT / BERLIN

Alle Rechte vorbehalten
© 1974 Duncker & Humblot, Berlin 41
Gedruckt 1974 bei Buchdruckerei Bruno Luck, Berlin 65
Printed in Germany
ISBN 3 428 03082 6

MATRI ET MEMORIAE PATRIS

Vorwort

Die vorliegende Untersuchung ist im Sommersemester 1973 von der Rechtswissenschaftlichen Fakultät der Albert-Ludwigs-Universität in Freiburg i. Br. als Dissertation angenommen worden. Das Manuskript wurde Mitte 1973 abgeschlossen.

Ich bin mir dankbar bewußt, daß ohne die hochherzige Unterstützung von vielen Seiten die Arbeit in der vorliegenden Form nicht hätte zustandekommen können.

Mein besonderer Dank gehört meinem hochverehrten Lehrer Professor *Joseph Georg Wolf,* der mich auf vorbildliche Weise im juristischen Denken weitergeführt und meine Arbeit in jeder Hinsicht ermöglicht und gefördert hat.

Zu danken habe ich auch meinem Freund *Klaus Peter Müller,* Gerichtsreferendar und Assistent am Institut für Rechtsgeschichte und geschichtliche Rechtsvergleichung der Universität Freiburg, der mir mit Rat und Tat jede sachliche und menschliche Unterstützung hat zuteil werden lassen, in jenem europäischen Geiste, der die Fremde zur zweiten Heimat werden läßt.

Mein Dank gilt schließlich den Gerichtsreferendaren Dr. *G. Schlichting* und *M. Maurer* für wertvolle sprachliche und stilistische Hinweise. Dem Deutschen Akademischen Austauschdienst bleibe ich für die großzügige Gewährung eines Stipendiums dauernd verpflichtet. Ich freue mich, daß der Verlag Duncker & Humblot in Berlin die Arbeit in seine Reihe „Schriften zum Bürgerlichen Recht" aufgenommen hat.

Freiburg, im August 1973

Johannes Karakatsanes

Inhaltsverzeichnis

KAPITEL I

§ 1. *Die Problemstellung* 13

KAPITEL II

§ 2. *Der Begriff ‚Drohung' in § 123 BGB* 18
    I. Stand der Meinungen 18
        A. Henles Lehre 19
        B. Belings Lehre 20
    II. Die Ausfüllung des Begriffs ‚Drohung' durch die Rechtsprechung 21
        A. Die Abhängigkeit des angedrohten Übels von dem Willen des Drohenden 21
        B. Das Zweckelement des Drohungsbegriffs 28
    III. Sonderproblem: Abgrenzung zwischen Drohungen und Vergleichsvorschlägen 35
    IV. Zusammenfassung 38

KAPITEL III

Die Kriterien für die Beurteilung der Widerrechtlichkeit der Drohung

§ 3. *Die Widerrechtlichkeit des Mittels als erstes Kriterium für die Beurteilung der Widerrechtlichkeit der Drohung* 40
    I. Stand der Diskussion 41
    II. Konkretisierung des Begriffs ‚Widerrechtlichkeit des Mittels' als erstes Kriterium für die Beurteilung der Widerrechtlichkeit der Drohung 43
        A. Verstoß des angedrohten Übels gegen eine Vertragspflicht . 43
        B. Verstoß des angedrohten Übels gegen strafrechtliche Normen 46
        C. Verstoß des angedrohten Übels gegen nichtstrafrechtliche Normen 46
        D. Verstoß des angedrohten Übels gegen die guten Sitten .. 49
    III. Zusammenfassung 50

§ 4. *Die Widerrechtlichkeit des Zweckes als zweites Beurteilungskriterium für die Widerrechtlichkeit der Drohung* 51
    I. Standpunkt der Rechtsprechung 51
    II. Stellungnahme der Literatur 52
    III. Eigener Standpunkt 53

	IV. Zusammenfassung	55
§ 5.	Die Kriterien für die Beurteilung der Widerrechtlichkeit der Drohung bei an sich erlaubtem Mittel und Zweck	56
	I. Die Anspruchstheorie	57
	A. Inhalt der Theorie	57
	B. Die Zersetzung der Anspruchstheorie in der Rechtsprechung	57
	1. RG JW 1915, 238 ff.	57
	2. RGZ 102, 311 ff.	58
	3. Der neue Weg: BGHZ 2, 287 ff.	59
	C. Ergebnis	61
	II. Die Zusammenhangstheorie	62
	A. Inhalt der Theorie	62
	B. Die Zusammenhangstheorie in der Rechtsprechung	63
	1. LG Paderborn MDR 1951, 102 ff.	63
	2. BGHZ 25, 217 ff.	65
	3. BAG AP 1970 Nr. 16	66
	C. Ergebnis	68
	III. Die am § 226 BGB orientierte Theorie	69
	A. Inhalt der Theorie	69
	B. Eigene Stellungnahme	70
	C. Die Rechtsprechung zur unzulässigen Rechtsausübung bei der Drohung	71
	1. RG JW 1905, 134	71
	2. OLG Hamburg HansGerZ 1907, 228	72
	3. RG JW 1913, 1033 ff.	72
	4. BGHZ 2, 287 ff.	73
	D. Ergebnis	73
	IV. Gesamtergebnis	74
§ 6.	Die Kriterien für die Beurteilung der Widerrechtlichkeit bei der Drohung mit einer Unterlassung	76
	I. Stand der Meinungen	76
	II. Die Rechtsprechung	77
	1. LAG Gleiwitz ArbRechtSamml. 35, 118 ff.	77
	2. BGH LM § 123 BGB, Nr. 32	79
	III. Ergebnis	81
	IV. Exkurs: Die Drohung mit einer Unterlassung und der § 330 c StGB	82

KAPITEL IV

Die Konkretisierung des neuen Maßstabs für die Beurteilung der Widerrechtlichkeit der Drohung bei an sich erlaubtem Mittel und an sich erlaubtem Zweck

§ 7.	Die Drohung mit einer Strafanzeige	85
	I. Stand der Diskussion	85

Inhaltsübersicht

II. Die Wiedergutmachung des durch die Straftat angerichteten Schadens als zentraler Gesichtspunkt der Zulässigkeit der Drohung mit einer Strafanzeige	87
A. Die Wiedergutmachung: Voraussetzungen — Formen	87
B. Die unzulässige „Wiedergutmachung"	89
1. Die Durchsetzung von in der Höhe unbestimmten Schadensersatzansprüchen ohne sachliche Erörterung	89
2. Die über die Wiedergutmachung hinaus bezweckte Verschaffung ungebührlicher Vorteile	90
C. Das Problem der Wiedergutmachung bei Drohungen mit Strafanzeigen gegen Dritte	92
1. Stellungnahme der Rechtsprechung	93
2. Standpunkt der Literatur	93
3. Eigener Standpunkt	94
D. Exkurs: Die Drohung mit einer Strafanzeige zwecks Klärung der Rechts- und Sachlage	97
III. Die „angemessene Zahlung an die Armenkasse"	98
IV. Die Drohung mit einer Strafanzeige zwecks Auflösung eines auf gegenseitigem Vertrauen basierenden Rechtsverhältnisses	99
V. Die durch die Drohung mit einer Strafanzeige bezweckte Bestimmung des Bedrohten zu einer Handlung, die nach ethischen Maßstäben der freien Entschließung vorbehalten ist ..	100
VI. Zusammenfassung	101
§ 8 *Die Drohung mit einer zivilrechtlichen Klage und anderen Rechtsbehelfen*	103
I. Die Drohung mit einer Klage	103
A. Stand der Meinungen	103
B. Eigener Standpunkt	104
C. Die Rechtmäßigkeit der Drohung mit einer Klage	105
1. Die Drohung mit einer Klage zwecks Erreichung einer Willenserklärung, zu deren Abgabe der Bedrohte rechtlich verpflichtet ist	105
2. Die adäquate Entwicklung der zwischen Drohendem und Bedrohtem bestehenden Rechtsbeziehung	107
D. Die Widerrechtlichkeit der Drohung mit einer Klage	108
E. Sonderproblem: Die Drohung mit einer Klage gegen Dritte	111
II. Die Drohung mit anderen zilvilrechtlichen oder zivilprozessualen Rechtsbehelfen	113
III. Zusammenfassung	117
§ 9. *Die Drohung mit einer Kündigung*	119
I. Problemstellung	119
II. Die Drohung mit einer Kündigung zum Zwecke der Änderung eines bestehenden Rechtsverhältnisses	120
III. Die Drohung mit einer Kündigung zum Zwecke der einverständlichen Beendigung eines bestehenden Rechtsverhältnisses	125

	Inhaltsverzeichnis	

      A. Die Drohung mit einer außerordentlichen Kündigung 125
      B. Die Drohung mit einer ordentlichen Kündigung 127
  IV. Die Drohung mit einer Kündigung als Mittel zur Erreichung anderer Willenserklärungen 129
  V. Zusammenfassung 131

KAPITEL V

Die subjektiven Vorstellungen des Drohenden und ihr Einfluß auf die Widerrechtlikeit der Drohung

§ 10. *Der subjektive Tatbestand der Drohung bei der Drohung mit einer Strafanzeige* 132

  I. Standpunkt der Literatur 133
  II. Die Rechtsprechung 133
      A. RGZ 112, 226 ff. 133
      B. BGHZ 25, 217 ff. 136
  III. Ergebnis 139

§ 11. *Der subjektive Tatbestand der Drohung bei der Drohung mit einer Klage* 141

  I. Stand der Meinungen 141
  II. Die Rechtsprechung 143
      A. RG WarnRspr. 1928, Nr. 52 143
      B. BGH WM 1972, 946 ff. 144
  III. Ergebnis 148

§ 12. *Der subjektive Tatbestand der Drohung bei der Drohung mit anderen zivilrechtlichen oder zivilprozessualen Rechtsbehelfen* .. 151

  I. Stand der Diskussion 151
  II. Die Rechtsprechung 151
      A. RG GruchBeitr. 66, 454 ff. 151
      B. RGZ 108, 102 ff. 155
  III. Ergebnis 155

§ 13. *Der subjektive Tatbestand der Drohung bei der Drohung mit einer Kündigung* 157

  I. Stand der Diskussion 157
  II. Die Rechtsprechung 157
  III. Ergebnis 161

Ausblick 163

Schrifttum zur Drohung 165

Verzeichnis der besprochenen und angeführten Entscheidungen 169

Kapitel I

§ 1. Die Problemstellung

Übersicht

1. Das Problem der Unterscheidung zwischen zulässiger und unzulässiger Drohung. Die Regelung des BGB
2. BGHZ 25, 217 ff.
3. Die zentralen Probleme der Drohung
    a) Beurteilung der objektiven Widerrechtlichkeit
    b) Einfluß der subjektiven Vorstellungen des Drohenden auf die Widerrechtlichkeit

1. In einer Gesellschaftsordnung, die die freie Entfaltung der Persönlichkeit gewährleistet[1], ist es selbstverständlich, daß sehr oft die Interessen der einzelnen Individuen miteinander in Konflikt geraten. Es ist auch ganz natürlich, daß der eine die Durchsetzung seiner Belange auf Kosten des anderen erstrebt. Diese Verhaltensweise der einzelnen zeigt sich besonders eindeutig im Zivilrecht. Hier wird in aller Regel, insbesondere bei dem Abschluß von Verträgen, der eine versuchen, die ihm genehme Vertragsgestaltung dem anderen aufzuzwingen[2].

Es ist eine der Hauptaufgaben des Rechts als Regulativ des gesellschaftlichen Lebens, der Einwirkung des einen auf den anderen Grenzen zu setzen. Die Aufgabe stellt sich in aller Deutlichkeit dort, wo der geäußerte Wille nicht auf freier Entschließung des Erklärenden beruht, sondern sich als Resultat einer Beeinflussung durch einen anderen darstellt.

Eine gesetzliche Regelung sieht sich vor die Schwierigkeit gestellt, eine Lösung zu finden, welche nur solchen Beeinträchtigungen der Entschließungsfreiheit entgegenwirkt, die unvereinbar mit den rechtlich-ethischen Vorstellungen der Gesellschaft sind. Dagegen dürfen nicht

---

[1] Siehe Art. 2 Abs. 1 GG. Dazu *K. Hesse*, Grundzüge des Verfassungsrechts der BRD, 5. Aufl. (1972), S. 171 ff.; *H. Peters*, Das Recht auf freie Entfaltung der Persönlichkeit in der höchstrichterlichen Rechtsprechung (1963).

[2] Dazu *F. Roscher*, Vertragstheorie mit Herrschaftsfunktion? ZRP 1972, S. 111 ff. mit Literaturangaben; *M. Wolf*, Rechtsgeschäftliche Entscheidungsfreiheit und vertraglicher Interessenausgleich (1970).

Einwirkungen auf den Willen sanktioniert werden, die von der Gesellschaft im Interesse einer freien Entfaltung des Individuums als zulässig angesehen werden. Das Problem wird besonders deutlich bei der Beeinträchtigung des Willens durch *Drohung*.

Man könnte daran denken, zulässige und unzulässige Willensbeeinflussungen durch Drohung durch das Kriterium einer qualifizierten Drohung zu unterscheiden. Diesen Weg hat das römische Recht beschritten. Es sankionierte die Drohung nur dann, wenn sie sich gegen Leben, Leib oder Freiheit richtete und auch einen standhaften Mann einschüchtern konnte[3,4].

Das BGB verlangt dagegen keine besondere Qualifikation der Drohung. Der Antrag des Redaktors des der ersten Kommission vorgelegten Entwurfs ging dahin, daß die durch Drohung erregte Furcht objektiv begründet sein müsse. Dies sei nur bei einer besonderen Schwere des angedrohten Übels der Fall. Die erste Kommission lehnte den Antrag ab. Die Anfechtbarkeit wegen Drohung sollte nicht von einer besonderen Schwere des angedrohten Übels abhängen[5]. Damit waren die Erfordernisse des römischen Rechts preisgegeben. Daher hängt heute die Unterscheidung von erlaubter und nicht erlaubter Drohung weder von der Erheblichkeit des gegen den Bedrohten gerichteten Übels noch von dessen Eignung, auch einen „homo constantissimus" einzuschüchtern, ab. Stattdessen differenziert § 123 BGB nach der *Widerrechtlichkeit* der Drohung[6].

Welche Probleme diese Lösung des Gesetzgebers für die Rechtsprechung aufwirft, zeigt die folgende Entscheidung des Bundesgerichtshofs[7]:

2. BGHZ 25, 217 ff. (23. 9. 1957)

Die X-Bank stand mit der Firma H in Geschäftsverbindung; die Ehefrau des Firmeninhabers war an dem Unternehmen mit einer erheblichen Einlage beteiligt. Im Jahre 1953 geriet die Firma H in wirtschaftliche Schwierigkeiten,

---

[3] Vgl. D. 4, 2, 3, 1—9pr.; insbesondere D. 4, 2, 6: „... Metum autem non vani hominis, sed qui merito et in homine constantissimo cadat, ad hoc edictum pertinere dicemus." Siehe auch *Kaser*, Das Römische Privatrecht, erster Abschnitt, 2. Aufl. (1971), S. 244; *U. v. Lübtow*, Der Edikttitel „Quod metus causa gestum erit" (1932); *Windscheid-Kipp*, Lehrbuch des Pandektenrechts, 9. Aufl. (1906), 1. Bd., S. 415 ff.

[4] Auch einige moderne Rechtsordnungen folgen dieser Lösung. Nach Art. 1112 cod. civ. muß das angedrohte Übel ein beträchtliches sein (un mal considérable). Siehe auch Schweiz. Obl. R. Art. 30; Art. 150, 151 des griechischen BGB; Art. 1435 ital. cod. civile.

[5] Vgl. auch *G. Planck*, Der Begriff der Widerrechtlichkeit in § 123 BGB, Festgabe für Regelsberger, S. 163; ferner *Lehmann-Hübner*, Allg. Teil des BGB, S. 273: „Die subjektive Eigenart des Bedrohten ist vielmehr zu berücksichtigen, die stärkeren Nerven verdienen kein Privileg."

[6] Vgl. auch Motive I, S. 207: „Die Drohung muß eine widerrechtliche sein."

[7] Urteil des BGH vom 23. September 1957, BGHZ 25, 217 ff.

§ 1. Die Problemstellung

die jedoch vorerst mit Hilfe der Firmen KL und HO behoben wurden. Im Sommer 1953 zogen die drei Firmen aufeinander Wechsel, die von der X-Bank diskontiert wurden. Im November 1953 schloß die X-Bank mit der Firma H ein Abkommen, in dem sie sich verpflichtete, die Akzepte der Firma KL einzulösen und den Schuldnern Ratenzahlung zu gewähren. Zur Sicherung ihrer Forderungen gegen H verlangte die X-Bank von Frau H die Übernahme einer selbstschuldnerischen Bürgschaft, anderenfalls wollte sie gegen ihren Mann Strafanzeige wegen „Wechselreiterei" erstatten. Durch diese Drohung veranlaßt gab Frau H die gewünschte Bürgschaftserklärung ab. Als die X-Bank aus der Bürgschaft klagte, berief Frau H sich auf eine Anfechtung wegen widerrechtlicher Drohung.

Das OLG Bamberg hielt die Drohung mit der Strafanzeige für widerrechtlich, weil die Bank keinen Rechtsanspruch auf die Abgabe einer Bürgschaftserklärung gegen Frau H gehabt habe.

Der BGH rügt das OLG, die Beurteilung der Widerrechtlichkeit der Drohung mit einer Strafanzeige könne nicht davon abhängig gemacht werden, ob der Drohende einen Rechtsanspruch auf die Abgabe der Erklärung des Bedrohten habe. Der BGH führt aus: Frau H sei an dem Unternehmen ihres Mannes erheblich beteiligt gewesen; sie habe wiederholt große Geldsummen der Firma zur Verfügung gestellt und aus den Geschäften ihres Mannes Vorteile gezogen. Unter diesen Umständen sei die ausgesprochene Drohung nach der Auffassung aller billig und gerecht Denkenden ein angemessenes Mittel zur Erreichung der Bürgschaftserklärung gewesen. Außerdem habe die Bank nicht das Bewußtsein gehabt, in unzulässiger Weise vorzugehen. Sie sei unverschuldet von Tatsachen ausgegangen — aktive Beteiligung der Beklagten am Unternehmen ihres Mannes, persönliche Vorteile bei den Wechselgeschäften —, die die Drohung als zulässig erscheinen ließen. Dieser unverschuldete Irrtum der X-Bank nehme ihrer Drohung den Makel der Widerrechtlichkeit.

3. Diese Entscheidung des BGH, auf die später ausführlich einzugehen ist[8], stellt die zentralen Probleme der Drohung klar heraus:

Anhand welcher Kriterien soll die objektive Widerrechtlichkeit der Drohung beurteilt werden? Welchen Einfluß haben die subjektiven Vorstellungen des Drohenden auf die Beurteilung der Widerechtlichkeit der Drohung?

a)

Die *objektive* Widerrechtlichkeit einer Drohung wird in der *Literatur* danach beurteilt, ob das angewandte Drohungsmittel oder der durch die Drohung angestrebte Zweck als solche „widerrechtlich" sind[9]. Sind

---

[8] Siehe S. 65 ff.
[9] Siehe dazu *Enneccerus-Nipperdey*, Allg. Teil, S. 1063 ff. mit Nachw.; *Flume*, Allg. Teil II, S. 535; *Lehmann-Hübner*, Allg. Teil, S. 274; *Palandt*-

das Mittel und der Zweck an sich erlaubt, so kann die Drohung dennoch widerrechtlich sein, wenn nämlich der durch die Drohung angestrebte Zweck außerhalb des Kreises der der Handlung zugeordneten Zwecke liegt *(Zusammenhangstheorie)*[10].

Die *Rechtsprechung* stimmt mit der Literatur darin überein, daß bereits ein widerrechtliches Mittel oder ein widerechtlicher Zweck die Drohung widerechtlich macht[11]. Hingegen wird bei an sich erlaubtem Mittel und an sich erlaubtem Zweck die Zusammenhangstheorie als unzulänglich angesehen. In der neueren Judikatur ist die Tendenz spürbar, sich von formalen Beurteilungskriterien zu lösen und eine Gesamtwürdigung aller Umstände, die dem Drohungsvorgang ihre Gepräge geben, vorzunehmen[12].

In der vorliegenden Untersuchung wird zunächst versucht, die in Rechtsprechung und Literatur ständig wiederholte Formel, daß „die Drohung dann widerrechtlich ist, wenn entweder das Mittel der Drohung oder der durch die Drohung angestrebte Zweck widerrechtlich ist" zu konkretisieren und die Kriterien zu bestimmen, nach denen sich die Widerrechtlichkeit des Mittels und des Zwecks bemißt. Danach wenden wir uns der Drohung mit an sich erlaubtem Tun zu, um auch für sie anhand der Rechtsprechung die Beurteilungskriterien der Widerrechtlichkeit der Drohung zu gewinnen. Wir werden sehen, daß sich nach Durchsicht der Rechtsprechung die Bildung von Fallgruppen anbietet.

b)

Der Einfluß der *subjektiven* Vorstellungen des Drohenden auf die Beurteilung der Widerrechtlichkeit der Drohung ist weithin ungeklärt.

Eine monographische Untersuchung dieses Problems steht noch aus. In den Lehrbüchern und der Kommentarliteratur wird die Existenz eines subjektiven Tatbestands in § 123 BGB geleugnet. Mithin seien die subjektiven Vorstellungen des Drohenden (wie z. B. seine Gut- oder Bösgläubigkeit, sein Irrtum etc.) ohne Belang. Eine differenzierende Mei-

---

Heinrichs, Bem. 3b zu § 123 BGB; *Soergel-Hefermehl*, Bem. 40—41 zu § 123 BGB; *Staudinger-Coing*, Bem. 12 zu § 123 BGB.

[10] Siehe *Larenz*, Allg. Teil, S. 335 ff.; *Oertmann*, BGB — Allg. Teil, § 123 C (S. 431); *Offenloch*, Rechtswidriger Zwang im rechtsgeschäftlichen Verkehr, S. 100 mit Literaturangaben.

[11] Siehe dazu BGHZ 2, S. 296; BGH LM § 123 BGB, Nr. 32.

[12] Vgl. BGHZ 25, 217 ff. Dort prüft der BGH, ob die Drohung der Bank nach Ansicht aller billig und gerecht Denkenden ein angemessenes Mittel zur Erreichung der Willenserklärung der Frau H gewesen ist. Zu diesem Zweck berücksichtigt der BGH alle Umstände des Drohungsvorgangs.

§ 1. Die Problemstellung

nung vertreten neuerdings *Flume*[13], *Lorenz*[14] und *Zweigert*[15]. Zwar lassen sie in der Regel die subjektiven Vorstellungen des Drohenden unberücksichtigt, bei den Fällen der Drohung mit einer Klage jedoch soll der gute Glaube des Drohenden an das Bestehen seines Anspruchs gegen den Bedrohten die Widerrechtlichkeit der Drohung auszuschließen.

Die *Rechtsprechung* dagegen zieht seit jeher den sog. subjektiven Tatbestand der Drohung zum Ausschluß der Widerrechtlichkeit heran[16].

Weitere Aufgabe dieser Arbeit wird es sein, die Entwicklung der Rechtsprechung zu dem sog. subjektiven Tatbestand der Drohung darzustellen und die Thesen sowohl der Rechtsprechung als auch der Literatur kritisch zu überprüfen. Es wird sich herausstellen, daß auch hier eine Differenzierung nach Fallgruppen zweckmäßig erscheint.

Vor der Diskussion unserer beiden zentralen Probleme empfiehlt es sich, zunächst den Begriff der Drohung zu klären: Wann kann überhaupt von einer Drohung gesprochen werden? Die Beantwortung dieser Frage ist unsere erste Aufgabe.

---

[13] *Flume*, Allg. Teil II, S. 538 ff.
[14] *Lorenz*, Urteilsanmerkung, JZ 1963, S. 319 ff.
[15] *Zweigert*, Urteilsanmerkung, JZ 1958, S. 570 ff.
[16] Vgl. RGZ 108, 102; RGZ 112, 226; BGHZ 25, 217 ff.; BGH LM § 123 BGB Nr. 28.

Kapitel II

§ 2. Der Begriff „Drohung" in § 123 BGB

Übersicht

I. Stand der Meinungen
  A. *Henles* Lehre
  B. *Belings* Lehre
II. Die Ausfüllung des Begriffs „Drohung" durch die Rechtsprechung
  A. Die Abhängigkeit des angedrohten Übels von dem Willen des Drohenden
    1. RG JW 1905, 200
    2. RG SeuffA 90, 161 ff.
    3. RAG ArbRechtSamml. 1940, 334 ff.
    4. BGHZ 6, 348 ff.
    5. BGH JZ 1966, 753 ff.
    6. Ergebnis — Eigener Standpunkt
    7. Exkurs
  B. Das Zweckelement des Drohungsbegriffs
    1. RGZ 59, 351 ff.
    2. RG WarnRspr. 1930, 420 ff.
    3. RG WarnRspr. 1927, 118 ff.
    4. Stellungnahme der Literatur
    5. Eigener Standpunkt
III. Sonderproblem: Abgrenzung zwischen Drohungen und Vergleichsvorschlägen
    1. RGZ 104, 79 ff.
    2. BGH JZ 1963, 318 ff.
    3. Ergebnis
IV. Zusammenfassung

I. Stand der Meinungen

Schon die gemeinrechtliche Doktrin hatte die Drohung als Inaussichtstellung eines künftigen Übels definiert[1]. An dieser Definition hält auch

---

[1] Siehe *Dernburg*, System des Römischen Rechts, 8. Aufl. (1911), 1. Bd., S. 182; *Windscheid-Kipp*, Pandekten, 9. Aufl. (1906), 1. Bd., S. 416.

I. Stand der Meinungen

die neuere Literatur im wesentlichen fest[2]. So formuliert z. B. *Flume*[3]: „Der Tatbestand der Drohung erfordert die Androhung eines Übels, das dem Bedrohten als ein solches dargestellt wird, daß der Drohende die Macht habe, es ihm — sei es auch durch Dritte — zuzufügen". Indessen läßt jedoch das Schrifttum ein näheres Eingehen auf die Frage, wann die Inaussichtstellung eines künftigen Übels als Drohung im Sinne des § 123 BGB anzusehen ist, vermissen. Nur *Henle*[4] und *Beling*[5] haben versucht, den Drohungsbegriff zu konkretisieren.

A. Henles Lehre

Nach *Henle* ist „Drohung" in § 123 BGB nicht gleichbedeutend mit „Inaussichtstellung eines dem anderen zuzufügenden Übels". Eine Drohung liege nur dann vor, wenn der Drohende etwas *Verbotenes*[6] androhe. Wenn dagegen der „Drohende" etwas *Nichtverbotenes*[7] dem „Bedrohten" in Aussicht stelle, vertrete er lediglich seine eigenen Interessen, und deshalb könne keine Rede vom Vorliegen einer Drohung sein. Nur wenn die Ankündigung des „nichtverbotenen Verhaltens" ausschließlich von dem Zwecke der Schädigung des Bedrohten getragen erscheine, stelle sie eine Drohung dar.

Henles These verdient nur teilweise Zustimmung. Man muß ihm zwar zugeben, daß eine Drohung immer vorliegt, wenn etwas Verbotenes angedroht wird. Indessen ist in der neueren Literatur und in der Rechtsprechung längst einhellig anerkannt, daß auch ein an sich erlaubtes Tun den Tatbestand der Drohung erfüllen kann[8]. Es sei vorerst nur auf die Inaussichtstellung einer Strafanzeige[9] oder der Ausübung eines Zurückbehaltungsrechts[10] hingewiesen. Wenn das BGB schon keine besondere Qualifikation des angedrohten Übels verlangt[11], kann es nicht darauf

---

[2] Vgl. *Enneccerus-Nipperdey*, Allg. Teil, S. 1061; *Larenz*, Allg. Teil, S. 334; *Lehmann-Hübner*, Allg. Teil, S. 273; *Oertmann*, BGB — Allg. Teil, S. 429; *Soergel-Hefermehl*, Bem. 36 zu § 123 BGB; *Staudinger-Coing*, Bem. 5 zu § 123 BGB.
[3] *Flume*, Allg. Teil II, S. 534.
[4] *Henle*, Drohung im Anfechtbarkeits- und Erpressungstatbestand.
[5] *Beling*, Drohung im Anfechtbarkeits- und Erpressungstatbestand (§ 123 BGB, § 253 StGB).
[6] *Henle*, S. 17 ff.
[7] *Henle*, S. 17 ff., 19 ff.
[8] Siehe dazu *Flume*, Allg. Teil II, S. 535; *Enneccerus-Nipperdey*, Allg. Teil, S. 1064; *Larenz*, Allg. Teil, S. 334; Lehmann-Hübner, Allg. Teil, S. 274.
[9] So hat der BGH in der schon geschilderten Entscheidung (oben S. 14) vom 23. 9. 1957 mit Recht die Äußerung der Bank, sie werde den Ehemann der Bedrohten anzeigen, als zulässige *Drohung* angesehen.
[10] So auch RGZ 108, 102 ff.
[11] Siehe oben S. 14; auch Motive I, S. 207 ff.: „Die Gesetze fordern fast durchgängig, daß die erregte Furcht eine gegründete sei. In der Regel wird

ankommen, ob das Übel per se erlaubt oder verboten ist. Auch die Inaussichtstellung eines an sich erlaubten Tuns kann eine Drohung sein, wenn es — wie *Coing* formuliert[12] — „in der Vorstellung des Bedrohten als Übel wirkt und von ihm als solches empfunden wird"[13].

B. Belings Lehre

Nach *Beling* ist „Drohung" in § 123 BGB nicht jede Drohung schlechthin, sondern die Drohung in *Nötigungsfunktion*[14]. Nur wenn der Drohende mit seiner Ankündigung die „Nötigung" des Bedrohten bezwecke, liege eine Drohung im Sinne des § 123 BGB vor. Sei dagegen die Äußerung des „Drohenden" nicht auf Nötigung angelegt, so liege keine Drohung, sondern lediglich eine Mitteilung des „Drohenden" mit der Eröffnung einer Wahlmöglichkeit für den „Bedrohten" vor. Wenn der „Bedrohte" in einem solchen Fall sich „nötigen" lasse, statt seine Entscheidung in aller Freiheit zu treffen, so habe er es sich selbst zuzuschreiben[15]. Die Frage, ob die Äußerung des „Drohenden" eine Nötigungsfunktion oder nur eine Mitteilungsfunktion hat, beurteilt *Beling* nach *objektiven* Kriterien[16]. Sie habe bloß Mitteilungsfunktion, wenn sie auf ein nicht rechtswidriges Verhalten laute und außerdem ein objektiver Beurteiler die Äußerung des „Drohenden" nur als Mitteilung auffasse. Habe der Bedrohte sich zu „dieser Höhe der Denkweise nicht aufgeschwungen und aus den Mitteilungen des Drohenden nur den Druck der Drohung herausgehört"[17], habe er es sich selbst zuzuschreiben.

Belings Lehre hat einen gesunden Kern. Die Drohung hat in der Tat eine „nötigende" Funktion. Dies wird auch in der modernen Literatur von *Coing*[18] und *Hefermehl*[19] anerkannt. Hingegen können wir *Beling* nicht zustimmen, wenn er die nötigende Funktion der Äußerung des Drohenden nur aus der Sicht eines objektiven Dritten bestimmen will. Wenn nach der Absicht des Gesetzgebers bereits die Androhung

---

damit der Sinn verbunden, daß die Drohung eine solche sein müsse, welche auf einen besonnenen Menschen Eindruck zu machen geeignet sei. Wie indessen der durch Betrug hervorgerufene Irrtum beachtet wird ohne Rücksicht darauf, ob er entschuldbar ist, so muß es auch bei der Drohung genügen, daß dieselbe überhaupt den beabsichtigten Erfolg hervorbringt."

[12] *Staudinger-Coing*, Bem. 7 zu § 123 BGB.
[13] Siehe auch *Flume*, Allg. Teil II, S. 528 ff., nach dem die rechtliche Behandlung der Drohung in § 123 BGB auf den *Bedrohten* ausgerichtet ist.
[14] *Beling*, S. 266 ff.
[15] *Beling*, S. 270.
[16] *Beling*, S. 269.
[17] *Beling*, S. 270.
[18] *Staudinger-Coing*, Bem. 5 zu § 123 BGB.
[19] *Soergel-Hefermehl*, Bem. 45 zu § 123 BGB.

eines geringfügigen Übels, ja sogar eines gar nicht auszuführenden Übels, ausreicht, den Tatbestand des § 123 BGB zu erfüllen, wenn es nur von dem Bedrohten als ein solches empfunden wird[20], liegt es dann nicht nahe, bei der Beurteilung der Frage, ob eine Drohung vorliegt, auch das subjektiven Empfinden des Bedrohten mitheranzuziehen? Wir müssen diese Frage, bei der folgenden Untersuchung der Judikatur im Auge behalten.

II. Die Ausfüllung des Begriffs „Drohung" durch die Rechtsprechung

Die Rechtsprechung befaßt sich in einer Fülle von Entscheidungen mit der Frage, wann die Inaussichtstellung eines Übels als Drohung anzusehen ist. Nach Durchsicht dieser Entscheidungen lassen sich folgende zwei Kriterien dafür feststellen:

A. Die Abhängigkeit des angedrohten Übels von dem Willen des Drohenden, und

B. Das sog. Zweckelement des Drohungsbegriffs

A. Die Abhängigkeit des angedrohten Übels von dem Willen des Drohenden

Die erste Entscheidung, die sich mit diesem Gesichtspunkt beschäftigt, ist[21]

1. RG JW 1905, 200 (28. 1. 1905)

Das Vorstandsmitglied K einer Genossenschaft hatte der Genossenschaftskasse einen Betrag von 51 000 DM unbefugt entnommen. K wurde deshalb verhaftet. Zur Regelung der Sache und zur Sanierung der Genossenschaft wurde eine Aufsichtsratsitzung abgehalten. Der zu dieser Sitzung eingeladene Vertreter des Hauptgläubigers der Genossenschaft erklärte, er lasse sich erst auf Sanierungsverhandlungen ein, wenn die 51 000 DM der Kasse wieder zugeführt würden; entspreche man diesem Verlangen nicht, so werde der Konkurs eröffnet, und außerdem gehe die Sache „nach Moabit"[22]. Aus Angst vor einer Strafanzeige auch gegen sie selbst unterschrieben die Mitglieder des Aufsichtsrates einen Wechsel in Höhe von 51 000 DM. Als der Hauptgläubiger klagte, fochten sie jedoch die Wechselbegebung mit der Begründung an, sie hätten unter dem Druck einer Drohung mit Strafanzeige unterschrieben.

Das RG lehnte das Vorliegen einer Drohung mit folgender Argumentation ab: „Wenn der von dem Beklagten behauptete Vorgang gar nicht erkennen läßt, daß der Vertreter des Klägers ein von diesem ausgehendes positives Eingreifen, die erst noch einzureichende Strafanzeige, in Aussicht gestellt hat, wodurch das von den Beklagten gefürchtete Übel

---
[20] Siehe statt aller *Staudinger-Coing*, Bem. 7 zu § 123 BGB.
[21] Urteil des RG vom 28. Januar 1905, JW 1905, S. 200.
[22] Berliner Stadtteil, in dem die Staatsanwaltschaft ihren Sitz hatte.

herbeigeführt werden sollte, vielmehr daraus sich mit Sicherheit nicht mehr ergibt, als daß er auf die Möglichkeiten *hingewiesen* hat, welche sich aus dem Scheitern des Sanierungsversuchs von selbst ergeben würden, so fehlt es an dem wesentlichen Merkmale der Drohung, daß die Beeinflussung des freien Willens des Gegners durch ein von dem Willen des Drohenden abhängiges, von diesem erst noch irgendwie durch positive Tätigkeit in Bewegung zu setzendes Übel erfolgt sein muß."

Das angedrohte Übel war die Erstattung einer Strafanzeige. Eine solche Strafanzeige konnte von jedermann, auch von dem Hauptgläubiger, eingereicht werden. Eine Abhängigkeit der Strafanzeige vom Willen des Hauptgläubigers wäre also generell gegeben. Indessen hatte der Hauptgläubiger kein positives Eingreifen seinerseits angedroht, sondern nur darauf hingewiesen, daß die gegebenen Verhältnisse von selbst mit Wahrscheinlichkeit eine strafrechtliche Untersuchung befürchten lassen. Deshalb durfte auch der Aufsichtsrat nicht glauben, daß die Strafanzeige allein vom Willen des Hauptgläubigers abhängig sei. Mithin: Die bloße Möglichkeit einer Abhängigkeit von dem Willen des Drohenden reicht nicht aus, ein Verhalten als Drohung zu qualifizieren, vielmehr muß der Drohende das Übel auch als von seinem Willen abhängig *darstellen*.

Eine ähnliche Problematik liegt einer zweiten Entscheidung des RG[23] zugrunde:

2. RG SeuffA 90, 161 ff. (31. 1. 1936)

Der Beklagte hatte von einem Dritten einen Wald gekauft. Die Klägerin, die auch am Kauf eines Teiles des Waldes interessiert war, erklärte dem Beklagten: Wenn Du mir nicht 250 ha des Waldes weiterverkaufst, damit ich davon der zuständigen Behörde ein Stück für die Siedlungsunternehmen zur Verfügung stellen kann, dann wird die Behörde vermutlich Deinen Kauf des ganzen Waldes nicht genehmigen. Auf Grund dieser Äußerung hat der Beklagte der Klägerin die 250 ha verkauft. Später, als die Klägerin auf Erfüllung klagte, focht er den Kaufvertrag wegen Drohung an.

Das RG entschied, daß keine Drohung vorliege; die Klägerin habe nur darauf *hingewiesen*, daß ohne die Abgabe von Wald an sie die behördliche Genehmigung des gesamten Waldkaufes nicht zu erreichen sei. Nur ein Hinweis und keine Drohung liege deswegen vor, weil die in Aussicht gestellte Nichtgenehmigung des gesamten Waldkaufes nicht vom Willen der Klägerin, sondern vom Willen der *Behörde* abhängig war.

Das „angedrohte Übel", die Versagung der Genehmigung des Waldkaufes, stand hier allein in der Macht der Behörde. Im Gegensatz zu

---

[23] Urteil des RG vom 31. Januar 1936, SeuffA 90, S. 161 ff.

II. Die Ausfüllung des Begriffs „Drohung" durch die Rechtsprechung 23

der ersten besprochenen Entscheidung des RG[24] bestand hier also nicht einmal eine potentielle Abhängigkeit zwischen der Versagung der Genehmigung und dem Willen der drohenden Klägerin. Gemeinsam ist hingegen beiden Entscheidungen, daß das angedrohte Übel nicht als vom Willen des „Drohenden" abhängig *dargestellt* wurde. Die Klägerin hatte nämlich auch hier nicht gesagt, sie werde bei der Behörde intervenieren, um die Genehmigung des gesamten Kaufes zu verhindern. Die vorliegende Entscheidung zeigt also, daß die Inaussichtstellung eines vom Willen des Drohenden unabhängigen Übels dann keine Drohung im Sinne des § 123 BGB ist, wenn der Drohende es nicht als von seinem Willen abhängig darstellt.

Das RAG hat sich in einem vier Jahre später ergangenen Urteil[25] der Meinung des RG angeschlossen:

3. RAG ArbRechtSamml. 1940, 334 ff. (13. 11. 1940)

Der Beklagte war im Geschäft des Klägers Prokurist gewesen. Nach seinem Ausscheiden aus der Firma wurde er von dem Kläger auf Zahlung einer Geldsumme in Anspruch genommen mit der Behauptung, er habe ihm diesen Betrag als seinen Verlustanteil an einem Auslandsgeschäft der Firma zu erstatten. Der Beklagte bestritt seine Verpflichtung, an diesem Verlust mitzutragen, und begehrte von dem Kläger durch Widerklage einen ihm zukommenden Gewinnanteil. Der Vorsitzende des LAG empfahl den Parteien, einen Vergleich zu schließen und darin die gegenseitigen Ansprüche für erledigt zu erklären, weil bei weiterer Sachaufklärung die Gefahr bestünde, daß er die Akten der Staatsanwaltschaft wegen eines möglichen Devisenvergehens übersenden müsse. Daraufhin schlossen die Parteien den besagten Vergleich. Später focht der Kläger den Vergleich wegen Drohung an.

Das RAG hielt den Vorwurf, daß der Gerichtsvorsitzende den Kläger durch Drohung zum Abschluß des Vergleiches bestimmt habe, für unbegründet. Der Vorsitzende habe beide Parteien nur darauf *hingewiesen*, daß eine weitere Aufklärung der Sache unter Umständen zur Einleitung eines Strafverfahrens führen könne.

Die Entscheidung des RAG verdient im Ergebnis Zustimmung. Die Einleitung eines Strafverfahrens ist für den Kläger ein Übel. Dieses Übel war auch vom Willen des Vorsitzenden abhängig. Er konnte nämlich die Akten an die Staatsanwaltschaft zur Einleitung eines Ermittlungsverfahren übersenden[26]. Die Unterrichtung der Staatsanwaltschaft

---

[24] Urteil des RG vom 28. Januar 1905, JW 1905, S. 200.
[25] Urteil des RAG vom 13. November 1940, Arbeitsrechtssammlung 1940, S. 334 ff. mit Anmerkung von *Volkmar*.
[26] Dazu war er rechtlich nach § 183 GVG, § 149 ZPO, § 158 StPO und 138 StGB nicht verpflichtet. Vgl. *Baumbach-Lauterbach*, ZPO, 31. Aufl. (1973), S. 356; *Thomas-Putzo*, ZPO, 6. Aufl. (1972), S. 226; *Rosenberg-Schwab*, Zivilprozeßrecht, 10. Aufl. (1969), S. 299, 651; *Kleinknecht*, StPO, 30. Aufl. (1971), S. 420; *Schönke-Schröder*, Kommentar zum StGB, 16. Aufl. (1972), S. 878.

hatte aber der Vorsitzende nicht als unmittelbare Folge der Ablehnung des Vergleichsvorschlags, sondern lediglich als eine mögliche, keineswegs gewisse Folge der weiteren Aufklärung des Streitfalls bezeichnet. Damit hatte er das Übel als von der weiteren Sachaufklärung abhängig dargestellt. Eine Drohung läge nur dann vor, wenn der Vorsitzende die Übersendung der Akten an die Staatsanwaltschaft als unmittelbare und sichere Folge des Nichtnachgebens des Klägers in Aussicht gestellt hätte; denn nur dann hätte der Vorsitzende das angedrohte Übel als von seinem Willen abhängig dargestellt.

Wir halten also fest: Hinweise oder Warnungen des Richters an die Parteien sind keine Drohungen, wenn sie sich auf die möglichen Folgen der Sachaufklärung des Streits beschränken. Erweckt dagegen der Richter den Eindruck, daß *er* im Falle des Nichtnachgebens den Parteien das in Aussicht gestellte Übel zufügen werde, liegt eine Drohung im Sinne des § 123 BGB vor.

Die erste Entscheidung, in der sich der BGH mit unserer Problematik befaßt, ist

4. BGHZ 6, 348 ff. (26. 6. 1952)

Ein Stadtsekretär hatte in einem Entnazifizierungs-Fragebogen falsche Angaben gemacht. Nachdem seine Anstellungsbehörde die Erstausfertigung des Fragebogens der Militärregierung weitergeleitet hatte, wurde der Schwindel aufgedeckt. Die Anstellungsbehörde erklärte dem Stadtsekretär, es liege in seinem Interesse, einen Entlassungsantrag zu stellen, andernfalls müsse er damit rechnen, daß er von der Militärregierung, die bereits im Besitz der Erstausfertigung des Fragebogens sei, wegen Fragebogenfälschung angezeigt werde. Wenn er jedoch aus dem öffentlichen Dienst ausscheide, werde die Militärregierung mit größter Wahrscheinlichkeit von der Erstattung der Strafanzeige absehen. Daraufhin reichte der Stadtsekretär seinen Entlassungsantrag ein. Später focht er seinen Entlassungsantrag wegen Drohung an.

In Übereinstimmung mit dem OLG Düsseldorf hat der BGH bereits das Vorliegen einer Drohung verneint. Er hat seine Entscheidung damit begründet, daß die Behörde dem Stadtsekretär lediglich die objektive, auch von ihr nicht zu ändernde Zwangslage vor Augen gehalten habe, die sich daraus ergab, daß die Erstausfertigung des Fragebogens sich zur Zeit der Aufdeckung der Fälschung *bereits* in Händen der Militärregierung befand. Aus diesem Grunde sei das dem Stadtsekretär in Aussicht gestellte Übel, die Strafanzeige, nicht vom Willen der Behörde, sondern vom Willen der Militärregierung abhängig gewesen.

In diesem im Ergebnis sicher vom BGH richtig entschiedenen Fall war das angedrohte Übel von dem Willen der Anstellungsbehörde abhängig. Diese hätte nämlich die Militärregierung über die Fragebogenfälschung unterrichten können und dies wäre faktisch einer Strafanzeige gleich gekommen. Sie hatte indessen dem Stadtsekretär nicht angekündigt,

II. Die Ausfüllung des Begriffs „Drohung" durch die Rechtsprechung

sie werde die Militärregierung bei Nichteinreichung des Entlassungsantrags auf den Schwindel aufmerksam machen. Ihre Äußerung war vielmehr als Hinweis darauf aufzufassen, daß die Militärregierung die Fälschung aufdecken und, wenn sich der Stadtsekretär noch im Amte befinde, wahrscheinlich eine Strafanzeige erstatten werde. Damit hatte die Behörde das angedrohte Übel nicht als von ihrem Willen abhängig dargestellt. Mithin: Eine Drohung lag auch hier nicht vor, weil es an der Darstellung der Abhängigkeit des angedrohten Übels vom Willen des Drohenden fehlte.

Die zweite Entscheidung des BGH führt uns noch einen Schritt weiter:

5. BGH JZ 1966, 753 ff. (6. 7. 1966)

Der Vorsitzende einer Zivilkammer des Landgerichts hatte den streitenden Parteien einen Vergleichsvorschlag unterbreitet, auf den der Beklagte sich nicht einlassen wollte. Nach der letzten mündlichen Verhandlung zog sich das Gericht zur Beratung zurück. Nach einiger Zeit kam das Gericht in das Sitzungszimmer zurück, und der Vorsitzende erklärte dem Beklagten, die Kammer werde noch im Termin der Klage stattgeben, wenn er den Vergleichsvorschlag nicht annehme. Dabei hatte der Vorsitzende ein Blatt mit der bereits niedergeschriebenen Urteilsformel deutlich sichtbar vor sich liegen. Der Beklagte ließ sich nun auf den Vergleich ein. Später focht er ihn wegen Drohung durch den Vorsitzenden an.

Das OLG Köln sah in diesem Sachverhalt keine Drohung. Der Gerichtsvorsitzende habe nur die Verkündung eines der Klage stattgebenden Urteils als die zwangsläufige Folge des abgeschlossenen Prozesses in Aussicht gestellt. Darin liege aber nicht die Ankündigung eines künftigen Übels, das vom Willen des Drohenden abhängig sei, also keine Drohung im Sinne des § 123 BGB.

Der BGH ging dagegen davon aus, daß die Äußerungen des Vorsitzenden in der genannten Form keine „Warnung", sondern eine Drohung gewesen seien. Der Vorsitzende habe in dem Bedrohten den unzutreffenden Eindruck erweckt, daß das Urteil — das erst mit der Verkündung rechtlich zum Entstehen gebracht wird[27] — bereits unabänderlich beschlossen sei und daß es ohne weitere Beratung im Falle der Nichtannahme des Vergleichs verkündet werde. Damit habe er nicht lediglich dem Beklagten eine objektive, von seinem Willen unabhängige Zwangslage vor Augen gehalten, sondern er habe ihm ein Verhalten in Aussicht gestellt, welches im Widerspruch zu den verfahrensrechtlichen Bestimmungen gestanden habe. Hinzu komme, daß das Drängen des Vorsitzenden auf den Abschluß des Vergleiches dem Beklagten die „freie Ab-

---

[27] Dazu RGZ 161, S. 61 ff. (63); *Thomas-Putzo*, ZPO, 6. Aufl. (1973), Bem. 1 zu § 310 ZPO.

wägung des zu fassenden Entschlusses" genommen habe und dieser deswegen geglaubt habe, „sich der Autorität des Gerichts beugen zu müssen".

Die Argumentation des BGH trifft den Kern der Problematik[27a]. Das angedrohte Übel, das für den Bedrohten ungünstige Urteil, war — und insofern ist dem OLG Köln zuzustimmen — von dem Willen des drohenden Vorsitzenden unabhängig. Das Gericht mußte nämlich entsprechend der Tatsachen- und Rechtslage in jedem Fall das Urteil fällen, wenn der Beklagte nicht auf den Vergleichsvorschlag eingehe. Bei näherer Betrachtung neigt man jedoch mit dem BGH dazu, das Verhalten des Vorsitzenden als eine Drohung zu würdigen:

Erstens: Der Vorsitzende hat das *Wesen* des Prozeßvergleiches verkannt[28]. Der Prozeßvergleich wird im Wege gegenseitigen Nachgebens von den *Parteien* frei abgeschlossen[29]. Der Vorsitzende darf die Parteien zwar auf das Risiko der Fortführung des Rechtsstreits aufmerksam machen und versuchen, sie zum Abschluß eines Vergleiches zu bewegen. Er darf aber nicht, wie hier, den Parteien den Abschluß des Vergleiches *diktieren*, wenn sie es nicht wollen.

Zweitens: Der Vorsitzende hat gegen prozessuale Grundsätze verstoßen. Der Richter am LG kann zwar in jeder Lage des Verfahrens auf eine gütliche Beilegung des Rechtsstreits hinwirken[30], auch noch zwischen Schlußverhandlung und Urteil[31]. In diesem Fall muß die mündliche Verhandlung wieder eröffnet und, falls es nicht zum Abschluß eines Vergleiches kommt, *erneut* beraten werden, ehe das Urteil verkündet werden kann[32]. Bei der Wiedereröffnung der Verhandlung muß den Parteien auch Gelegenheit gegeben werden, ihren Standpunkt *erneut*

[27a] Das Urteil hat harte Kritik und lebhafte Zustimmung hervorgerufen. Kritisch: *H. J. Kubisch*, Urteilsanmerkung, NJW 1967, S. 1605 ff.; *E. Schneider*, Urteilsanmerkung, NJW 1966, S. 2399 ff.; *Wenzel*, Güteversuch, Vergleichsdruck und Drohung von der Richterbank, NJW 1967, S. 1587 ff.; zustimmend: *Arndt*, Die Friedensaufgabe des Richters, NJW 1967, S. 1585 ff.; *Ostler*, Urteilsanmerkung, NJW 1966, S. 2400 ff.

[28] Siehe dazu *Arndt*, Der Prozeßvergleich, DRiZ 1965, S. 188; *Baumgärtel*, Wesen und Begriff der Prozeßhandlung einer Partei im Zivilprozeß (1957); *Bonin*, Der Prozeßvergleich unter besonderer Berücksichtigung seiner personellen Erstreckung (1957); *Esser*, Heinrich Lehmann und die Lehre vom Prozeßvergleich, Festschrift für H. Lehmann zum 80. Geburtstag; *Lüke*, Die Beseitigung des Prozeßvergleiches durch Vereinbarung, JuS 1965, S. 482; *Rosenberg-Schwab*, Zivilprozeßrecht, S. 661.

[29] Siehe dazu statt aller *Rosenberg-Schwab*, S. 664.

[30] Siehe § 296 ZPO.

[31] Siehe *Baumbach-Lauterbach*, ZPO § 296.

[32] Siehe § 156 ZPO.

II. Die Ausfüllung des Begriffs „Drohung" durch die Rechtsprechung

darzulegen[33]. Unter Verletzung dieser Vorschriften hat der Vorsitzende hier erkennen lassen, daß das Urteil bereits abgefaßt war, obwohl es nach einer Wiedereröffnung der Verhandlung nur nach weiterer Erörterung und Beratung beschlossen und verkündet werden durfte.

Drittens: Der Vorsitzende hatte auf den Abschluß des Vergleiches gedrängt. Er hatte den Eindruck erweckt, er scheue die Mühen der Urteilsabfassung. Dieses Verhalten verstieß aber gegen *ungeschriebenes Richterrecht*, wonach der Richter bei seinen Vergleichsbemühungen nur schlicht und nüchtern auf die objektive Rechtslage hinweisen darf und es den Parteien überlassen muß, ob sie einen Vergleich abschließen[34].

Nach alldem kann das Verhalten des Vorsitzenden nur dahin verstanden werden, als habe er dem Beklagten das Übel, den Verlust des Prozesses, als von seinem, des Vorsitzenden, Willen abhängig dargestellt. Der Beklagte mußte unter diesen Gegebenheiten annehmen, der Vorsitzende habe den Willen und die Macht, ihm dieses Übel zuzufügen, wenn er sich nicht auf den Vergleich einließe; ja er mußte sogar glauben, daß der Verlust des Prozesses nicht so sehr von der objektiven Rechtslage, sondern in erster Linie von der Willkür des Vorsitzenden abhinge. Der BGH sagt zutreffend: „Der Beklagte glaubte, sich der Autorität des Gerichts beugen zu müssen[35]."

6. Ergebnis — Eigener Standpunkt

Die Analyse der Rechtsprechung hat bisher gezeigt: Die Abhängigkeit des in Aussicht gestellten Übels von dem Willen des Drohenden ist ein zentraler Gesichtspunkt für die Entscheidung, ob eine Drohung vorliegt. Überall, wo die Gerichte eine Drohung annehmen, ist diese Abhängigkeit vorhanden. Sie bildet einen gemeinsamen Nenner der Drohungsfälle und unterscheidet sie zugleich von den bloßen „Warnungen" oder „Hinweisen".

Wie diese Abhängigkeit *in concreto* zu verstehen ist, war bislang noch nicht ausreichend geklärt. Unsere Untersuchung hat gezeigt, daß die *objektive,* reale oder potentielle, Abhängigkeit vom Willen des Drohenden nicht ausschlaggebend sein kann[36]. Vielmehr kommt es darauf an, daß das Übel von dem Drohenden als von seinem Willen *abhängig dargestellt* wird und der Bedrohte infolgedessen *glauben* darf, daß das Übel auch tatsächlich von dem Willen des Drohenden abhängig

---
[33] So auch BGH JZ 1966, S. 754.
[34] Vgl. *Rosenberg*, Lehrbuch des deutschen Zivilprozeßrechts, 9. Aufl. (1961), S. 270.
[35] BGH JZ 1966, S. 754.
[36] Siehe die oben besprochenen Entscheidungen RG JW 1905, 200; RG SeuffA 90, 161 ff.; RAG ArbRechtSamml. 1940, 344 ff.; BGHZ 6, 348.

ist. Es ist das Verdienst des BGH, diesen subjektiven Gesichtspunkt in der zuletzt besprochenen Entscheidung hervorgehoben zu haben. Das Heranziehen subjektiver Gesichtspunkte bei der Beurteilung der Frage, ob eine Drohung vorliegt, verdient entschieden den Vorzug vor *Belings* objektiver Auffassung.

7. Exkurs

Nicht unwidersprochen kann uns *Offenlochs* These bleiben[37]. Abgesehen davon, daß *Offenloch* auch bloße „Hinweise" und „Warnungen" als Drohungen im Sinne des § 123 BGB auffaßt und bei ihnen nur die Widerrechtlichkeit ausschließt, das Problem also auf eine andere Ebene verlagert, will er nichtwiderrechtliche „Hinweise" und „Warnungen" überall dort annehmen, wo der Drohende lediglich auf seine eigenen Rechtspflichten hinweist. Daß dies nicht in jedem Fall richtig sein kann, beweisen drei schon besprochene Entscheidungen des RG[38]. Noch deutlicher widerlegt die besprochene Entscheidung des BGH vom 6. 7. 1966[39] *Offenlochs* These: Hier war der Vorsitzende verpflichtet, den Prozeß im Falle des Nichtzustandekommens eines Vergleiches durch ein Urteil zu beenden. Folglich müßte *Offenloch* lediglich einen nichtwiderrechtlichen „Hinweis" annehmen. Das Gegenteil ist der Fall; der BGH nahm zu Recht das Vorliegen einer widerrechtlichen Drohung an.

B. Das Zweckelement des Drohungsbegriffs

Die von uns konkretisierte Abhängigkeit des angedrohten Übels vom Willen des Drohenden ist indessen nicht das einzige Kriterium des Drohungsbegriffs. Das zeigt etwa folgender Fall[40]:

1. RGZ 59, 351 ff. (8. 12. 1904)

Der Beklagte war Handlungsgehilfe bei einer Firma. Wegen ihm zur Last gelegter Unterschlagungen fand zwischen ihm und dem Prokuristen der Firma eine Unterredung statt. Als der Beklagte dabei die Unterschlagungen leugnete, sagte der Prokurist, er werde mit den Handelsbüchern zu einem Rechtsanwalt

---

[37] *Offenloch*, Rechtswidriger Zwang im rechtsgeschäftlichen Verkehr, S. 110.

[38] RG JW 1905, 200, oben S. 21 ff.: Den Hauptgläubiger der Genossenschaft traf keine Rechtspflicht, die Aufsichtsratsmitglieder anzuzeigen.

RG SeuffA 90, 161 ff., oben S. 22 ff. Die Klägerin war nicht verpflichtet, bei der Behörde zu intervenieren, um die Genehmigung des Waldkaufs zu verhindern.

RAG ArbRechtSamml. 1940, 344 ff., oben S. 23 ff.: Der Vorsitzende war rechtlich nicht verpflichtet, das Devisenvergehen anzuzeigen.

Dennoch haben das RG und das RAG in allen drei Entscheidungen bloße „Hinweise" oder „Warnungen" angenommen, die zudem nicht widerrechtlich waren.

[39] Oben S. 25 ff.

[40] Urteil des RG vom 8. Dezember 1904, RGZ 59, S. 351 ff.

II. Die Ausfüllung des Begriffs „Drohung" durch die Rechtsprechung

gehen und diesen beauftragen, die Sache zu untersuchen und nötigenfalls gegen den Täter eine Strafanzeige zu erstatten. Daraufhin gab der Beklagte zu, 2000 DM unterschlagen zu haben und unterschrieb — ohne daß es der Prokurist verlangt hätte — einen Schuldschein über diesen Betrag. Von der Firma auf Zahlung verklagt, focht er das Schuldanerkenntnis wegen Drohung mit einer Strafanzeige an.

Das RG hat das Vorliegen einer Drohung verneint. Der Prokurist habe nicht den Willen gehabt, das Schuldanerkenntnis von dem Beklagten zu erzwingen; vielmehr habe dieser aus eigenem Entschluß das Schuldanerkenntnis abgegeben. Das bloße Inaussichtstellen einer an sich erlaubten Handlung, der Erstattung der Strafanzeige, ohne den Willen, den anderen zur Abgabe einer konkreten Willenserklärung zu bestimmen, sei keine Drohung.

Das Einschalten eines Rechtsanwalts und die mögliche Erstattung einer Strafanzeige war für den Beklagten ein Übel. Dieses Übel war nicht nur von dem Willen des Klägers abhängig, sondern es wurde von ihm auch als ein solches dargestellt, denn die mögliche Erstattung der Strafanzeige durch den Rechtsanwalt, einer Hilfsperson des Klägers, ist natürlich dem Kläger zuzurechnen. Es fehlte jedoch am Willen des Klägers dieses von ihm abhängige Übel als Mittel zur Erreichung des Schuldanerkenntnisses einzusetzen. Der Beklagte kam durch eigene Überlegung dahin, zur Vermeidung einer Strafanzeige das Schuldanerkenntnis abzugeben. Das RG nimmt also nur dann eine Drohung an, wenn der Drohende die Erlangung der abgegebenen Willenserklärung des Bedrohten bezweckt.

Diesen Gesichtspunkt stellt auch folgende Entscheidung heraus[41]:

2. RG WarnRspr. 1930, 420 (19. 5. 1930)

Der Kaufmann K hatte ein Ladengeschäft von der Klägerin gepachtet. Die Klägerin entdeckte, daß einige ihrer Arbeiter Waren aus ihrem Lager entwendet hatten. Bei den Ermittlungen fiel der Verdacht, an dem Delikt beteiligt zu sein, auch auf K. Er wurde jedoch im Strafverfahren freigesprochen. Als die Klägerin nichtsdestoweniger erkennen ließ, wie werde das Ladengeschäft nicht mehr länger an ihn verpachten, gab K mittels notarieller Urkunde ein Schuldanerkenntnis ab, obwohl die Klägerin dies von ihm nicht verlangt hatte. Später focht er das Schuldanerkenntnis wegen Drohung an.

In Übereinstimmung mit dem Berufungsgericht verneinte das RG den Tatbestand einer Drohung. Die Annahme einer Drohung setze voraus, daß der Drohende die Absicht habe, den Bedrohten zur Abgabe der konkreten Willenserklärung zu zwingen. Da die Klägerin jedoch nicht die Absicht gehabt habe, den K zur Abgabe des Schuldanerkenntnisses zu zwingen, liege keine Drohung vor.

---

[41] Urteil des RG vom 19. Mai 1930, Warneyer Rechtsprechung des RG 1930, S. 420 ff.

Das Übel, die Nichtverlängerung des Pachtvertrages, war von dem Willen der Klägerin abhängig und wurde auch als solches dargestellt. Wiederum fehlt jedoch der Zweckzusammenhang zwischen dem angedrohten Übel und der abgegebenen Willenserklärung, denn die Klägerin hatte die Abgabe des Schuldanerkenntnisses nicht bezweckt; der Beklagte hatte vielmehr aus freien Stücken Ersatz angeboten, um die Angelegenheit aus der Welt zu schaffen.

Die Rechtsprechung faßt das Kriterium des Zweckzusammenhangs nicht zu eng auf, wie folgender Fall zeigt[42]:

3. RG WarnRespr. 1927, 118 ff. (25. 2. 1927)

Der Kaufmann K hatte B beauftragt, drei Schiefergerechtsame zu erwerben, und ihm dafür eine Geldsumme als Provision und Auslagenersatz versprochen. B hatte den Auftrag angenommen und die Gerechtsame für 5 000 RM erworben. Sodann weigerte er sich, die Gerechtsame an K aufzulassen, und erklärte, er werde diese anderweitig verkaufen und den Erlös für sich behalten. Unter dem Druck dieser Erklärung kam zwischen K und B ein Vertrag zustande, wonach K für die Auflassung der Gerechtsame 15 000 RM an B zahlen sollte. Auf Zahlung der 15 000 RM in Anspruch genommen, focht K den Vertrag wegen Drohung an.

Das OLG Kassel sah die Äußerung des B, er werde die Gerechtsame weiterverkaufen, nicht als Drohung an, weil die abgegebene Vertragserklärung des K nicht von B bezweckt worden sei. K habe aus eigener Überlegung die Zahlung von 15 000 RM angeboten, um die Gerechtsame zu erwerben. Eine Drohung läge nur dann vor, wenn B sein Vorhaben, die erworbenen Gerechtsame weiterzuverkaufen, dem K gegenüber in der *Absicht* kundgegeben hätte, hierdurch auf ihn einen Zwang zum Abschluß dieses Vertrages auszuüben.

Das RG nahm dagegen eine Drohung an. Der Drohende B habe zwar nicht die unmittelbare Absicht gehabt, den Bedrohten K zum Abschluß des Vertrages zu zwingen. Er sei sich jedoch im klaren darüber gewesen, daß K durch die Drohung, die Gerechtsame anderweitig zu verkaufen, dazu bestimmt werden könne, einen solchen Vertrag abzuschließen.

Die Entscheidung des RG ist lehrreich. Unter strikter Anwendung des Erfordernisses, daß der Drohende die vom Bedrohten abgegebene Willenserklärung bezweckt haben muß, wäre das Verhalten des B nicht als Drohung zu würdigen. K hatte den Vertragsabschluß aus eigenen Stücken angeboten, ohne von B darauf ausdrücklich angesprochen worden zu sein. Infolge der Sachlage mußte B aber damit rechnen, daß seine Äußerung, er werde die Gerechtsame weiterverkaufen, K dazu bewegen könnte, *mehr Geld* für die Erwerbung der Gerechtsame anzu-

---

[42] Urteil des RG vom 25. Februar 1927, Warneyer Rechtsprechung des RG 1927, S. 118 ff.

II. Die Ausfüllung des Begriffs „Drohung" durch die Rechtsprechung 31

bieten, als auftragsgemäß vereinbart war. Der Drohende B war sich daher bewußt, daß seine Äußerung *geeignet* war, den Bedrohten, der am Erwerb der Gerechtsame sehr interessiert war, zu einer starken Erhöhung des Preises zu bestimmen. Daß sich dies im Ergebnis als Vertragserklärung und nicht als Sofortzahlung niederschlug, ist ohne Belang.

Diese Überlegungen zeigen, daß die Auffassung des RG zu unserem zweiten Kriterium des Drohungsbegriffs nicht eng zu verstehen ist: Einerseits braucht der Drohende nicht unbedingt die Abgabe einer konkreten Willenserklärung zu bezwecken; vielmehr reicht die Absicht, den schließlich eingetretenen Erfolg herbeizuführen, aus. Zum anderen werden die Anforderungen an diese Absicht zurückgeschraubt, indem man das Bewußtsein des Drohenden, „seine Äußerung sei geeignet, den anderen Teil in seiner Willensentschließung zu beeinflussen"[43,44], für genügend erachtet.

Der BGH hatte noch nicht speziell über den Zweckzusammenhang als Drohungselement zu entscheiden. Allerdings gibt er in einem obiter dictum zu erkennen, daß er sich der Meinung des RG anschließt[45].

Wir fassen zusammen: Nach der Rechtsprechung liegt der Zweckzusammenhang dann vor, wenn der Drohende den schließlich eingetretenen Erfolg bezweckt hat oder wenn er sich zumindest darüber im klaren gewesen ist, daß sein Tun geeignet ist, den Bedrohten zur Abgabe einer entsprechenden Willenserklärung zu bestimmen.

4. Stellungnahme der Literatur

Auch in der Literatur wird überwiegend der Zweckzusammenhang zwischen dem angedrohten Übel und der abgegebenen Willenserklärung als notwendige Voraussetzung der Anfechtung nach § 123 BGB gefordert. Lediglich die dogmatische Einordnung dieses Erfordernisses ist unterschiedlich. Während *Larenz*[46] und *Lehmann-Hübner*[47] den Zweckzusammenhang als selbständige Anfechtungsvoraussetzung ansehen, ihn also vom Begriff der Drohung trennen, nehmen *Enneccerus-Nipper-*

[43,44] So RG im Urteil vom 25. Februar 1927, oben S. 30 ff.; ferner Urteil des RG vom 20. Januar 1913, WarnRspr. 1913, Nr. 183; Urteil des RG vom 23. Januar 1915, Recht 1915, Nr. 818; Urteil des RG vom 8. Februar 1917, JW 1917, S. 459; RGZ 108, S. 102 ff.; RGZ 104, S. 79 ff.; Urteil des OGH für die britische Zone vom 28. Januar 1949, OHG-HEZ, Bd. 2, S. 228.

[45] BGHZ 25, S. 223: „Davon ist auch das RG ausgegangen. Es hat zunächst darauf hingewiesen, daß sich der Drohende des Druckes bewußt und daß sein Wille darauf gerichtet sein muß, eine Leistung durch Beugung des fremden Willens zu erzwingen."

[46] *Larenz*, Allg. Teil, S. 334.

[47] *Lehmann-Hübner*, Allg. Teil, S. 275.

dey[48] und *Flume*[49] eine Drohung nur dann an, wenn der Drohende die Willenserklärung des Bedrohten bezweckt, d. h. wenn er „das Bewußtsein der willensbeeinflussenden Drohung" hat[50]. *Flume* ordnet den Zweckzusammenhang ausdrücklich in den „subjektiven Tatbestand" der Drohung ein[51].

Nach *Offenloch*[52] dient das Element des Zweckzusammenhangs allein dazu, die Anfechtung wegen Drohung auszuschließen, wenn der Bedrohte zwar die gewünschte Willenserklärung abgegeben hat, aber nicht dem Drohenden, sondern einem Dritten gegenüber. Denn durch die eigenmächtige Heranziehung eines Dritten habe der Bedrohte sich dem Drohenden nicht gefügt, sondern ihm Widerstand entgegengesetzt. Habe der Bedrohte dagegen dem *Drohenden* gegenüber irgendeine Willenserklärung abgegeben, sei die Anfechtung in jedem Fall zuzulassen, unabhängig davon, ob der Drohende die abgegebene Willenserklärung bezweckt habe oder nicht. In diesem Regelfall der Drohung sei das Element des Zweckzusammenhangs „eine überflüssige Floskel". *Offenloch* argumentiert: Kündige jemand einem anderen eine Strafanzeige an, um ihn zu einer Geldzahlung zu veranlassen, nehme die h. L. zu Recht eine Drohung an. Habe dagegen der Drohende die Geldzahlung nicht bezweckt, dann sei es seltsam, daß die h. L. eine Drohung verneine, auch wenn der Drohende genau wisse, daß der Bedrohte sich nichts habe zu schulden kommen lassen, mit der Folge, daß der Bedrohte ohne jeden Schutz bleibe[53].

5. Eigener Standpunkt

Das Erfordernis des Zweckzusammenhangs findet in § 123 BGB entgegen der Ansicht von *Enneccerus-Nipperdey*[54] keine positiv-rechtliche Stütze. Die Formulierung „durch Drohung bestimmt worden ist" bezieht sich auf den Kausalitätszusammenhang zwischen Drohung und abgegebener Willenserklärung[55]. Daß der Drohende die Abgabe der Willenserklärung durch den Bedrohten auch bezweckt haben muß, ent-

---

[48] *Enneccerus-Nipperdey*, Allg. Teil, S. 1065, Anm. 24.
[49] *Flume*, Allg. Teil II, S. 538; auch *Staudinger-Coing*, Bem. 5 zu § 123 BGB.
[50] *Enneccerus-Nipperdey*, Allg. Teil, S. 1065, Anm. 24. Im Anschluß an *Kohler* (JherJ 25, 15 ff.) meinen *Enneccerus-Nipperdey*, es sei gleichgültig, ob der Drohende das Bewußtsein, er bestimme den Drohenden zu der Willenserklärung, schon bei Beginn der Drohung hatte oder erst in deren Fortdauer faßte, vorausgesetzt, daß auch im letzteren Fall die Initiative zu dem Geschäft von dem Drohenden ausgegangen sei.
[51] *Flume*, Allg. Teil II, S. 538 unter Hinweis auf *Enneccerus-Nipperdey*.
[52] *Offenloch*, S. 113 ff. (119).
[53] Diese Konsequenz *Offenlochs* ist, wie wir gleich sehen werden, nicht zwingend.
[54] *Enneccerus-Nipperdey*, Allg. Teil, S. 1062.
[55] So zutreffend *Henle*, S. 8.

II. Die Ausfüllung des Begriffs „Drohung" durch die Rechtsprechung

spricht vielmehr einer Forderung der Wissenschaft, um den Anwendungsbereich des § 123 BGB in praktischen Grenzen halten zu können[56]. Dies veranschaulicht ein viel zitiertes Schulbeispiel[57]. Hat mich jemand mit einem künftigen Angriff bedroht und kaufe ich infolgedessen eine Pistole, so kann ich den Kauf der Pistole nicht anfechten, weil der Drohende ihn gerade nicht bezweckt hat. Es wäre hier unbillig, die Anfechtung in extensiver Interpretation des § 123 BGB gegenüber dem Dritten zu gestatten.

Aber auch in den Fällen, bei denen der Bedrohte die Willenserklärung dem Drohenden gegenüber abgibt (reines Zwei-Personen-Verhältnis), scheint uns das Zweckelement unentbehrlich zu sein. Droht A dem B mit dem Abbruch der Handelsbeziehungen und verkauft B aus diesem Grund dem A günstig sein Auto, so könnte B, verzichtete man auf das Zweckelement, nach erfolgter Anfechtung das Auto zurückverlangen. Auch hier wäre es unangemessen, dem B, der die Leistung aus eigener Überlegung erbracht hat, das Anfechtungsrecht zuzubilligen. Auch im Zwei-Personen-Verhältnis ist demnach das Zweckelement der Drohung keine „überflüssige Floskel". Das oben zitierte Beispiel *Offenlochs* überzeugt nicht[58]. Dort ist dem Bedrohten in der Tat die Anfechtung seiner Geldleistung zu versagen, wenn der Drohende diese nicht bezweckt hat. Schutzlos, wie *Offenloch* meint, bleibt der Bedrohte allerdings nicht. In solchen Fällen kann man ihm durch die Heranziehung der Vorschriften über die ungerechtfertigte Bereicherung helfen[59].

---

[56] Siehe *Planck*, Festgabe für Regelsberger, S. 179 ff.
[57] Siehe statt aller *Enneccerus-Nipperdey*, Allg. Teil, S. 1062 mit Nachw.
[58] Siehe oben, S. 32.
[59] Dem steht § 817 S. 2 BGB nicht entgegen. Zwar verstößt der Drohende durch die Annahme des Geldes gegen die guten Sitten. Es ist nämlich mit den guten Sitten unvereinbar, wenn jemand Geld annimmt und als Gegenleistung die Nichterstattung einer wissentlich unwahren Strafanzeige anbietet. In diesem Fall könnte man auch dem Bedrohten den Vorwurf der Sittenwidrigkeit machen. Dabei ist aber nicht zu übersehen, daß der Bedrohte das Geld nur unter dem Druck der in Aussicht gestellten Strafanzeige anbot. Dies ist für die Anwendung des §817 S. 2 BGB von Bedeutung. § 817 S. 2 beruht nämlich auf folgendem Gedanken: Wer sich *selbst* außerhalb der Sitten- oder Rechtsordnung stellt, soll hierfür keinen Rechtsschutz erhalten. (So zutreffend BGHZ 36, 395; BGHZ 44, 1 ff.) Im Beispiel von *Offenloch* hat der Bedrohte sich nicht *selbst* außerhalb der Sittenordnung gestellt, sondern er hat lediglich unter dem *Zwang* der Strafanzeige gehandelt, deswegen findet m. E. in solchen Fällen § 817 S. 2 BGB keine Anwendung.
Zum § 817 BGB siehe vor allem *v. Caemmerer*, SJZ 1950, S. 646 ff.; derselbe MDR 1951, S. 162 ff.; *Flume*, Allg. Teil II, S. 389 ff.; *Fabricius*, JZ 1963, S. 85 ff.; *Heck*, AcP 124, 1 ff.; *Raiser* JZ 1951, S. 718 ff.
Es sind auch folgende Fälle denkbar: Der Drohende stellt dem Bedrohten eine Strafanzeige in Aussicht und der letztere bietet eine Leistung zum Ersatz eines durch die strafbare Handlung angerichteten Schadens an. In solchen Fällen könnte man eine Anwendung des § 814 BGB in Erwägung ziehen, wenn der Bedrohte leistet, obwohl er genau weiß, daß er keinen

Flumes Meinung entspricht insofern der Rechtsprechung, als er das Zweckelement als Bestandteil des Drohungsbegriffs ansieht[60]. *Flume* kann aber nicht gefolgt werden, wenn er das Zweckelement als *innere Intention* des Drohenden versteht und sagt, daß sich der Drohende dessen bewußt sein muß, daß sein Verhalten eine Drohung ist[61]. *Flume* verwickelt sich nämlich in Widerspruch, wenn er dem Irrtum des Drohenden über die der Drohung zugrunde liegenden Tatsachen *keine* Bedeutung beimißt, weil ein Tatsachenirrtum gerade das Bewußtsein des Drohenden ausschließt, daß sein Verhalten eine Drohung ist[62]. Folgerichtig müßte *Flume*, im Gegensatz zu seinen Darlegungen, zu einer Beachtlichkeit des Tatsachenirrtums kommen[63].

Wir glauben, daß man sich zum richtigen Verständnis des Zweckelements der Drohung — einen Gedanken von *Stoll*[64] und *Zweigert*[65] fortführend — in die Lage des *Bedrohten* versetzen muß. Die Anfechtung soll nur dort möglich sein, wo der Bedrohte sich dem Willen des Drohenden gebeugt hat. Hat der Bedrohte aus *eigener Überlegung* eine Willenserklärung abgegeben, muß ihm die Anfechtung versagt bleiben. Der Bedrohte beugt sich dem Willen des Drohenden in zwei Fällen:

Erstens: Wenn er das tut, was der Drohende in seiner Äußerung zum Ausdruck gebracht hat. Hier ist der Bedrohte, vor eine Alternative gestellt, dem ausdrücklichen Willen des Drohenden nachgekommen. Die Lösung dieser Fälle bereitet keine Schwierigkeit.

Zweitens: Problematisch sind dagegen die Fälle, in denen der Drohende einen solchen ausdrücklichen Willen nicht geäußert hat. In der schon besprochenen Entscheidung des RG vom 25. 2. 1927[66] hatte der Drohende nur gesagt, er werde die Gerechtsame weiterverkaufen,

---

Schaden angerichtet hat. § 814 BGB setzt indessen voraus, daß der Leistende *freiwillig* leistet. (So RGZ 147, 17. Siehe auch statt aller *Soergel-Mühl*, Bem. 2 zu § 814 BGB.) Hier hat aber der Bedrohte die Leistung nur deswegen erbracht, weil er unter dem *Druck* der Strafanzeige stand. Deshalb kommt auch § 814 BGB in solchen Fällen nicht zum Zuge.

[60] *Flume*, Allg. Teil II, S. 538.

[61] *Flume*, Allg. Teil II, S. 538: „... daß der Drohende die Erregung von Furcht bezwecken, sich dessen also bewußt sein muß, daß sein Verhalten eine Drohung ist."

[62] *Flume*, Allg. Teil II, S. 538.

[63] Die Rechtsprechung ist in diesem Punkt konsequenter. Sie geht auch davon aus (vgl. oben S. 31), daß der Drohende sich dessen bewußt sein muß, daß sein Verhalten geeignet ist, den Bedrohten zur Abgabe der Willenserklärung zu bestimmen. Sie hält indessen den Tatsachenirrtum für beachtlich. Auf die ganze Irrtumsproblematik ist später ausführlich einzugehen.

[64] *Stoll*, Zum Rechtfertigungsgrund des verkehrsrichtigen Verhaltens, JZ 1958, S. 141 (rechte Spalte).

[65] *Zweigert*, Urteilsanmerkung zu BGH, JZ 1958, S. 571 (linke Spalte).

[66] Oben S. 30 ff.

ohne von dem Bedrohten ausdrücklich Geld zu verlangen. Gleichwohl hat das RG das Vorliegen einer Drohung angenommen, weil der Drohende sich dessen bewußt gewesen sei, daß seine Äußerung geeignet war, den Bedrohten zur Zahlung eines Geldbetrages, der wesentlich höher als der vereinbarte war, zu veranlassen. Wir stimmen der Entscheidung des RG zu, glauben jedoch, daß das Problem aus der Sicht des *Bedrohten* angepackt werden muß, und möchten formulieren: Eine Drohung liegt dann vor, wenn der *Bedrohte* nach den besonderen Umständen des Falles zu glauben berechtigt war, daß der Drohende mit dem angedrohten Übel die schließlich abgegebene oder eine ihr entsprechende Willenserklärung bezweckte.

Gerade dies bestätigt die genannte Entscheidung des RG. Dort durfte der Bedrohte auf Grund aller Umstände glauben, daß der Drohende mit seiner Äußerung zur Zahlung einer größeren Geldsumme nötigen wollte[67].

III. Sonderproblem: Abgrenzung zwischen Drohungen und Vergleichsvorschlägen

Lorenz hat in einer Urteilsanmerkung[1] darauf aufmerksam gemacht, daß man oft das Vorliegen einer Drohung annehme, obwohl in Wirklichkeit nur ein Vergleichsvorschlag vorliege. Die Wissenschaft sehe sich vor die Aufgabe gestellt, eine klare Grenze zwischen Vergleichsvorschlag und Drohung zu ziehen.

Auch die *Rechtsprechung* hat dieses Problem erkannt. Lehrreich sind zwei Entscheidungen des RG und des BGH.

1. RGZ 104, 79 ff. (14. 2. 1922[2])

Die Klägerin hatte der Beklagten gegenüber die Lieferung von 10 000 kg verzinkter Falzbleche zu einem bestimmten Preis übernommen. Die Lieferung sollte, wenn möglich, innerhalb von 14 bis 16 Wochen erfolgen. Da nach 6 Monaten noch nicht geliefert war, erbat die Beklagte schriftlich baldige Lieferung der Bleche. Die Klägerin erwiderte, sie sei nach dem abgeschlossenen Vertrag zur Erfüllung terminlich nicht gebunden und machte die Beklagte darauf aufmerksam, daß ihre Lieferungen in der Reihenfolge der Buchungen ausgeführt würden und die Bestellung der Beklagten daher in absehbarer Zeit nicht zur Erledigung kommen könnte. Falls aber die Beklagte die am Tage der Lieferung maßgebenden Preise zu zahlen bereit sei, könne die

---

[67] Bei dieser Sachlage kann es nicht darauf ankommen, daß die Initiative zur Zahlung des Geldes nicht vom Drohenden ausgegangen ist. Dieser Gesichtspunkt von *Enneccerus-Nipperdey* im Anschluß an *Kohler* (siehe oben S. 32, Anm. 50) erscheint uns zu formal, zumal sich oft nicht deutlich erkennen läßt, von wem tatsächlich die Initiative ausgegangen ist.
[1] *Lorenz*, Urteilsanmerkung zu BGH, JZ 1963, S. 319 ff.
[2] Urteil des RG vom 14. Februar 1922, RGZ 104, S. 79 ff.

Lieferung bevorzugt erfolgen. Die Beklagte erklärte sich damit einverstanden. Später weigerte sie sich, den Tagespreis zu bezahlen, und behauptete, zu ihrem Einverständnis mit der Zahlung des Tagespreises durch die Drohung nicht baldiger Lieferung genötigt worden zu sein.

Das RG sah in Übereinstimmung mit dem Berufungsgericht in diesem Sachverhalt keine Drohung. Es wertete das Verhalten der Parteien als Bemühung, einen gegenseitigen Ausgleich zu finden. Die Äußerung der Klägerin, sie sei nur unter Bezahlung des Tagespreises zu baldiger Lieferung bereit, sei nur ein Vergleichsvorschlag gewesen, denn bei derartigen Verhandlungen zwischen Kaufleuten könne ein solches Verhalten nicht als eine Drohung angesehen werden.

Der Argumentation des RG ist beizupflichten. Nach dem ersten Vertrag mußte die Klägerin in einem bestimmten Preis die Ware liefern. Terminlich war sie jedoch nicht gebunden. Der Vorschlag der Klägerin, entgegen der Buchungsfolge bevorzugt zu liefern, wenn der Tagespreis bezahlt werde, bedeutete daher keine Verletzung des bestehenden Vertrages, sondern war als Angebot zum Abschluß eines *neuen* Vertrages aufzufassen. Auf dieses Angebot brauchte sich die Beklagte nicht einzulassen, mußte aber dann warten, bis ihre Bestellung buchungsgemäß zur Lieferung anstand. Indessen nahm die Beklagte das Angebot an, weil sie an einer *vorzeitigen* und bevorzugten Lieferung interessiert war. Dann mußte sie aber auch den höheren Preis bezahlen.

Dem Interesse der Beklagten an bevorzugter Lieferung korrespondierte das Interesse der Klägerin an einem höheren Preis. Im gegenseitigen Nachgeben der Parteien erblicken wir das Wesen eines Vergleichs. Mithin ist das Verhalten der Klägerin nicht als Drohung, sondern als Vergleichsvorschlag zu würdigen.

Eine ähnliche Problematik lag auch der Entscheidung des BGH zugunde[3]:

2. BGH JZ 1963, 318 ff. (20. 6. 1962)

Die X-Bank gewährte Frau F ein Aufbaudarlehen. Herr F, der Ehemann, übernahm dafür die selbstschuldnerische Bürgschaft. Da die Frau mit ihrem Geschäft nicht zurecht kam, übertrug das Ausgleichsamt das Aufbaudarlehen auf einen Dritten. Die X-Bank erklärte Herrn F, sie werde ihn aus der Bürgschaft in Anspruch nehmen, wenn er nun nicht die Bürgschaft für den Dritten übernehme. Herr F übernahm diese Bürgschaft aus Furcht, er werde aus der ersten Bürgschaft belangt. Später focht er die zweite Bürgschaftsübernahme wegen Drohung an.

Der BGH hat die Anfechtung nicht zugelassen. Zwar habe die Bank gedroht, die Drohung sei aber nicht widerrechtlich gewesen. Da nach der Gestaltung des Falles nicht geklärt werden könne, ob durch den

---

[3] Urteil des BGH vom 20. Juni 1962, JZ 1963, S. 318 ff.

III. Abgrenzung zwischen Drohungen und Vergleichsvorschlägen

Austausch der Darlehensschuldner die Darlehensforderung der Bank gegen Frau F und damit auch die Bürgschaftsverpflichtung von Herrn F erloschen sei, könne man der drohenden Bank nicht anlasten, daß sie davon ausgegangen sei, daß ihre Bürgschaftsforderung gegen Herrn F bei der Abgabe der zweiten Bürgschaftserklärung des F nicht existierte. Diese Gutgläubigkeit der Bank nehme der Drohung ihren widerrechtlichen Charakter[4].

Wir stimmen mit dem BGH überein, daß die Anfechtung nicht zuzulassen war, bezweifeln allerdings, daß hier überhaupt eine Drohung vorlag.

War die erste Bürgschaft durch die Darlehensübertragung nicht erloschen, wurde Herrn F durch die Annahme des Angebots der Bank, die zweite Bürgschaft für die *gleiche* Schuld zu übernehmen, die Möglichkeit eröffnet, im Ergebnis einen *Erlaß* der ersten Bürgerschaftsforderung zu erhalten, und ihm darüber hinaus die Chance gewährt, *überhaupt nicht* in Anspruch genommen zu werden, wenn der neue Schuldner seine Verpflichtungen erfülle.

War die erste Bürgschaft dagegen erloschen, so befand sich die Bank im Unrecht. Nun war aber gerade dieser Punkt — wie der BGH sagte — schwer aufklärbar. Der Ausgang eines etwaigen Prozesses über das Bestehen der ersten Bürgschaftsforderung wäre für keine Partei absehbar gewesen. Wenn nun bei einer solchen Sachlage die Bank von einer Klage absah und damit auf die Geltendmachung eines *möglichen* bestehenden Anspruchs verzichtete und wenn Herr F dafür seine *mögliche* bestehende Verpflichtung durch die Übernahme der Sicherung für *dieselbe* in Frage stehende Schuld konzedierte, kann dieser Vorgang nach unserer Meinung nur als gegenseitiges Nachgeben gewertet werden. Die Bank bekommt die gewünschte Sicherung, Herr F braucht vorerst nicht zu zahlen und nimmt die Chance wahr, auch in der Zukunft nicht in Anspruch genommen zu werden[5].

Auf Grund dieser Überlegungen können wir *Lorenz*[6] zustimmen, daß die Äußerung der X-Bank keine Drohung, sondern nur ein Vergleichsvorschlag war.

---

[4] Auf den Einfluß der Gutgläubigkeit des Drohenden auf die widerrechtlichkeit ist später ausführlich einzugehen.

[5] Wird F später aus der zweiten Bürgschaft in Anspruch genommen, so bleibt ihm der Regreß gegen den Dritten unbenommen. Das Risiko der Insolvenz des Dritten zu tragen, ist der notwendige Preis des Nachgebens. Dafür trägt auch die Bank das Risiko einer zukünftigen Insolvenz des zur Zeit des Vergleichs noch zahlungskräftigen Herrn F.

[6] *Lorenz*, Urteilsanmerkung zu BGH, JZ 1963, S. 319 ff.

3. Wo liegt nun die Grenze zwischen Drohung und Vergleichsvorschlag?

In den beiden besprochenen Entscheidungen des RG und des BGH wurde dem Geschäftspartner etwas an sich Erlaubtes in Aussicht gestellt: In dem Falle des RG die nicht sofortige Lieferung der Ware; in dem Fall des BGH die Erhebung einer Zivilklage. Wäre etwas an sich Verbotenes, z. B. Tod oder Gewalttätigkeit für den Fall des Nichtnachgebens angedroht worden, läge unzweifelhaft eine Drohung vor.

Als zweiten Gesichtspunkt halten wir fest, daß in beiden Fällen die Angebote des vermeintlich Drohenden auch den Interessen des vermeintlich Bedrohten dienten. In dem Fall des RG bekam die Beklagte die Ware *früher*, als sie es dem ersten Vertrag gemäß verlangen konnte. In dem Fall des BGH vermied der Bürge einen Prozeß und damit die mögliche Inanspruchnahme aus der ersten Bürgschaft; darüber hinaus nahm er die Chance wahr, gegebenenfalls überhaupt *nicht* in Anspruch genommen zu werden. In beiden Fällen waren die durch das Nachgeben der Beklagten und des Bürgen erbrachten Opfer — Zahlung des Tagespreises, Übernahme der zweiten Bürgschaft — nicht unverhältnismäßig groß.

Zu einem dritten Gesichtspunkt führt uns ein Gedanke des RG. Es hatte der Tatsache Rechnung getragen, daß die beiden Geschäftspartner Kaufleute waren. Bei Verhandlungen zwischen Kaufleuten können Verkehrssitte und Handelsbrauch darüber mitentscheiden, ob ein Vergleichsvorschlag oder eine Drohung vorliegt.

Wir halten fest: Obwohl die Kriterien der Abhängigkeit des angedrohten Übels vom Willen des Drohenden und des Zweckzusammenhangs erfüllt sind, liegt keine Drohung vor, wenn die Äußerung des „Drohenden" ein erlaubtes Verhalten in Aussicht stellt, wenn sie objektiv auch den Interessen des Gegners dient und wenn sie im Rechtsverkehr in einem bestimmten Personenkreis als adäquat angesehen wird. Unter diesen Voraussetzungen liegt lediglich ein Vergleichsvorschlag vor.

IV. Zusammenfassung

Die Untersuchung hat folgende Ergebnisse gebracht: Für die Entscheidung, ob eine Drohung im Sinne des § 123 BGB vorliegt, sind zwei Kriterien ausschlaggebend.

Einmal muß das dem Bedrohten in Aussicht gestellte Übel von dem Willen des Drohenden abhängig sein. Dabei kann nicht die *objektive*, reale oder potentielle, Abhängigkeit vom Willen des Drohenden entscheidend sein. Vielmehr kommt es darauf an, daß das Übel von dem Drohenden als von seinem Willen abhängig *dargestellt* wird und der

IV. Zusammenfassung

Bedrohte infolgedessen glauben darf, daß das Übel auch tatsächlich von dem Willen des Drohenden abhängig ist.

Zum anderen muß der *Bedrohte* sich tatsächlich dem Willen des Drohenden gebeugt haben (sog. Zweckelement des Drohungsbegriffs). Der Bedrohte beugt sich dem Willen des Drohenden in zwei Fällen: Zum ersten, wenn er das tut, was der Drohende mit seiner Äußerung ausdrücklich verlangt hat. Zum zweiten, wenn der Drohende zwar keinen ausdrücklichen Willen geäußert hat, der *Bedrohte* aber nach den besonderen Umständen des Falles zu glauben berechtigt war, daß der Drohende mit dem angedrohten Übel die schließlich abgegebene Willenserklärung bezweckte.

Die Untersuchung hat sich auf das Sonderproblem der Abgrenzung zwischen Drohung und Vergleichsvorschlag erstreckt. Obwohl die Kriterien der Abhängigkeit des angedrohten Übels und des Zweckzusammenhangs erfüllt sind, liegt keine Drohung vor, wenn die Äußerung des „Drohenden" ein erlaubtes Verhalten in Aussicht stellt, wenn sie objektiv auch den Interessen des Gegners dient und wenn sie im Rechtsverkehr als adäquat angesehen wird. Unter diesen Voraussetzungen liegt lediglich ein Vergleichsvorschlag vor.

Kapitel III

Die Kriterien für die Beurteilung der Widerrechtlichkeit der Drohung

Unstreitig ist die Drohung dann widerrechtlich, wenn entweder das Mittel der Drohung *oder* der durch die Drohung angestrebte Zweck widerrechtlich ist[1]. Aber auch wenn mit einem an sich erlaubten Tun *und* zu einem an sich erlaubten Zweck gedroht wird, kann die Drohung widerrechtlich sein. Im folgenden soll zunächst konkretisiert werden, wann das angedrohte Übel und wann der durch die Drohung angestrebte Zweck widerrechtlich sind. Dann soll geprüft werden, unter welchen Voraussetzungen die Drohung mit einem an sich erlaubten Tun und zu einem erlaubten Zweck widerrechtlich ist. Wir wenden uns zunächst der Drohung mit einem rechtswidrigen Mittel zu.

§ 3. Die Widerrechtlichkeit des Mittels als erstes Kriterium für die Beurteilung der Widerrechtlichkeit der Drohung

Übersicht

I. Stand der Diskussion

II. Konkretisierung des Begriffs „Widerrechtlichkeit des Mittels" als erstes Kriterium für die Beurteilung der Widerrechtlichkeit der Drohung
   A. Verstoß des angedrohten Übels gegen eine Vertragspflicht
      1. RG Recht 1917, Nr. 1767
      2. RGZ 108, 102 ff.
   B. Verstoß des angedrohten Übels gegen strafrechtliche Normen
   C. Verstoß des angedrohten Übels gegen nichtstrafrechtliche Normen
      1. OLG Kiel SchlHAnz. 1906, 292 ff.
      2. Verstoß des angedrohten Übels gegen zivilrechtliche Normen
   D. Verstoß des angedrohten Übels gegen die guten Sitten

III. Zusammenfassung

---

[1] Siehe oben S. 15 ff.

I. Stand der Diskussion

In der älteren Fachliteratur bemühen sich die Verfasser darum, das Problem der Widerrechtlichkeit der Drohung durch die Berücksichtigung nur eines Bestandteiles des Drohungshergangs, nämlich des erstrebten Zweckes, zu lösen. Das angedrohte Übel bleibt außer acht. Wer hiernach zur Erfüllung einer Pflicht durch Drohung gezwungen werde, könne das Erfüllungsgeschäft nicht anfechten, obwohl ihm mit einer an sich rechtswidrigen Handlung gedroht worden sei[2].

Die entgegengesetzte Meinung stellt auf das dem Bedrohten in Aussicht gestellte Übel ab. Wenn das angedrohte Übel als solches rechtswidrig ist, so wird die ganze Drohung von selbst mit dem Makel der Widerrechtlichkeit infiziert. Nach dieser Auffassung kann der erlaubte Zweck nicht das unzulässige Übel rechtfertigen[3].

Heute herrscht in der Lehre Einmütigkeit darüber, daß die Drohung mit einem widerrechtlichen Mittel unzulässig ist und daß derjenige, der unter dem Druck dieses verwerflichen Mittels eine Willenserklärung abgegeben hat, diese nach § 123 BGB anfechten kann. Es spielt keine Rolle, ob der Drohende auf die erzwungene Willenserklärung des Bedrohten einen Anspruch hat[4]. Die alten Thesen, daß der Zweck das Mittel heiligt und „qui suo iure utitur neminem laedit"[5], sind heute preisgegeben.

Auch die Begründung, die *v. Blume*[6] für die damalige Lehre angeführt hat, hält nicht stand: Der Bruch des Rechtsfriedens, den die Drohung mit einem verbotenen Mittel bewirke, müsse zwar bestraft werden; das sei jedoch nicht die Aufgabe des bürgerlichen Rechts.

---

[2] Vgl. *v. Blume*, Beiträge zur Auslegung des deutschen BGB, Jhering Jb. Bd. 38, S. 235 ff., *Cosack-Mitteis*, Bürgerl. Recht I, 8. Aufl. (1927), § 100; *Dernburg*, Das Bürgerl. Recht, 1. Bd., 2. Aufl. (1902), § 147 III 3; *Hölder*, Kommentar zum BGB, Allg. Teil § 123 Nr. 1 b; *Crome*, System des Deutschen Bürgerl. Rechts (1900), § 95 bei Anm. 28; *Kisch* in Grünhuts Z., Bd. 29, S. 527; *Leonhard*, BGB Allg. Teil, S. 531.

[3] Siehe *Biermann*, Bürgerliches Recht I (1908), Allg. Lehre und Personenrecht, § 70 ea; *Matthias*, Lehrbuch des Bürgerl. Rechts (1899), 1. Bd., S. 197.

[4] Siehe hierzu statt aller *Flume*, Allg. Teil II, S. 535; siehe auch die irreführende Formulierung der Motive I, S. 207: „Soweit ein Recht besteht, einen Anderen zur Abgabe einer Willenserklärung zu nötigen, ist die abgenötigte Erklärung gültig."
Dem Drohenden gebührt im Falle der Anfechtung wegen Drohung mit einem widerrechtlichen Mittel gegeüber dem Rückforderungsanspruch des Bedrohten kein Zurückbehaltungs- oder Aufrechnungsrecht. Die §§ 273 Abs. 2 und 393 BGB sind hier *analog* anzuwenden. Bei der Leistung an einen Dritten kommt diesem jedoch ein Zurückbehaltungs- oder Aufrechnungsrecht zu. So die heute durchaus herrschende Lehre; *Enneccerus-Nipperdey*, Allg. Teil, S. 1063; *Flume*, Allg. Teil II, S. 535; *A. A. Planck*, BGB 1, § 123 3 cd.

[5] Vgl. *v. Blume*, S. 257.

[6] *v. Blume*, S. 258.

§ 3. Die Widerrechtlichkeit des Mittels

Dagegen ist mit *Enneccerus-Nipperdey*[7] einzuwenden, daß auch im bürgerlichen Recht der Grundsatz gilt, ein Recht dürfe nicht durch widerrechtliche Mittel realisiert werden. Man brauche deshalb keineswegs vor dem Ergebnis zurückzuschrecken, daß ein Schuldner die Zahlung, die er, mit Prügel bedroht, geleistet hat, anfechten könne.

Indessen ist die eigentliche Problematik in der wissenschaftlichen Diskussion unberücksichtigt geblieben: *Wann* ist das angedrohte Übel als solches widerrechtlich, so daß man aus dessen Rechtswidrigkeit die Unzulässigkeit der Drohung folgern kann?

Das Schrifttum begnügt sich mit der Feststellung, die Drohung sei stets widerrechtlich, wenn eine widerrechtliche Handlung angedroht wird[8]. Diese definitio per definitionem trägt zu Beantwortung der gestellten Frage nichts bei; sie ist vielmehr eine bloße Wiederholung des Problems in einem anderen Gewand.

Offenloch wird hingegen konkreter[9]. Er vertritt die Ansicht, nur dann, wenn das angedrohte Übel in solch *eindeutiger* Weise widerrechtlich sei, daß sich eine andere Beurteilung nicht vertreten lasse, könne schon an Hand dieses einen Kriteriums das Vorliegen einer Drohung bejaht werden. Dies sei jedoch nicht möglich, wenn sich die Rechtmäßigkeit des angedrohten Übels zumindest vertreten lasse. *Offenloch* stützt sich auf die schon besprochene Entscheidung des BGH vom 20. 6. 1962[10].

In dieser Entscheidung besteht allerdings entgegen *Offenloch* über die Rechtmäßigkeit des angedrohten Übels kein Zweifel. Das angedrohte Übel, die sofortige Klage aus der ersten Bürgschaft, ist rechtlich nicht zu beanstanden[11]. Wenn der BGH in den Urteilsgründen von „zweifelhafter Rechtslage" spricht, meint er nicht Zweifel an der Rechtmäßig-

---

[7] *Enneccerus-Nipperdey*, Allg. Teil, S. 1063.

[8] Vgl. *Balis*, Allg. Teil des griechischen BGB, S. 148 ff.; *Enneccerus-Nipperdey*, Allg. Teil, S. 1063 ff.; *Flume*, Allg. Teil II, S. 535; *Lehmann-Hübner*, Allg. Teil, S. 274; *Leonhard*, Allg. Teil, S. 529; *Rieg*, Le rôle de la volonté dans l'acte juridique en droit français et allemand, Nr. 165/7; *v. Tuhr*, Allg. Teil, Bd. II 1, S. 613; BGB-RGRK, Bem. 22 zu § 123 BGB; *Palandt-Heinrichs*, Bem. 3 b aa zu § 123 BGB; *Soergel-Hefermehl*, Bem. 40 zu § 123 BGB; *Staudinger-Coing*, Bem. 12 zu § 123 BGB.

[9] *Offenloch*, Rechtswidriger Zwang im rechtsgeschäftlichen Verkehr, S. 55 ff.

[10] Siehe oben S. 36 ff. In der Entscheidung heißt es wörtlich: Wer bei *zweifelhafter* Rechtslage sich seinem Geschäftspartner gegenüber auf einen objektiv vertretbaren Rechtsstandpunkt stellt und die sich daraus ergebenden Folgerungen für den Fall androht, daß sich Partner nicht zur Abgabe einer bestimmten Willenserklärung entschließt, handelt nicht schon aus diesem Grunde rechtswidrig."

[11] Davon ist auch der BGH ausgegangen. Siehe dazu BGH LM § 123, Nr. 28, Bl. 2: „... Rechtswidrig war die Drohung auch nicht im Hinblick auf das gebrauchte *Mittel*. Denn es war das gute Recht der Kl., für den Fall, daß der Bekl. die zweite Bürgschaft nicht unterschrieb, ihn aus der ersten gerichtlich in Anspruch zu nehmen ..."

keit der Bürgschaftsklage, sondern Zweifel daran, ob die *materielle* Bürgschaftsforderung nach dem Übergang der Schuld auf den neuen Schuldner noch bestanden habe[12]. Die Entscheidung des BGH gibt daher nichts für unsere Problemstellung ab.

Offenlochs These kann aber auch deshalb nicht befriedigen, weil er lediglich das Problem auf eine andere Ebene verschiebt: Er bleibt die Antwort schuldig, wann das angedrohte Übel *eindeutig* rechtswidrig ist.

II. Konkretisierung des Begriffs „Widerrechtlichkeit des Mittels" als erstes Kriterium für die Beurteilung der Widerrechtlichkeit der Drohung

Auch die Rechtsprechung hat bislang noch keine festen Kriterien für die Beurteilung der Widerrechtlichkeit des Mittels entwickelt. Immerhin liefert sie uns aber wichtige Anhaltspunkte für den Versuch, eigene Kriterien aufzustellen.

A. Verstoß des angedrohten Übels gegen eine Vertragspflicht

Ein erstes Kriterium läßt sich folgendem Fall[13] entnehmen:

1. RG Recht 1917, Nr. 1767 (5. 1. 1917)

Der Kaufmann B hatte sich verpflichtet, dem Kaufmann K bestimmte Waren zu liefern. Als K die gekauften Waren bereits weiterverkauft hatte, drohte B dem K an, er werde überhaupt nichts erhalten, wenn er sich nicht bereit erkläre, statt der verkauften Waren andere Waren abzunehmen. K gab der Forderung des B nach und unterschrieb eine entsprechende, von B vorbereitete Erklärung. Später focht K jedoch sein Einverständnis zur Lieferung der anderen Waren wegen widerrechtlicher Drohung an und wies darauf hin, er habe sich mit der Lieferung anderer Waren nur einverstanden erklärt, weil er die von B gekauften Waren weiterverkauft habe und er seinem Abnehmer zumindest ähnliche Waren habe liefern müssen.

Das RG hat die Anfechtung nicht zugelassen. Da K die Waren weiterverkauft habe, habe er sich zur Zeit der Äußerung des B bereits in einer schwierigen Lage befunden, weil er mit einem Schadensersatzanspruch seines Abnehmers habe rechnen müssen. Durch die Äußerung des B, er werde nichts liefern, wenn K nicht statt der verkauften Waren andere abnehme, sei für den K keine neue Zwangslage entstanden, und deshalb liege keine Drohung vor.

Der Entscheidung des RG kann nicht zugestimmt werden. Unter Kaufleuten ist es allgemein üblich, gekaufte Waren bereits *vor* der Lieferung weiterzuverkaufen. Der Weiterverkäufer übernimmt da-

---
[12] Siehe oben S. 36 ff.
[13] Urteil des RG vom 5. Januar 1917, Recht 1917, Nr. 1767.

durch gegenüber dem Käufer die Garantie der Beschaffung der Waren. Diese Situation kann man jedoch nicht als Zwangslage qualifizieren, wenn der Weiterverkäufer sich bereits *vor* dem Weiterverkauf eingedeckt hat. Eine Zwangslage entsteht erst dann, wenn der Erstverkäufer sich weigert, die gekauften Waren an den Weiterverkäufer zu liefern. Genauso lag der der Entscheidung des RG zugrundeliegende Sachverhalt. Da die Nichtlieferung der Waren vom Willen des B abhängig war und K sich diesem Willen durch das verlangte Einverständnis mit der Lieferung anderer Waren gefügt hatte, sind die Elemente des Drohungsbegriffs erfüllt[14].

Darüber hinaus ist festzustellen, daß das dem K in Aussicht gestellte Übel, die Nichtlieferung der verkauften Waren, eine Verletzung der vertraglichen Lieferungspflicht des B darstellte[15]. Dies drückt u. E. der Drohung des B den Stempel der Widerrechtlichkeit auf.

Diesem Gesichtspunkt — Verstoß des angedrohten Übels gegen eine bestehende Vertragspflicht — wurde in dem berühmten „Essigfall" des RG nicht genügend Rechnung getragen[16]:

2. RGZ 108, 102 ff. (29. 2. 1924)

Die Parteien hatten am Fernsprecher über die Lieferung vom Eisessig verhandelt. Die Klägerin behauptete, der Beklagten 10 000 kg Eisessig verkauft zu haben. Die Beklagte machte dagegen einen Abschluß über 16 000 kg geltend. Die Klägerin war unter keinen Umständen zur Lieferung von 16 000 kg bereit und drohte der Beklagten an, sie werde nichts liefern, bis die Beklagte anerkennne, daß der Kaufvertrag nur über 10 000 kg abgeschlossen worden sei. Die Beklagte gab die gewünschte Erklärung ab. Als die Klägerin im Prozeß die Bezahlung der 10 000 kg Eisessig verlangte, focht die Beklagte ihre Erklärung wegen widerrechtlicher Drohung an und rechnete mit einem Schadensersatzanspruch wegen Nichtlieferung von 16 000 kg auf. Sie wies darauf hin, daß sie infolge Weiterverkaufs von 16 000 kg Eisessig in großer Verlegenheit gewesen sei und wohl oder übel, um wenigstens die 10 000 kg zu erhalten, die verlangte Zustimmung habe erteilen müssen.

Das RG hat der Anfechtung mit folgender Begründung nicht stattgegeben: „Die Beklagte hatte behauptet, daß sie außer den zugestandenen 10 000 kg Eisessig weitere 6000 kg zu fordern habe. Hielt die Klägerin diese Forderung für unberechtigt, so hatte sie ein rechtliches Interesse an der Beseitigung des Anspruchs. Sie mußte besorgen, daß die Beklagte nach erhaltener Lieferung von 10 000 kg ihr Schwierigkeiten bereiten, den Kaufpreis zurückbehalten oder mit Ersatzansprüchen aufrechnen werde. Unter solchen Umständen stand ihr ein

---

[14] Siehe oben S. 38 ff.

[15] Da die Äußerung des B wegen Verstoßes gegen eine bestehende Vertragspflicht nicht als erlaubt angesehen werden kann, liegt nach den obigen Ausführungen (S. 35 ff.) auch kein Vergleichsvorschlag vor.

[16] Urteil des RG vom 29. Februar 1924, RGZ 108, 102 ff.

II. Konkretisierung des Begriffs „Widerrechtlichkeit des Mittels" 45

negativer Feststellungsanspruch und zur Vermeidung einer entsprechenden Klage ein fälliger Anspruch auf eine Erklärung des Gegners zu, daß er seinen Standpunkt aufgebe. Hatte die Klägerin einen solchen fälligen Anspruch gegen die Beklagte, so mußte es ihr angesichts des Zusammenhangs der rechtlichen Beziehungen auch gestattet sein, die von ihr geschuldete Lieferung bis zur Abgabe einer die Erhebung der Feststellungsklage entbehrlich machenden Erklärung zurückzuhalten."

Die Argumentation des RG führt nicht zu einem überzeugenden Ergebnis. Die Ansichten der Parteien über die Menge des nach dem Vertrag zu liefernden Eisessigs gingen auseinander; deshalb bestand zwar ein berechtigtes Interesse der Klägerin an einer gerichtlichen Klärung dieser Frage. Wieso daraus aber ein *Anspruch* der Klägerin folgt, von der Beklagten ein Anerkenntnis der behaupteten Liefermenge von 10 000 kg Eisessig zu verlangen, ist nicht ersichtlich. Da der Klägerin ein solcher Anspruch auf ein Anerkenntnis der Beklagten nicht zustand, hatte sie auch keinen Anspruch, zu dessen Durchsetzung sie ihre Ware hätte zurückbehalten dürfen. Die Drohung der Klägerin mit der Ausübung des ihr nicht zustehenden Zurückbehaltungsrechts war demnach rechtswidrig, und es kommt weder darauf an, welchen Vertragsinhalt die Klägerin angenommen hatte[17], noch über welche Liefermenge der Vertrag tatsächlich geschlossen worden war:

Für den Fall, daß der Vertrag über 10 000 kg Eisessig geschlossen worden war, hätte die Klägerin ihren Standpunkt, daß der Vertrag über 10 000 kg zustandegekommen war, durch eine Feststellungsklage verfolgen können. Sie hätte auch der Beklagten eine solche Klage androhen können. Hätte die Beklagte auf die Klageandrohung die Erklärung abgegeben, so wäre sie, wie *Flume* zutreffend bemerkt[18], ebenso gültig wie das Anerkenntnis im Prozeß. Die Klägerin konnte aber nicht durch die Zurückbehaltung ihrer Ware den Streit nach der Maxime „melior est condicio possidentis" für sich entscheiden.

Aber auch wenn der Vertrag über 16 000 kg Eisessig zustandegekommen war, war die Drohung der Klägerin rechtswidrig. Das der Beklagten abgenötigte Anerkenntnis, der Vertrag sei nur über 10 000 kg geschlossen, stand dann im Widerspruch zu der *vertraglichen* Pflicht der Klägerin, 16 000 kg Eisessig zu liefern. Es ist schlechterdings nicht einzusehen — wie *Flume* es formuliert — „weshalb die Klägerin, wenn sie zur Lieferung der 16 000 kg verpflichtet war, sich rechtmäßig dadurch von ihrer Verpflichtung hätte befreien können, daß sie — sei es auch im guten Glauben — durch die Androhung der rechtswidrigen

---

[17] Auf den Einfluß des Irrtums des Drohenden auf die Widerrechtlichkeit ist später ausführlich einzugehen.
[18] *Flume*, Allg. Teil II, S. 540.

Nichterfüllung des Vertrages die Beklagte zwang, die Freistellungserklärung abzugeben, um wenigstens einen Teil der Ware zu erhalten"[19].

Da der Klägerin nach beiden Fallgestaltungen kein Zurückhaltungsrecht zustand, war sie mindestens zur Lieferung der unstreitigen 10 000 kg Eisessig verpflichtet. Ihre Drohung, nicht zu liefern, steht also im Widerspruch zu ihrer Vertragspflicht. Deshalb ist diese Drohung als rechtswidrig anzusehen. Mithin hat die Analyse des Eisessigfalls auch bewiesen, daß das angedrohte Übel dann rechtswidrig ist, wenn es eine Verletzung einer bestehenden Vertragspflicht darstellt[19a].

B. Verstoß des angedrohten Übels gegen strafrechtliche Normen

Verstößt das angedrohte Übel gegen eine Strafrechtsnorm, ist die Feststellung der Widerrechtlichkeit unproblematisch. So verfährt z. B. widerrechtlich, wer den Abschluß eines Vertrages durch Drohung mit Freiheitsberaubung[20], mit einem Verbrechen oder Vergehen wider das Leben seines Kontrahenten oder eine ihm eng verbundene Person[21] erlangt[22]. In solchen Fällen kann man ohne weiteres die Widerrechtlichkeit der Drohung aus der Verwerflichkeit des gebrauchten Mittels folgern.

C. Verstoß des angedrohten Übels gegen nichtstrafrechtliche Normen

Daß nicht nur Verstöße gegen strafrechtliche Normen das angedrohte Übel widerrechtlich machen, zeigt

1. OLG Kiel SchlHAnz. 1906, 292 ff. (11. 7. 1906)

Während des russisch-japanischen Krieges wurden einige Seeleute „nach Suez und eventuell zurück" angeheuert. Unterwegs erfuhren sie, daß ihr Dampfer in England Kohle für russische Kriegsschiffe geladen hatte und sie so Gefahr liefen, von japanischen Kriegsschiffen aufgebracht zu werden. Sie forderten deswegen ihre Entlassung. Sowohl der Kapitän als auch der Generalkonsul in Batavia machten die Matrosen darauf aufmerksam, daß eine Kündigung des Arbeitsverhältnisses im Widerspruch zum geltenden Seerecht stand. Schließlich kam eine Vereinbarung zwischen Kapitän und Matrosen zustande, wonach die Matrosen die Fortsetzung der Reise versprachen und

---

[19] *Flume*, Allg. Teil II, S. 540.

[19a] Vgl. auch *v. Tuhr*, Allg. Teil II 1, S. 613; ferner auch die Entscheidung des Schweizerischen Bundesgerichts, amtliche Sammlung Bd. 32, Teil 2, S. 641. Dort erachtete das Gericht die Drohung mit der Zurückbehaltung des möglich gebliebenen Teils einer Leistung als widerrechtlich.

[20] Vgl. §§ 239 und 239 a StGB.

[21] Siehe §§ 211 ff. StGB; De Page I, Nr. 61.

[22] Siehe auch § 241 StGB: „Wer einen anderen mit der Begehung eines Verbrechens bedroht, wird mit Freiheitsstrafe bis zu sechs Monaten oder mit Geldstrafe bestraft."

II. Konkretisierung des Begriffs „Widerrechtlichkeit des Mittels" 47

der Mannschaft pro Mann 20 RM zugelegt wurde. Nach Beendigung der Reise weigerte sich die Reederei, die zusätzlichen 20 RM zu zahlen, weil sie widerrechtlich durch Drohung zum Abschluß des Vergleiches bestimmt worden sei.

Das OLG Kiel hat die Anfechtung nicht zugelassen[23]. Sie scheiterte daran, daß die Schiffsmannschaft nicht das Bewußtsein gehabt habe, zu Unrecht ihre Entlassung zu fordern. Deshalb könne es dahingestellt bleiben, ob das Verhalten der Schiffsmannschaft objektiv widerrechtlich gewesen sei.

Der Argumentation des OLG kann nicht beigepflichtet werden. Die Matrosen hatten mit einer Kündigung des bestehenden Arbeitsverhältnisses gedroht, um eine Erhöhung der Heuer zu erlangen. Sie wußten auch, daß diese Kündigung nach dem damals geltenden Recht verboten war, weil sowohl der Kapitän wie auch der Generalkonsul sie dahingehend belehrt hatten. Demnach ist die Drohung der Matrosen als rechtswidrig anzusehen, weil das angedrohte Übel, die Kündigung, schon als solches im Widerspruch zu einer geltenden Seerechtsnorm stand[24].

2. Dogmatisch interessanter sind Verstöße des angedrohten Übels gegen *zivilrechtliche* Normen. Zur Veranschaulichung bilden wir das folgende Beispiel:

Der leidenschaftliche Briefmarkensammler A weiß, daß sein Nachbar B eine seltene Briefmarke besitzt, die A auf Biegen und Brechen erwerben will. B bleibt trotz des verlockenden Preises, den A ihm bietet, hart. Darauf droht A mit einer heimlichen Wegnahme der Briefmarke oder damit, durch den Garten des B zu reiten, wo B mit besonderer Sorgfalt Orchideen züchtet. Unter diesem Druck verkauft B die Briefmarke an A. Es fragt sich, ob B den zustandegekommenen Kauf wegen widerrechtlicher Drohung anfechten kann.

Das angedrohte Übel ist zivilrechtlich als Besitzentziehung bzw. Besitzstörung zu werten und verstößt damit gegen § 858 Abs. 1 BGB (verbotene Eigenmacht). Die Qualifizierung der Drohung des A als widerrechtlich ist hier völlig unproblematisch, da das von A in Aussicht gestellte Übel gleichzeitig gegen Strafrechtsnormen verstößt[25]. Besteht also ein Konkurrenzverhältnis zwischen Strafrechtsnormen und zivilrechtlichen Normen, so bedarf es des Rückgriffs auf zivilrechtliche Vorschriften nicht, um das angedrohte Übel als widerrechtlich zu qualifizieren. Allerdings sind jedoch Fälle denkbar, wo strafrechtliche Normen

---

[23] Urteil des OLG Kiel vom 11. Juli 1906, Schleswig-Holsteinische Anzeigen 1906, S. 292 ff.

[24] Siehe dazu § 74 der Seemannordnung vom 2. Juni 1902; ferner *Ehrenberg*, Handbuch des gesamten Handelsrechts, 7. Bd., 2. Abteilung 1923, S. 682 ff.; *Endemann*, Handbuch des Deutschen Handels-, See- und Wechselrechts, 4. Bd., 1. Abteilung 1884, S. 114; *Wüstendörfer*, Neuzeitliches Seehandelsrecht, 2. Aufl. 1950, S. 220 ff.

[25] Siehe § 242 bzw. §§ 123, 303 StGB. Unproblematisch sind aus dem gleichen Grunde auch Fälle, in denen die Durchführung des angedrohten Übels eine Rechtsverletzung im Sinne von §§ 823 Abs. 1, 1004 BGB darstellt.

§ 3. Die Widerrechtlichkeit des Mittels

nicht zum Zuge kommen. Hier muß dann auf zivilrechtliche Vorschriften zurückgegriffen werden. Zur Veranschaulichung wiederum ein Beispiel:

A kauft eine korinthische Amphora von B. Weil B inzwischen erfahren hat, daß sich der Preis nach der Marktlage in kurzer Zeit verdoppeln wird, ist er nicht dazu bereit, die Amphora an A zu übergeben und zu übereignen. Darauf droht A, die Amphora eigenmächtig wegzunehmen. Aus Furcht gibt B die verkaufte Amphora heraus.

Hier verstößt das angedrohte Übel nach der herrschenden Lehre[26] nicht gegen § 242 StGB, weil es an dem Tatbestandsmerkmal der Rechtswidrigkeit der Zueignung dann fehlt, wenn der Täter einen zivilrechtlichen Anspruch auf Übereignung einer konkreten Speziessache hat. Einen solchen Anspruch hat A auf Grund des Kaufvertrags gegen B, so daß eine eigenmächtige Wegnahme der Amphora durch A strafrechtlich nicht sanktioniert wird. Die Drohung des A ist also hier nicht etwa deshalb widerrechtlich, weil die eigenmächtige Wegnahme gegen eine strafrechtliche Norm verstößt, sondern deshalb, weil das angedrohte Übel zivilrechtlich widerrechtlich ist. Eine eigenmächtige Wegnahme der Amphora verstieße nämlich gegen § 858 Abs. 1 BGB, da kein Gesetz eine solche Entziehung des Besitzes gestattet. Die Tatsache, daß die eigenmächtige Wegnahme strafrechtlich nicht erfaßt werden kann, daß ein solches Verhalten also strafrechtlich nicht verboten ist, gestattet dem A keineswegs die eigenmächtige Wegnahme. Was strafrechtlich nicht verboten ist, ist zivilrechtlich noch lange nicht erlaubt[27].

A kann sich auch nicht auf die Vorschrift der erlaubten Selbsthilfe[28] berufen, da er seinen Übereignungsanspruch im Wege einer zivilrechtlichen Klage hätte verfolgen müssen[29]. Das angedrohte Übel, die eigenmächtige Wegnahme der Amphora, bleibt also auch unter diesem Gesichtspunkt widerrechtlich im Sinne des § 858 Abs. 1 BGB. Damit ist aber die ganze Drohung widerrechtlich; B kann anfechten und die ihm abgenötigte Sache zurückverlangen, obwohl er sie später auf eine Klage des A hin wieder herausgeben muß[30]. Die angedrohte Handlung war

---

[26] Siehe RGSt 25, 172; RGSt 64, 210; RG HRR 37, Nr. 209; BGHSt 17, 87; BGH GA. 62, 144; BGHSt 66, 211; *Schröder*, DRiZ 56, 69; JR 62, 346; 65, 27; *Dreher* § 242 StGB 3 B; *Metzger-Blei* II, 137; *Olshausen*, Anm. 27 b cc; *Maurach* BT, S. 212. Abweichend von der h. M. wird auch das Vorliegen der Voraussetzungen des § 229 BGB verlangt: *Gerland*, S. 575 Anm. 6; *v. Liszt-Schmidt*, S. 619; *Kohlrausch-Lange*, III 2 d zu 242 StGB; *Sauer*, BT S. 37; *Bockelmann*, Niederschr. VI, S. 17; *Kempf*, Eigenmächtige Zueignung geschuldeter Sachen, Diss. Hamburg 1965; *Welzel*, Niederschr. VI, S. 301; *Hirsch*, JZ 1963, 149.
[27] Vgl. auch *H. Stoll*, JZ 1958, S .143 (rechte Spalte).
[28] § 229 BGB.
[29] Siehe dazu RGZ 146, 182; *Palandt-Degenhart*, Bem. I zu § 858 BGB; *Soergel-Mühl*, Bem. 8 zu § 858 BGB.
[30] Die Maxime 'dolo facit, qui petit, quod statim redditurus est' findet bei Fällen, in denen mit einer verbotenen Handlung gedroht wird, keine Anwendung. Siehe hierzu statt aller Enneccerus-Nipperdey, Allg. Teil, S. 1063 ff.

II. Konkretisierung des Begriffs „Widerrechtlichkeit des Mittels"

verboten, und niemand darf Rechte, die ihm zustehen, durch widerrechtliche Mittel in die Tat umsetzen. Hätte der Gläubiger dem Bedrohten eine Klage angedroht und hätte dieser auf die Klageandrohung hin die verkaufte Amphora übergeben, dann wäre die Drohung nicht widerrechtlich.

Die Drohung mit Besitzentziehung ist nicht rechtswidrig, wenn dem Drohenden Notwehr- oder Selbsthilfebefugnisse[31] oder andere Rechtfertigungsgründe zukommen. So ist z. B. die Drohung des Gerichtsvollziehers, der ein vollstreckbares Urteil in Händen hat, nicht widerrechtlich, wenn er androht, er werde den strittigen Gegenstand gewaltsam wegnehmen, wenn der Schuldner ihn nicht freiwillig herausgebe[32].

Wir fassen zusammen: Die Untersuchung hat gezeigt, daß auch Verstöße des angedrohten Übels lediglich gegen zivilrechtliche Normen möglich sind. Auch diese Verstöße führen zur Widerrechtlichkeit der Drohung.

D. Verstoß des angedrohten Übels gegen die guten Sitten

A und B sind Eigentümer zweier benachbarter Grundstücke. A möchte das Grundstück des B erwerben. B will es jedoch nicht verkaufen. Darauf droht A, der weiß, daß B sittenstreng ist und minderjährige Töchter hat, er werde auf seinem Grundstück und gegenüber dem Hause des B ein Bordell einrichten, falls B ihm nicht sein Grunstück verkaufe. B gibt nach und verkauft das Grundstück zu einem angemessenen Preis an A. Kann B den Kaufvertrag wegen Drohung anfechten?

Über die Notwendigkeit, der Willensbeeinflussung in solchen Fällen rechtliche Schranken zu setzen, besteht sicherlich kein Zweifel. Allerdings kann dem Bedrohten nicht über § 138 Abs. 1 BGB geholfen werden. Der zustandegekommene Kaufvertrag ist nicht schon seinem Inhalt nach sittenwidrig[33]. Auch die Motive des Drohenden, sollte man sie als unsittlich beurteilen, reichen nicht aus, den Kaufvertrag als sittenwidrig einzustufen. Hierzu sind nach der herrschenden Meinung und der Rechtsprechung unsittliche Motive *beider* Parteien erforderlich[34].

---

[31] Siehe §§ 227, 229, 859, 1227 BGB.
[32] Vgl. auch *Baur*, Lehrbuch des Sachenrechts, 7. Aufl. (1973), S. 68 ff. Nach ihm ist die Besitzentziehung oder die Besitzstörung nur dann zulässig, wenn der Eingreifende aufgrund amtlicher auf Gesetz gegründeter Akte zum Eingriff in den Besitz berechtigt ist, oder wenn ihm Notwehr- oder Selbsthilfebefugnisse zustehen. Siehe auch *Diederichsen*, Das Recht zum Besitz aus Schuldverhältnissen (1965); *Heck*, Grundriß des Sachenrechts (1930), § 3, 7; *Medicus*, Besitzschutz durch Ansprüche auf Schadenersatz, AcP 165, 115; *Pawlowski*, Der Rechtsbesitz im geltenden Sachen- und Immaterialgüterrecht (1961); *Pieper*, Besitzrecht und Schadenersatz bei der eigenmächtigen Wegnahme von Sicherungsgut, in Festschrift zum 150jährigen Bestehen des OLG Zweibrücken (1969), S. 231 ff.
[33] Vgl. RGZ 38, 199 ff.; RGZ 63, 367 ff. (370); BGHZ 41, 341.
[34] Vgl. RGZ 68, 97 ff. (99); RGZ 71, 432 ff.; *Flume*, Allg. Teil II, S. 314 ff.;

§ 3. Die Widerrechtlichkeit des Mittels

Dem Bedrohten kann allein über § 123 BGB geholfen werden. Das dem Bedrohten in Aussicht gestellte Übel, die Errichtung eines Bordells neben seinem Grundstück, ist sicherlich sittlich zu mißbilligen. Setzt der Drohende dieses Mittel zur Erlangung einer Willenserklärung ein, kann dem Bedrohten die Anfechtung der abgegebenen Willenserklärung nicht vorenthalten werden.

Verstößt demnach das Drohungsmittel gegen die guten Sitten, so ist die Drohung als widerrechtlich zu qualifizieren. Ein Verstoß gegen die guten Sitten ist nach den gesamten Umständen des Falles zu beurteilen.

Ein spezieller Fall der Widerrechtlichkeit der Drohung wegen Verstoßes gegen die guten Sitten liegt vor, wenn das angedrohte Übel nach § 826 BGB unzulässig ist.

A begehrt einen römischen Ring des B. B ist unnachgiebig. Darauf droht A dem B, er werde eine Abwerbung von Arbeitskräften aus der Firma des B veranlassen, damit B in eine schwierige finanzielle Lage gerate. B fügt sich und verkauft den Ring an A.

Denkt man im vorliegenden Fall das angedrohte Übel als durchgeführt, läge eine vorsätzliche sittenwidrige Schädigung des B vor[35]. Das Drohungsmittel ist also als solches auf Grund des § 826 BGB sittenwidrig. Hier liegt bereits ein Vestoß des angedrohten Übels gegen eine zivilrechtliche Norm vor, so daß die gesamte Drohung als widerrechtlich anzusehen ist. Feststellung der Sittenwidrigkeit ist lediglich Tatbestandsvoraussetzung der Anwendung des § 826 BGB.

III. Zusammenfassung

Der Versuch, die weitverbreitete These, die Drohung sei stets widerrechtlich, wenn das Drohungsmittel widerrechtlich ist, zu konkretisieren, führt uns zu folgendem Ergebnis:

Das angedrohte Übel ist stets dann widerrechtlich, wenn es gegen gesetzliche Normen, sei es Strafrechts-, Zivilrechts-, oder sonstige Normen, *oder* wenn es gegen privatautonom gesetzte Regelungen (Vertragspflichten), *oder* wenn es gegen die guten Sitten verstößt. In diesen Fällen zieht die Widerrechtlichkeit des Mittels die Widerrechtlichkeit der Drohung nach sich.

Larenz, Allg. Teil, S. 371. Siehe ferner *Coing*, Allgemeine Rechtsgrundsätze in der Rechtsprechung des RG zum Begriff der guten Sitten, NJW 1947/8, S. 213; *Larenz*, Grundsätzliches zu § 138 BGB, JurJB 1966/67, S. 98; *Pawlowski*, Die Aufgabe des Richters bei der Bestimmung des Verhältnisses von Recht, Sittlichkeit und Moral, ARSP 50, S. 503 ff.; *Simitis*, Gute Sitten und ordre public (1960); *Wieacker*, Rechtsprechung und Sittengesetz, JZ 1961, S. 337 ff.

[35] Vgl. RGZ 149, 117; RGZ 151, 89.

§ 4. Die Widerrechtlichkeit des Zweckes als zweites Beurteilungskriterium für die Widerrechtlichkeit der Drohung

Übersicht

I. Standpunkt der Rechtsprechung
II. Stellungnahme der Literatur
III. Eigener Standpunkt
IV. Zusammenfassung

I. Standpunkt der Rechtsprechung

Aus der kärglichen Rechtsprechung zur Widerrechtlichkeit des Zweckes sei nur die folgende Entscheidung hervorgehoben[1]:

RG WarnRspr. 1910, Nr. 407 (22. 10. 1910)

Ein damals geltendes Gesetz unterschied zwischen „historischen" und „nichthistorischen" Straßen. An „historischen" Straßen konnte die öffentliche Hand keine unentgeltliche Abtretung von Straßenland verlangen. In seinen Bemühungen, das für die Stadt St. notwendige Straßenland zu beschaffen, stellte der Stadtrat L dem B ein gerichtliches Vorgehen in Aussicht, wenn er nicht unentgeltlich Straßenland an die Stadt abtrete. B erklärte sich dazu einverstanden. Später focht er jedoch sein Einverständnis wegen widerrechtlicher Drohung an, weil die betreffende Straße „historisch" gewesen sei und daher eine unentgeltliche Abtretung von Straßenland nach dem Gesetz nicht hätte verlangt werden dürfen.

Das RG hat die Drohung als objektiv rechtswidrig angesehen[2] und als obiter dictum angeführt, daß eine Drohung dann widerrechtlich sei, wenn entweder ihr *Zweck* oder ihr *Mittel* gegen das objektive Recht verstoße.

Indessen ist es offensichtlich, daß hier, da das Drohungsmittel (das gerichtliche Vorgehen) an sich erlaubt war, nur der erstrebte Zweck (die unentgeltliche Abtretung von Straßenland) mißbilligt werden konnte. Die entschädigungslose Abgabe von „historischem" Straßenland stand im Widerspruch zu dem damals geltenden einschlägigen Gesetz.

---

[1] Urteil des RG vom 22. Oktober 1910, Warneyer Rechtsprechung des RG, Bd. 1910, Nr. 407
[2] Insoweit ohne Angabe von Gründen; allerdings stand die objektive Widerrechtlichkeit der Drohung in der Berufungsinstanz offenbar außer Zweifel.

Eine Drohung ist also auch dann widerrechtlich, wenn der durch sie verfolgte Zweck rechtswidrig ist[3].

II. Stellungnahme der Literatur

In der Literatur ist beinahe einhellig anerkannt, daß man die Widerrechtlichkeit der Drohung allein aus der Rechtswidrigkeit des angestrebten Zweckes folgern kann[4]. Diesem Kriterium wird aber von der herrschenden Lehre keine Bedeutung beigemessen. Der Grund dafür liege darin, daß im Falle einer Rechts- oder Sittenwidrigkeit des erstrebten Zweckes die Nichtigkeitsnormen der §§ 134 und 138 BGB zum Zuge kommen. Daneben sei eine Anfechtung nach § 123 BGB überflüssig[5].

Von der herrschenden Auffassung ist *Flume*[6] teilweise abgewichen. Er vertritt mit der Rechtsprechung die Ansicht, daß die Drohung widerrechtlich ist, wenn der Drohende mit ihr einen rechtlich mißbilligten Erfolg bezweckt. Als einzige Ausnahme aber stellt *Flume* die Drohung mit einer Klage heraus. Die Androhung, Klage zu erheben, sei nicht rechtswidrig, auch wenn mit ihr ein objektiv rechtswidriger oder sittenwidriger Erfolg erzwungen werden solle. Der Grund dafür liege darin, daß jeder die Drohung mit einer Klage ertragen müsse, auch wenn diese unberechtigt sei[7]. Anders sei es nur, wenn der Drohende weiß, daß ihm das Recht, hinsichtlich dessen Verfolgung er die Klage androht, nicht zusteht[8].

---

[3] So die ständige Rechtsprechung, allerdings zumeist in obiter dicta hervorgehoben: Vgl. BGHZ 2, S. 287 ff. (296): „... Die Benutzung der Drohung als Mittel der Willensbeeinflussung muß widerrechtlich sein. Dies ist immer der Fall, wenn der mit der Drohung verfolgte *Zweck* oder das angedrohte Übel rechtswidrig ist."; BGHZ 25, S. 217 ff. (219); BGH LM § 123 BGB, Nr. 32: „... Nach der im wesentlichen vom RG übernommenen Rechtsprechung des BGH ist eine Drohung in drei Fällen widerrechtlich: .... 2. Wenn der erstrebte Erfolg schon für sich allein widerrechtlich ist (Widerrechtlichkeit des Zweckes) ..."

[4] Siehe dazu *Enneccerus-Nipperdey*, Allg. Teil, S.1064; *Larenz*, Allg. Teil, S. 334; *Lehmann-Hübner*, Allg. Teil, S. 274; *Rieg*, Le rôle de la volonté dans l'acte juridique en droit civil français et allemand, Nr. 165/7; *Palandt-Heinrichs*, Bem. 3 b bb zu § 123 BGB; BGB-RGRK, Bem. 22 zu § 123 BGB; *Soergel-Hefermehl*, Bem. 41 zu § 123 BGB; *Staudinger-Coing*, Bem. 12 zu § 123 BGB.

[5] So *Offenloch*, Rechtswidriger Zwang, S. 40: „... Folglich ist, wenn der Zweck des Drohenden rechts- oder sittenwidrig ist, auch die Erklärung des Bedrohten mit diesem Makel behaftet. Dann ist sie aber schon aus diesem Grunde nichtig, so daß es auf eine Anfechtung nicht mehr ankommt." *Palandt-Heinrichs*, Bem. 3 b bb zu § 123 BGB: „... Der erstrebte Erfolg muß vielmehr verboten oder sittenwidrig sein; damit diese Fallgruppe neben §§ 134, 138 praktisch ohne Bedeutung."; *Soergel-Hefermehl*, Bem. 41 zu § 123 BGB: „... In diesen Fällen wird allerdings die Anfechtung schon wegen der §§ 134, 138 entbehrlich sein."

[6] *Flume*, Allg. Teil II, S. 536.

[7] *Flume*, Allg. Teil II, S. 536.

[8] *Flume*, Allg. Teil II, S. 536, Fußn. 7 und S. 540 ff.

III. Eigener Standpunkt

Das zentrale Argument der herrschende Lehre, welches die Eigenständigkeit des Kriteriums der Widerrechtlichkeit des Drohungszweches zur Bestimmung der Rechtswidrigkeit der Drohung leugnet, weil die Nichtigkeitsnormen der §§ 134 und 138 BGB für derart gelagerte Fälle ausreichten, läßt sich anhand der eingangs besprochenen Entscheidung des RG vom 22. 10. 1910 widerlegen.

Das unter dem Druck der Drohung zwischen der Stadt und B zustandegekommene Rechtsgeschäft über die Abgabe des Straßenlands verstößt sicherlich seinem Inhalt nach nicht gegen die guten Sitten.

Ebensowenig verstößt diese Vereinbarung gegen ein gesetzliches Verbot. Zwar steht sie im Widerspruch zu der gesetzlichen Bestimmung, daß der Berechtigte für die Abtretung von Straßenland an „historischen" Straßen entschädigt werden muß. Diese Regelung ist jedoch nach ihrem *Sinn* und *Zweck*[9] nicht als gesetzliches Verbot einer unentgeltlichen Überlassung von Straßenland an „historischen" Straßen an die öffentliche Hand aufzufassen, sondern sie will *nur* dem Berechtigten durch die Gewährung eines Entschädigungsanspruchs schützen. Keineswegs soll etwa eine Schenkung diesbezüglichen Straßenlands durch das Gesetz verboten werden. Da die Regelung sich demnach als privatautonom abdingbar herausstellt, kann es sich nicht um ein zwingendes gesetzliches Verbot handeln.

Es ergibt sich, daß weder § 138 noch § 134 BGB zum Zuge kommen können. Nur die Anfechtung nach § 123 BGB kann dem Bedrängten aus der unter dem Druck der Drohung zustandegekommenen vertraglichen Bindung lösen. Die Anfechtung läßt sich aber nur mit der Widerrechtlichkeit des Zweckes begründen[10]. Wir möchten also auf der „Widerrechtlichkeit des Zweckes" als *eigenständigem* Beurteilungskriterium beharren.

---

[9] Der Eindurck, der Verstoß gegen ein gesetzliches Verbot führe gleichsam automatisch zur Nichtigkeit des Rechtsgeschäfts, ist nicht richtig. Das verbotswidrige Geschäft ist nur dann nichtig, *wenn* dies der *Sinn* und der *Zweck* des Verbots verlangt. Siehe dazu *Flume*, Allg. Teil II, S. 340 ff.; *Larenz*, Allg. Teil, S. 357 ff.; *Langen*, Welche Bedeutung hat heutzutage der Ausdruck „gesetzliches Verbot" in § 134 BGB, Festschrift für R. Isay (1956), S. 321.

[10] Man darf sich nicht daran stoßen, daß die Vereinbarung über die entschädigungslose Abgabe von Straßenland einmal als gesetzlich nicht verboten, und damit die Nichtigkeit ausschließend, und zum anderen als im Widerspruch zu dem Gesetz, und damit als die Rechtswidrigkeit begründend, angesehen wird. Gesetzlich verboten kann die Vereinbarung als *solche* nicht sein, denn sonst wäre jede Schenkung ausgeschlossen; demnach ist sie im *konkreten* Fall rechtswidrig, da der Berechtigte nicht freiwillig auf seinen Entschädigungsanspruch verzichten wollte, dies vielmehr nur durch den Druck der Drohung erreicht wurde.

2. Die herrschende Lehre ist auch insofern unzulänglich, als nicht jedes Rechtsgeschäft, das zu einem *sittenwidrigen* Zweck abgeschlossen wird, schon nach § 138 BGB nichtig ist.

A schuldet dem unzuchttreibenden B 10 000 DM aus einem Darlehen. B droht mit der Erhebung einer Klage auf Rückzahlung des fälligen Darlehens, wenn A ihm seine Wohnung nicht für „ein paar Abende" vermiete. A fügt sich dieser Drohung, ohne jedoch über die normale Miete hinaus aus dem unsittlichen Verlangen von B Nutzen zu ziehen.

Hier käme die herrschende Lehre allein mit § 138 BGB nicht aus. Zwar ist der Zweck der Drohung, die Überlassung der Wohnung für „ein paar Abende", zweifellos sittlich zu mißbilligen, jedoch reichen die unsittlichen Motive *einer* Partei nicht aus, den Mietvertrag als solchen wegen Sittenwidrigkeit zu vernichten. Hierzu sind vielmehr nach Rechtsprechung[11] und herrschender Lehre[12] unsittliche Motive *beider* Parteien erforderlich, und diese Motive müssen erkennbar die *inhaltliche* Gestaltung des betreffenden Rechtsgeschäfts beeinflussen[13].

In unserem Beispielsfall ist das Verhalten des A keineswegs deshalb sittenwidrig, weil er das sittenwidrige Motiv des B kennt. Das RG und der BGH[14] verlangen in ständiger Rechtsprechung zusätzlich, daß sich der Geschäftspartner das sittlich anstößige Motiv seines Gegners zunutze macht, um aus dessen unsittlichem Treiben ungebührliche Vorteile zu erlangen. Da A keinen zusätzlichen Nutzen z. B. durch das Verlangen einer höheren Miete, aus dem Treiben seines Partners ziehen will, ist der Mietvertrag nicht nach § 138 BGB sittenwidrig.

Da auch eine Anwendung des § 134 BGB nicht ersichtlich ist, kann dem A wiederum *nur* über § 123 BGB geholfen werden.

3. Gerade diese Möglichkeit aber, dem Bedrohten die Anfechtung zu gestatten, schließt die von *Flume* vertretene Ansicht in Fällen wie den soeben besprochenen, wo mit der Erhebung einer Klage gedroht wird, aus.

Da die Drohung mit einer Klageerhebung nicht widerrechtlich sei, wenn z. B. das mit der Klage geltend zu machende Recht bestehe (wie in unserem Beispielsfall), fehle es somit an einer notwendigen Voraussetzung der Anfechtung.

Flume hat allerdings anstelle der ausgeschlossen Anfechtung in diesem Zusammenhang beiläufig die Anwendung der Vorschriften über die ungerechtfertigte Bereicherung (§§ 812, 814 BGB) vorgeschlagen[15].

---

[11] So RGZ 68, 97 ff.; RGZ 71, 432 ff.; RGZ 78, 353 ff.; RGZ 114, 338 ff.
[12] Siehe dazu statt aller *Larenz*, Allg. Teil, S. 371.
[13] So RGZ 67, 355; RGZ 70, 1.
[14] Siehe BGH LM Nr. 5 zu § 138 (Ce) BGB.
[15] *Flume*, Allg. Teil II, S. 536.

Jedoch erweist sich dieser Weg sowohl in dem besprochenen Fall des RG vom 22. 10. 1910 wie auch in unserem Beispielsfall als nicht gangbar[16]. Wie soll kondiziert werden können, wenn das Grundgeschäft nicht durch eine Anfechtung nach § 123 BGB beseitigt werden kann[17]?

Da wir keine Möglichkeit einer Anwendung der §§ 812 ff. BGB auf unsere beiden Fälle sehen, können wir *Flumes* Ansicht, die Drohung mit einer Klageerhebung sei auch beim rechts- oder sittenwidrigen Zweck nicht widerrechtlich, nicht folgen, weil sonst der Bedrohte ohne jeglichen Schutz bliebe. Wir sind vielmehr der Meinung, daß allein die Zulassung der Anfechtung bei widerrechtlichem Drohungszweck das geeignete Mittel zum Schutz des Bedrohten darstellt, und dies vor allem dann, wenn die Nichtigkeitsnormen der §§ 134 und 138 BGB nicht zur Anwendung kommen können.

IV. Zusammenfassung

Die Drohung ist immer widerrechtlich, wenn mit ihr ein *rechtlich* oder *sittlich* mißbilligter Zweck erstrebt wird. An der *Eigenständigkeit* dieses Kriteriums ist weiterhin festzuhalten. Zwar ist ein Zusammentreffen von § 123 BGB einerseits und den §§ 134, 138 BGB andererseits denkbar. Diese potentielle Konkurrenz macht jedoch die Anfechtung nach § 123 BGB trotz der Meinung der herrschenden Lehre keineswegs überflüssig. So hat die Untersuchung gezeigt, daß in einigen Fällen die §§ 134, 138 BGB nicht zum Zuge kommen. Hier erweist sich die Anfechtung wegen Drohung als der einzige Weg, dem Bedrohten zu helfen.

Flumes Auffassung, der die Drohung mit einer Klage auch bei an sich widerrechtlichem Zweck als rechtmäßig ansieht, verdient keine Gefolgschaft. Sie nimmt nämlich dem Bedrohten die Anfechtungsmöglichkeit gerade in den Fällen, in denen sie — da die §§ 812 ff. BGB keine Anwendung finden können — das *einzige* Hilfsmittel in den Händen des Bedrohten darstellt.

---

[16] Offenbar hat *Flume* den einfach gelagerten Fall vor Augen, daß der Bedrohte auf die Androhung einer Klage hin einen vermeintlich bestehenden Zahlungsanspruch des Drohenden erfüllt hat.

[17] Auch die Anwendung des § 817 S. 1 BGB halten wir in unserem Beispielsfall für ausgeschlossen. Die herrschende Lehre (RG WarnR 1923/24 Nr. 47; OLG Dresden, SeuffA 59, Nr. 81; RGZ 67, 321; RGZ 144, 24 ff.; *Palandt-Thomas*, Bem. 2 zu § 817 BGB; *Soergel-Mühl*, Bem. 18 zu § 817 BGB) verlangt für die Anwendung des § 817 BGB, daß der *unmittelbare* Zweck, der mit der Leistung verfolgt wird, einen Verstoß des Empfängers gegen die guten Sitten enthält. Das bloße Mitwirken unsittlicher Beweggründe hält die h. L. nicht für genügend. Da der unmittelbare Zweck des A in unserem Fall die Vermeidung der angedrohten Klageerhebung war, war der *unmittelbare* Zweck seiner Leistung nicht in der Weise bestimmt, daß B durch die bloße Annahme der Leistung gegen die guten Sitten verstieß.

§ 5. Die Kriterien für die Beurteilung der Widerrechtlichkeit der Drohung bei an sich erlaubtem Mittel und Zweck

Übersicht

I. Die Anspruchstheorie
   A. Inhalt der Theorie
   B. Die Zersetzung der Anspruchstheorie in der Rechtsprechung
      1. RG JW 1915, 238 ff.
      2. RGZ 102, 311 ff.
      3. Der neue Weg: BGHZ 2, 287 ff.
   C. Ergebnis

II. Die Zusammenhangstheorie
   A. Inhalt der Theorie
   B. Die Zusammenhangstheorie in der Rechtsprechung
      1. LG Paderborn MRD 1951, 102 ff.
      2. BGHZ 25, 217 ff.
      3. BAG AP 1970 Nr. 16
   C. Ergebnis

III. Die am § 226 BGB orientierte Theorie
   A. Inhalt der Theorie
   B. Eigene Stellungnahme
   C. Die Rechtsprechung zur unzulässigen Rechtsausübung bei der Drohung
      1. RG JW 1905, 134
      2. OLG Hamburg HansGerZ 1907, 228
      3. RG JW 1913, 1033
      4. BGHZ 2, 287 ff.
   D. Ergebnis

IV. Gesamtergebnis

Die eigentliche Problematik der Widerrechtlichkeit der Drohung sehen wir darin, zu klären, in welchen Fällen eine Drohung trotz an sich erlaubtem Mittel und Zweck rechtswidrig ist[1]. So kann z. B. die Drohung mit der Ausübung eines Zurückbehaltungsrechts[2] oder mit der

---
[1] Vgl. auch *Flume*, Allg. Teil II, S. 535.
[2] Vgl. hierzu RGZ 108, S. 102 ff.

Erstattung einer Strafanzeige[3] unter Umständen widerrechtlich sein, obwohl die Ausübung des Zurückbehaltungsrechts oder die Erstattung einer Strafanzeige als solche von der Rechtsordnung erlaubte Handlungen sind und auf einen rechtlich nicht mißbilligten Zweck abzielen. Man versuchte, diese Problematik zunächst mit der *Anspruchstheorie* zu bewältigen.

I. Die Anspruchstheorie

A. Inhalt der Theorie

Nach der Anspruchstheorie hängt die Widerrechtlichkeit der Drohung von dem Bestehen oder Nichtbestehen eines Anspruchs des Drohenden auf die abgegebene Willenserklärung des Bedrohten ab. Schon *Kipp*[4] hat die Ansicht vertreten, daß die Drohung rechtmäßig ist, wenn jemand einen anderen durch die Androhung eines erlaubten Mittels zur Abgabe einer Willenserklärung zwingt, auf die er einen Anspruch hat. Hat der Drohende dagegen *keinen* Anspruch auf die abgegebene Willenserklärung des Bedrohten, dann ist die Drohung nach der Anspruchstheorie widerrechtlich.

B. Die Zersetzung der Anspruchstheorie in der Rechtsprechung

Auch die Rechtsprechung hat sich anfänglich die Anspruchstheorie zu eigen gemacht.

1. RG JW 1915, 238 ff. (1. 12. 1914[5])

Durch betrügerische Machenschaften fügte S dem K einen Schaden zu. Da S kein Vermögen hatte, wandte K sich an dessen Vater V. Er stellte ihm „gerichtliche Schritte" gegen S in Aussicht, wenn er nicht durch Vertrag die Bezahlung der „Schulden" seines Sohnes übernehme. V gab dem Verlangen des K nach. Später focht er seine Willenserklärung wegen widerrechtlicher Drohung an.

Das RG erachtete die Drohung des K als widerrechtlich. K habe gegen den Vater keinen Anspruch auf Wiedergutmachung des durch seinen

---

[3] Vgl. RG JW 1905, S. 134; RG JW 1913, S. 1033; RG HRR 1930, Nr. 1595.
[4] *Windscheid-Kipp*, Lehrbuch des Pandektenrechts, Bd. 1, 9. Aufl. (1906), S. 420; vgl. ferner *Offenloch*, S. 66 ff.; *Oertmann*, BGB, Allg. Teil, S. 430 ff. mit Literaturangaben; *Planck*, BGB, Bd. 1, § 123 Anm. 3 c; *Regelsberger* Pandektenrecht (1893), § 144 II, 5; *Schliemann*, Die Lehre vom Zwang (1861), S. 25; *Staudinger-Coing*, Bem. 12 zu § 123 BGB.
[5] Urteil des RG vom 1. Dezember 1914, JW 1915, S. 238 ff.; vgl. auch RGZ 31, S. 161; RG JW 1905, S. 134; RG Zeitschrift für Rechtspflege in Bayern 1906, S. 480; RG JW 1913, S. 638 ff.; RG JW 1917, S. 459; auch die Berufungsurteile der Oberlandesgerichte in den Fällen RGZ 59, S. 351; RGZ 102, S. 311; RGZ 112, S. 226.

Sohn angerichteten Schadens. Da K durch die Drohung mit der Strafanzeige eine Willenserklärung erlangt habe, auf die er keinen Anspruch gehabt habe, sei seine Drohung widerrechtlich.

Hier führt die Anspruchstheorie zu einem durchaus vertretbaren Ergebnis[6]. Es sind jedoch Fälle denkbar, bei denen die auf Grund dieser Theorie gefundenen Lösungen nicht befriedigen können. Das hat die Rechtsprechung erkannt und sich deshalb von der Anspruchstheorie getrennt. Dies vollzog sich in mehreren Stufen. Die erste Änderung der Rechtsprechung brachte

2. RGZ 102, 311 ff. (5. 7. 1921[7])

Zwischen den Kaufleuten A und B kam ein Kaufvertrag über die Lieferung von Lebensmitteln zustande. Der Kaufpreis sollte von B bei Lieferung gegen Aushändigung der Duplikatfrachtbriefe bezahlt werden. Durch Vorspiegelung seiner Zahlungsbereitschaft erwirkte B in betrügerischer Weise die Lieferung und verweigerte dann durch allerlei Ausflüchte die Zahlung. Daraufhin erklärte A, er werde ihn wegen Betruges anzeigen, wenn er nicht ein Schuldanerkenntnis in Höhe des Kaufpreises unterschreibe. B unterschrieb ein entsprechendes notarielles Schuldanerkenntnis und unterwarf sich der sofortigen Zwangsvollstreckung. Später focht er das Schuldanerkenntnis mit der Begründung an, er sei von A durch die Drohung mit der Strafanzeige zur Unterschrift bestimmt worden.

Das RG hielt die Drohung für zulässig, weil die Ausstellung der vollstreckbaren Urkunde angesichts des betrügerischen Verhaltens des Bedrohten kein unbilliges Verlangen des Drohenden darstellte. „Der *formale* Gesichtspunkt, daß der Drohende nicht von vornherein einen *Anspruch* auf etwaige Sicherstellung durch Erteilung einer vollstreckbaren Urkunde hatte, drückt seiner Handlungsweise nicht den Stempel der Widerrechtlichkeit auf[8]."

Bei strenger Handhabung der Anspruchstheorie müßte man die Drohung des A mißbilligen, weil A *keinen* Anspruch auf die Abgabe eines Schuldanerkenntnisses und schon gar nicht auf die Ausstellung einer vollstreckbaren Urkunde hatte. Indessen ist zu berücksichtigen, daß A ein Anspruch auf Zahlung des Kaufpreises zustand und A infolge der betrügerischen Machenschaften des B auch mit einer Strafanzeige drohen durfte. Hätte A nun mit der Erstattung der Strafanzeige gedroht, um B zur Zahlung zu zwingen, so wäre sein Vorgehen durchaus rechtmäßig. Es kann aber keinen Unterschied machen, daß A mit der Drohung ein notarielles Schuldanerkenntnis erstrebte. Da der darin

---

[6] Auf die Problematik der Rechtmäßigkeit der Drohung mit einer Strafanzeige gegen Angehörige des Täters wird noch ausführlich eingegangen.
[7] Urteil des RG vom 5. Juli 1921, RGZ 102, S. 311 ff.
[8] RGZ 102, 311 ff. (314).

angegebene Betrag dem geschuldeten Kaufpreis *gleich* kam, ist das Schuldanerkenntnis als *gleichwertiger* Ersatz für den geschuldeten Kaufpreis anzusehen.

Die eigentliche Problematik des Falles liegt jedoch darin, daß A durch die vollstreckbare Urkunde den *zusätzlichen* Vorteil der sofortigen Zwangsvollstreckung und somit eine Rechtsposition erlangte, die ein *Mehr* gegenüber seinem ursprünglichen Anspruch darstellte, eine Verbesserung der Rechtstellung also, die von der Anspruchstheorie nicht mehr gedeckt wird. Um dieses Hindernis zu überwinden, erklärte das RG die bislang angewandte Theorie für „formal" und gab somit die Anspruchstheorie praktisch auf, ohne eine neue ratio decidendi an ihre Stelle zu setzen[9]. Bemerkenswert ist aber, daß das RG sich hier offenbar von wertenden Gesichtspunkten leiten läßt: Die Verbesserung der Rechtstellung des Drohenden scheint als Ausgleich für das betrügerische Verhalten des Bedrohten zu dienen und dadurch gerechtfertigt zu werden.

3. Der neue Weg: BGHZ 2, 287 ff. (14. 6. 1951[10])

In dieser Entscheidung des IV. Senats hat der BGH sich ebenso wie das RG von der Anspruchstheorie distanziert mit der Begründung, daß diese Theorie auch dann nicht befriedigen kann, wenn durch die Drohung eine rechtsgeschäftliche Erklärung herbeigeführt werden soll, die *nicht* vermögensrechtlicher Natur ist.

Die ledige Tochter T hatte ein Kind in der Wohnung ihrer Eltern geboren. Der Erzeuger des Kindes war ein verheirateter Mann. Am Tage nach der Geburt machten die Eltern ihrer Tochter Vorwürfe, sie habe „Schande" über die Familie gebracht, und stellten sie vor die Wahl, entweder das nichteheliche Kind an Adoptiveltern abzugeben oder die Familiengemeinschaft zu verlassen. Daraufhin willigte T in notariellem Protokoll in die Adoption ein. Später focht sie jedoch ihre Einwilligung wegen widerrechtlicher Drohung an und erhob Klage auf Feststellung der Nichtigkeit.

Das Landgericht[11] hat der Klage stattgegeben. In der Berufungsinstanz[12] ist die Klage abgewiesen worden. Die Revision stützte sich darauf, daß die Drohung der Eltern deshalb rechtswidrig gewesen sei,

---

[9] Ausdrücklich aufgegeben hat das RG die Anspruchstheorie in einer 5 Jahre später ergangenen Entscheidung: RGZ 112, 226 ff. Hier hatte eine Bank einen ihrer Direktoren, der mit Mitteln der Bank für eigene Zwecke spekuliert und dadurch der Bank Schaden zugefügt hatte, mit der Drohung, sie werde ihn anzeigen und sein ganzes Vermögen beschlagnahmen lassen, zum Abschluß eines Vergleichs bestimmt. Das RG führt aus: „Nicht darauf kommt es an, ob der Anspruch des Vergleichs beansprucht werden konnte — ein solcher Anspruch wird regelmäßig nicht gegeben sein —, zu fragen ist vielmehr, ob der Beklagten die Forderung zustand, über welche sie sich vergleichen wollte."; vgl. auch RGZ 166, S. 40 ff.
[10] Urteil des BGB vom 14. Juli 1952, BGHZ 2, S. 287 ff.
[11] Landgericht Mönchen-Gladbach.
[12] Oberlandesgericht Düsseldorf.

weil sie keinen Anspruch auf die Einwilligung ihrer Tochter zur Adoption gehabt hätten[13].

Nach dem Bundesgerichtshof könne es jedoch für die Beurteilung der Widerrechtlichkeit der Drohung nicht darauf ankommen, ob die Eltern auf die Einwilligung ihrer Tochter zur Adoption einen Anspruch gehabt hätten. Seinen Standpunkt begründet das Gericht mit der Überlegung, daß die Anspruchstheorie weder bei Geschäften vermögensrechtlicher noch bei Geschäften nicht vermögensrechtlicher Natur befriedigen könne. Unter Berufung auf RGZ 112, 226[14] weist der BGH darauf hin, daß schon das RG die Anspruchstheorie für Geschäfte des Vermögensrechts aufgegeben habe. Diese Theorie könne auch dann nicht gelten, wenn durch die Drohung eine Willenserklärung herbeigeführt werden solle, die *nicht* vermögensrechtlicher Natur sei. Der BGH wählt als Beispiel den Abschluß einer Ehe. Da niemand einen erzwingbaren Anspruch auf Abschluß einer Ehe habe, würde nach der Anspruchstheorie jede Willensbeeinflussung widerrechtlich und damit nach § 34 EheG anfechtbar sein, mit der Folge, daß dem Merkmal der Widerrechtlichkeit in § 34 EheG überhaupt keine Bedeutung zukäme[15]. Ebenso wäre es bei der Einwilligung zur Adoption. Da niemand einen Anspruch auf die Einwilligung zur Adoption habe, müßte jede Drohung widerrechtlich sein, ohne daß es auf weitere Wertungen des Drohungshergangs ankäme[15a].

Den methodisch richtigen Lösungsweg hat der BGH in seiner Entscheidung vorgezeichnet: „Die Androhung einer von der Rechtsordnung erlaubten Handlung zu einem von ihr nicht mißbilligten Zweck kann auch dann noch eine rechtswidrige Drohung im Sinne des § 123 BGB sein, wenn die Anwendung eines bestimmten Druckmittels zur Herbeiführung des ins Auge gefaßten Zweckes als gegen Treu und Glauben oder gegen die guten Sitten verstoßend mißbilligt wird[16]." Dazu müsse geprüft werden, ob „der Drohende an der Erreichung des von ihm Bezweckten ein berechtigtes Interesse hat und die deswegen ausgesprochene Drohung nach der Auffassung aller billig und gerecht Denkenden ein angemessenes Mittel darstellt"[17].

---

[13] Siehe BGHZ 2, S. 287 ff. (296).
[14] Siehe oben, S. 59, Fußn. 9.
[15] Vgl. dazu auch *Beitzke*, Familienrecht, 16. Aufl. (1972), § 9 IV; *Dölle*, Familienrecht (1964), § 26 B III 3; *Erman-Ronke*, Bem. 3 zu § 34 EheG; *Hoffmann-Stephan*, Ehegesetz, § 34 II C; *Gernhuber*, Familienrecht, 2. Aufl. (1971), § 14 V; *Raske*, LM § 1747 BGB Nr. 1; *Rietschel*, LM § 123 BGB Nr. 15; *Soergel-Donau*, Bem. 4 zu § 34 EheG; BGB-RGRK *(Wüstenberg)*, Bem. 9 und 10 zu § 34 EheG.
[15a] Vgl. auch OLG Hamm ZblJR 1955, S. 294 ff. (295).
[16] BGHZ 2, 296.
[17] BGHZ 2, 297.

I. Die Anspruchstheorie

Unter diesem neuen Aspekt hat der BGH die Drohung der Eltern gewürdigt. Es verstoße weder gegen Rechts- noch gegen Sittengesetze, wenn Eltern eine erwachsene, nicht unterhaltsberechtigte Tochter, die sich durch einen ehebrecherischen Verkehr vergangen habe, vor die Wahl stellen, entweder das Elternhaus zu verlassen oder das aus diesem Verkehr hervorgegangene Kind an Adoptiveltern abzugeben[18].

Erfreulich ist, daß der BGH anstelle der schon längst aufgegebenen Anspruchstheorie neue und u. E. richtige Kriterien für die Beurteilung der Widerrechtlichkeit der Drohung aufgestellt hat, die im Gegensatz zu der Anspruchstheorie eine Gesamtwürdigung aller Umstände des Drohungshergangs erlauben. Eine andere Frage ist es, ob der BGH auf dem Boden dieser Kriterien im konkreten Fall zu einer gerechten Lösung gekommen ist. Es ist zwar nicht zu beanstanden, daß Eltern ihre erwachsene und nicht mehr unterhaltsberechtigte Tochter und deren nichteheliches Kind aus der elterlichen Wohnung auszuweisen berechtigt sind. Es erscheint uns jedoch bedenklich, wenn die Eltern die Ausweisung als Druckmittel dazu benutzen, der Mutter ihr Kind auf immer wegzunehmen[19]. Hier wird die an sich schon bestehende *Notlage* der Tochter durch die Hervorrufung eines Gewissenskonflikts, der zu unüberlegtem Handeln führen kann und im konkreten Fall offenbar auch geführt hat, noch weiter verschärft. Eine andere Wertung durch den BGH wäre angebracht gewesen[20].

C. Ergebnis

Die vielfach vertretene Ansicht, daß die Drohung mit einem an sich erlaubten Mittel und zu einem an sich erlaubten Zweck rechtswidrig sei, wenn eine Willenserklärung des Bedrohten erstrebt werde, auf die der Drohende keinen Anspruch habe, vermag nicht zu befriedigen.

---

[18] BGHZ 2, 298

[19] Anders lag der Fall, den das OLG Hamm (Urteil vom 28. 3. 1955, JblJR 1955, S. 294 ff.) zu entscheiden hatte. Dort hatte die Mutter eines nichtehelichen Kindes ihre Einwilligung zu einem Adoptionsvertrag aus der Angst gegeben, ihr Fehltritt könnte daheim bekannt werden. Das OLG hat es für die Anfechtung nach § 123 BGB zu Recht nicht für ausreichend erachtet, daß die Mutter lediglich unter seelischem Druck handelte, auch wenn die bei der Abgabe der Einwilligungserklärung anwesende Fürsorgerin auf die Möglichkeit des Bekanntwerdens des Fehltritts *hingewiesen* hatte. Zu dem Unterschied zwischen Drohung und Hinweis vgl. oben, S. 27 ff.

[20] Vielleicht würde der BGH unter den heutigen gesellschaftlichen und sittlichen Anschauungen anders entscheiden, zumal inzwischen der Straftatbestand des Ehebruchs abgeschafft und die Diskriminierung der nichtehelichen Kinder durch das Gesetz „über die rechtliche Stellung der nichtehelichen Kinder" weitgehend beseitigt worden ist.

Die Analyse der Rechtsprechung hat gezeigt, daß die Drohung bei Willenserklärungen *vermögensrechtlicher* Natur oft als rechtmäßig anzusehen ist, obwohl der Drohende auf die abgegebene Willenserklärung *keinen* Anspruch hat. Bei Willenserklärungen *nicht* vermögensrechtlicher Natur läuft die Anspruchstheorie vollends ins Leere, da hier der Drohende niemals einen Anspruch auf Abgabe der Willenserklärung haben kann, und somit *jede* Drohung widerrechtlich sein müßte. Vielmehr ist für die Beurteilung der Rechtmäßigkeit der Drohung eine Berücksichtigung *aller* Umstände des Drohungsgeschehens notwendig. Die Schwäche der Anspruchstheorie liegt gerade darin, daß sie nur den formalen Gesichtspunkt des Bestehens eines Anspruchs berücksichtigt und daher eine Gesamtwürdigung der Drohung ausschließt. Es ist das Verdienst der Rechtsprechung, darauf aufmerksam gemacht zu haben, daß die Anspruchsbetrachtungen die eigentliche Problematik des jeweiligen Falles verdecken.

II. Die Zusammenhangstheorie

A. Inhalt der Theorie

Nach der Zusammenhangstheorie, die auf *Oertmann*[1] zurückgeht, ist jedem Recht und jeder Befugnis von Rechts wegen jeweils ein bestimmter Kreis von Zwecken zugeordnet. Der Eigentümer einer Sache z. B. darf sie nicht nur nach Belieben handhaben, er darf sie auch veräußern, belasten, vermieten und dadurch mannigfache Gegenleistungen erwirken[2]. Liegt der durch die Drohung angestrebte Zweck innerhalb dieses Kreises, dann ist der Zusammenhang zwischen beiden gewahrt. Befindet er sich außerhalb, dann fehlt es an diesem Zusammenhang, und die Drohung ist somit widerrechtlich[3].

In der neueren Literatur hat *Offenloch*[4] versucht, den ihm „vage" erscheinenden Begriff des Zusammenhangs zu präzisieren. Er unterscheidet *drei* Unterarten des Zusammenhangs:

a) Identität des mit der Drohung Erstrebten und des durch unmittelbaren Einsatz des Drohungsmittels Erreichbaren[5]. Eine Drohung sei im-

---

[1] *Oertmann*, BGB, Allg. Teil, § 123 C, S. 431: „Jedes Recht, und erst recht jede bloße befugte, unverbotene Handlung dient nach der Rechtsidee nur zur Förderung ganz bestimmter Zwecke, und es kann nicht geduldet werden, sie davon losgelöst zur Herbeiführung eines ganz andersartigen Vorteils zu verwenden, selbst wenn man daraus an sich ein Recht haben sollte."; siehe auch *Munk*, Die widerrechtliche Drohung in ihrem Verhältnis zur Erpressung und Nötigung, S. 128.

[2] Dies und weitere Beispiele bei *Offenloch*, S. 107.

[3] Siehe *Offenloch*, S. 100.

[4] *Offenloch*, S. 98 ff.

[5] *Offenloch*, S. 101 ff.

mer dann zulässig, wenn der Drohende den mit der Drohung verfolgten Zweck auch selbst durch den unmittelbaren Einsatz des Drohungsmittels hätte erreichen können.

b) Das Drohungsmittel als Tauschgegenstand[6]. Den Befugnissen sei in der Regel ein „zweiter Kreis" von zulässigen Zwecken zugeordnet. Der Inhaber einer Forderung z. B. dürfe diese nicht nur geltend machen; er könne sie auch abtreten, verpfänden, inhaltlich umgestalten und dadurch mancherlei Ziele anstreben. Dadurch eröffneten sich dem einzelnen viele Möglichkeiten, die er durch den Einsatz der ihm zur Verfügung stehenden Mittel als Tauschobjekt im weitesten Sinne erreichen könne. Die Bedeutung dieser Feststellung für das Problem der Zulässigkeit der Drohung liege darin, daß der Zusammenhang von Mittel und Zweck der Drohung auch dann gewahrt sei, wenn der mit der Drohung verfolgte Zweck innerhalb dieses zweiten Bereiches zulässiger Zwecke liege.

c) Hinweis auf Rechtspflichten[7]. Der Zusammenhang von Mittel und Zweck der Drohung sei schließlich auch dann gegeben, wenn jemand einem anderen eine Handlung in Aussicht stelle, die vorzunehmen er von Rechts wegen verpflichtet sei, falls der andere die ihm angesonnene Willenserklärung nicht abgebe.

Auch *Larenz*[8] hat sich der Zusammenhangstheorie angeschlossen. Die Drohung sei dann widerrechtlich, wenn das konkrete Drohungsmittel für die Herbeiführung des erstrebten Erfolgs in Ermangelung eines *inneren* Zusammenhangs zwischen beiden unangebracht sei und deshalb rechtlich mißbilligt werde.

B. Die Zusammenhangstheorie in der Rechtsprechung

Im Gegensatz zu der Anspruchstheorie hat die Zusammenhangstheorie keinen Anklang in der Judikatur gefunden. Das RG hat, soweit ersichtlich, keinen Fall unter Zugrundelegung dieser Theorie entschieden. Andere Gerichte haben sich sogar ausdrücklich von der Zusammenhangstheorie distanziert:

1. LG Paderborn MDR 1951, 102 ff. (2. 5. 1950[9])

S nahm von G ein Darlehen auf und verpflichtete sich, mit diesem Geld sein Grundstück zu bebauen und G in dem erbauten Haus Räume zu vermieten. S bestellte zugunsten des G an seinem Grundstück eine Hypothek.

---

[6] *Oenloch*, S. 107 ff.
[7] *Offenloch*, S. 110 ff.
[8] *Larenz*, Allg. Teil, S. 336.
[9] Urteil des LG Paderborn vom 2. Mai 1950, MDR 1951, S. 102 ff.

§ 5. Die Widerrechtlichkeit bei an sich erlaubtem Mittel und Zweck

Trotz der übernommenen Verpflichtungen verkaufte S sein Grundstück, ohne es bebaut zu haben. Außerdem weigerte er sich, das Darlehen zurückzuzahlen und versuchte, den G zur Abgabe einer falschen eidesstattlichen Erklärung zu verleiten, daß die Rückzahlung des Darlehens erfolgt sei, um davon bei dem Grundbuchamt Gebrauch zu machen. Daraufhin erklärte G, er werde ihn wegen versuchter Verleitung zur Abgabe einer falschen Versicherung an Eidesstatt anzeigen, wenn er nicht ein Schuldanerkenntnis in der Höhe des Darlehens unterschreibe. Später focht S das Anerkenntnis wegen widerrechtlicher Drohung an, und wies daraufhin, daß zwischen der Straftat und dem Schuldanerkenntnis kein Zusammenhang bestanden habe.

Das LG hat die Drohung als zulässig angesehen. Daß zwischen der Anstiftung zur Abgabe der falschen eidesstattlichen Versicherung und dem Schuldanerkenntnis kein Zusammenhang bestehe, könne nicht von Bedeutung sein. Entscheidend sei vielmehr, daß dem G ein Schadensersatzanspruch gegen den Bedrohten S wegen dessen vertragswidrigen Verhaltens zustehe. Daher sei die Drohung des G nicht rechtswidrig[10].

Das LG hat richtig erkannt, daß die Zusammenhangstheorie auf den vorliegenden Fall nicht paßt, weil sie, mangels eines Zusammenhangs zwischen Straftat und Schuldanerkenntnis, zu einer den tatsächlichen Verhältnissen des Falles nicht angemessenen Feststellung der Rechtswidrigkeit der Drohung kommen müßte. Daher hat das Gericht versucht, dem Drohenden mit der Anspruchstheorie zu helfen und somit das Bestehen eines Schadensersatzanspruchs als tragenden Entscheidungsgrund angesehen. Dabei hat es übersehen, daß die Anspruchstheorie schon längst von der höchstrichterlichen Rechtsprechung aufgegeben worden ist[11].

Gleichwohl ist der Entscheidung des LG im Ergebnis zuzustimmen. Der Drohende wurde durch das vertragswidrige Verhalten des Bedrohten erheblich geschädigt. Er hatte weder die vertraglich versprochenen Räume erhalten, noch war ihm das Darlehen zurückgezahlt worden. Zu allem Überfluß sollte er nun auch noch auf Verlangen des Bedrohten die Rückzahlung des Darlehens bescheinigen. Dadurch hätte er sich strafrechtlicher Verfolgung ausgesetzt und praktisch auch den *zivilrechtlichen* Rückzahlungsanspruch verloren. In dieser Situation konnte man es dem Drohenden nicht verdenken, daß er zum Gegenangriff überging. Entscheidend ist nun, daß der Drohende durch seine Drohung nicht eine bereits bestehende Zwangslage des Bedrohten ausnutzte, sondern den vom Bedrohten *selbst* provozierten Angriff sich zu Nutzen machte, um dadurch gerade den Angriff in sein Gegenteil zu verkehren, nämlich die Feststellung seiner eigenen bestehenden Ansprüche zu erreichen.

Dieser Fall zeigt exemplarisch, daß weder die Zusammenhangs- noch

---

[10] Gegen die Entscheidung *Flume*, Allg. Teil II, S. 536, Fußn. 11; G. und D. *Reinicke*, Urteilsanmerkung, MDR 1951, S. 103 ff.
[11] Siehe oben, S. 57 ff.

II. Die Zusammenhangstheorie

die Anspruchstheorie dem Bedürfnis, eine gerechte Entscheidung im Einzelfall zu treffen, genügen können. Nur elastische Kriterien, wie sie oben beispielhaft aufgezeigt wurden[12], können die Berücksichtigung aller wesentlichen Umstände des Einzelfalls zur Findung einer gerechten Entscheidung garantieren.

Die Unzulänglichkeit der Zusammenhangstheorie zeigt sich noch deutlicher bei Drohungen gegenüber außerhalb einer Rechtsbeziehung stehenden *Dritten:*

2. BGHZ 25, 217 ff. (23. 9. 1957[13])

In diesem Urteil des VII. Senats lehnte der Bundesgerichtshof die Zusammenhangstheorie mit der Begründung ab, daß sie nicht allen denkbaren Fällen gerecht werden könne. Dort stand folgender Sachverhalt zur Entscheidung[14]:

Frau H war am Unternehmen ihres Mannes mit einer erheblichen Einlage beteiligt. Als das Unternehmen in wirtschaftliche Schwierigkeiten geriet, verlangte die X-Bank von Frau H die Übernahme der selbstschuldnerischen Bürgschaft für die Erfüllung der Pflichten ihres Mannes, andernfalls wollte die Bank ihren Mann wegen „Wechselreiterei" anzeigen. Die abgegebene Bürgschaftserklärung focht Frau F später wegen widerrechtlicher Drohung an.

Das Bestehen eines inneren Zusammenhangs zwischen der Straftat und der von dem Bedrohten abgegebenen Willenserklärung werde nach der Ansicht des BGH der häufigste in Betracht kommende Fall sein; in einem Fall wie dem vorliegenden bestehe ein solcher Zusammenhang zwar nicht, die Drohung sei aber trotzdem zulässig[15]. Anstatt des Zusammenhangskriteriums schlägt der BGH in Übereinstimmung mit BGHZ, 2, 287[16] vor, für die Beurteilung der Rechtmäßigkeit der Drohung in erster Linie zu prüfen, „ob der Drohende an der Erreichung des von ihm erstrebten Erfolges ein berechtigtes Interesse hat und ob die Drohung nach der Auffassung aller billig und gerecht Denkenden ein angemessenes Mittel darstellt"[17]. Zu diesem Zweck bedürfe es stets einer Gesamtwürdigung *aller* Umstände, die dem Drohungsvorgang sein Gepräge gäben[18].

---

[12] Siehe oben, S. 60 ff.
[13] Urteil des BGH vom 23. September 1957, BGHZ 25, S. 217 ff. = JZ 1958, S. 568 ff. mit Urteilsanmerkung von *Zweigert.*
[14] Siehe auch oben, S. 14 ff.
[15] BGHZ 25, 217 (221). Gegen die Entscheidung *Enneccerus-Nipperdey,* S. 1064 Anm. 22; *Offenloch,* S. 72; *Zweigert,* JZ 1958, S. 570 ff. Zustimmend aber *Flume,* Allg. Teil, S. 537; *Larenz,* Allg. Teil, S. 336.
[16] Siehe oben, S. 59 ff.
[17] BGHZ 25, 217 (220).
[18] BGHZ 25, 217 (220, 222).

Unter Anwendung dieses neuen Kriteriums kam der BGH zu dem Ergebnis, daß die Drohung der X-Bank nicht widerrechtlich war. Die erhebliche Beteiligung der Frau am Unternehmen ihres Mannes, die Tatsache, daß sie persönlich aus der Firma Vorteile gezogen und wiederholt große Geldsummen der Firma zur Verfügung gestellt hatte, waren nach Auffassung des BGH die entscheidenden Gesichtspunkte, die der Drohung der X-Bank ihre Widerrechtlichkeit nahmen.

Wäre der BGH der Zusammenhangstheorie gefolgt, hätte er anders entscheiden müssen. Es besteht nämlich kein Zusammenhang zwischen der strafbaren Handlung der „Wechselreiterei" und der Bürgschaftsübernahme durch die *Frau* des Täters. Das Recht, eine Strafanzeige gegen den Täter erstatten zu können, bezweckt nicht, die *Ehefrau* des Täters zur Eingehung einer Verpflichtung zu zwingen. Wir sind indessen der Ansicht, daß der BGH die Zusammenhangstheorie mit Recht verworfen hat, weil sie den Umständen des Falles nicht gerecht werden konnte. Die Bedrohte war angesichts der vom BGH genannten Gründe *faktisch* eine stille Gesellschafterin im Unternehmen ihres Mannes. Wenn ein Gläubiger eines Unternehmens durch die Drohung mit einem an sich erlaubten Mittel erreicht, daß eine stille Gesellschafterin, die aus dem Unternehmen *persönlich* Nutzen zieht, auch für die *Schulden* des Unternehmens einsteht, kann dies nicht als widerrechtlich angesehen werden.

Ein letzter Fall soll aufzeigen, daß die Zusammenhangstheorie der Besonderheit eines Falles nicht gerecht werden kann:

3. BAG AP 1970 Nr. 16 (20. 11. 1969[19])

Der Diplom-Chemiker Dr. S war wissenschaftlicher Mitarbeiter an einem Institut. Er geriet in den Verdacht, sich bei der Abrechnung von Zusatzleistungen ungerechtfertigt Vorteile verschafft zu haben. Die zum Zweck der Klärung der Angelegenheit eingesetzte Gutachterkommission bestätigte in einem Prüfungsbericht den gegen Dr. S erhobenen Vorwurf. Die Schlußfolgerungen dieses Berichts wurden jedoch nicht ganz von den objektiv festgestellten Tatsachen getragen. Einige der von der Kommission gerügten Inkorrektheiten waren nur auf eine Änderung des Berechnungssystems zurückzuführen. Außerdem blieben die Gegenvorstellungen des Dr. S unberücksichtigt. Nach oberflächlichem Lesen des Berichts erklärte der Arbeitgeber, er werde Dr. S fristlos kündigen, wenn er nicht freiwillig, unter einer Abfindung, sofort aus dem Institut ausscheide. Dr. S erklärte sich mit der Auflösung des Arbeitsverhältnisses einverstanden. Später focht er jedoch den Aufhebungsvertrag wegen widerrechtlicher Drohung an.

Das BAG hat sich in seinem Urteil der soeben besprochenen Entscheidung BGHZ 25, 217 angeschlossen. Der dort angesprochenen Rechts-

---

[19] Urteil des BAG vom 20. November 1969, AP 1970, Nr. 16 mit Urteilsanmerkung von *Herschel* = NJW 1970, S. 775.

II. Die Zusammenhangstheorie

gemeinschaft der billig und gerecht Denkenden entspreche auf arbeitsrechtlichem Gebiet der „verständige Arbeitgeber" bzw. der „verständige Arbeitnehmer"[20]. Unter dem Aspekt des „verständigen Arbeitgebers" müsse auch hier geprüft werden, ob die Drohung mit der an sich erlaubten fristlosen Kündigung und zu dem an sich erlaubten Zweck der Auflösung des Arbeitsverhältnisses, rechtmäßig gewesen sei. Ein verständiger Arbeitgeber hätte nur dann mit der fristlosen Kündigung gedroht, wenn es für ihn *festgestanden* hätte, daß sein Angestellter sich unberechtigte Vorteile verschafft hätte. Um dies festzustellen, hätte sich der Arbeitgeber nicht mit dem bloßen Lesen des Kommissionsberichts begnügen dürfen. Er hätte auf den ersten Blick feststellen können, daß die Schlußfolgerungen des Berichts von den Tatsachen nicht getragen würden, und daß viele der gerügten Inkorrektheiten nur auf die Änderung des Abrechnungssystems zurückzuführen seien. Darüber hinaus hätte er gesehen, daß sich der Bericht nicht mit den Einwänden des Dr. S auseinandergesetzt habe. Da der in Frage stehende Arbeitgeber all dies versäumt habe, sei seine Drohung widerrechtlich gewesen.

Die Argumentation des BAG ist lehrreich. Nach der Zusammenhangstheorie wäre zwar die Drohung des Arbeitgebers rechtmäßig, weil die angedrohte Kündigung in der Tat mit dem nach der Meinung des Arbeitgebers vom Arbeitnehmer begangenen Delikt zusammenhängt: sie findet nämlich gerade in diesem Delikt ihre Rechtfertigung. Wir sind indessen der Meinung, daß die Entscheidung des BAG kaum zu beanstanden ist[21]. Ehe der Arbeitgeber mit der Androhung fristloser Kündigung die vertragliche Aufhebung des Arbeitsverhältnisses herbeiführt, muß er sorgfältig prüfen, ob der Arbeitnehmer das ihm vorgeworfene Delikt überhaupt begangen hat. Es ist schlechterdings nicht einzusehen, weshalb der Arbeitgeber mit der Androhung der fristlosen Kündigung das Arbeitsverhältnis soll beenden dürfen, wenn er nicht einmal die dem Arbeitnehmer zur Last gelegte Tat geprüft und sich Gewißheit von dem Zutreffen des Vorwurfs verschafft hat. Da die Zusammenhangstheorie diese Pflichten des Arbeitgebers, die sich aus der besonderen Natur des Arbeitsverhältnisses ergeben, nicht berücksichtigen kann, vermag sie auch in diesen Fällen nicht zu befriedigen.

---

[20] BAG AP 1970, Nr. 16, Bl. 587.
[21] Gegen diese BAG-Entscheidung hat *Herschel* Bedenken geäußert (AP 1970 Nr. 16). Unter Hinweis auf BGHZ 6, 348 vertritt er die Ansicht, daß das Verhalten des Arbeitgebers keine Drohung im Rechtssinne war. Diese Kritik trifft jedoch das Urteil nicht. In der Entscheidung des BGHZ 6, 348 ist kein vergleichbarer Fall entschieden worden. Dort lag keine Drohung im Rechtssinne vor, weil — wie ausgeführt (oben S. 24 ff.) — das angedrohte Übel *nicht* als vom Willen des Drohenden abhängig dargestellt wurde. Da aber im Fall des BAG die fristlose Kündigung als vom Willen des Arbeitgebers abhängig dargestellt wurde, lag eine Drohung vor. Die Frage war dabei nur, ob diese Drohung *widerrechtlich* war.

C. Ergebnis

Schon *Planck*[22] hat Kritik an der Zusammenhangstheorie geübt. Der Drohende allein habe darüber zu entscheiden, ob, wann und in welcher Art er sein Recht ausüben wolle. Das BGB stelle nur eine allgemeine Grenze auf: Die angedrohte Ausübung darf nicht nur den Zweck haben, dem Bedrohten Schaden zuzufügen. Da die Zusammenhangstheorie für die Rechtmäßigkeit der Drohung einen Zusammenhang zwischen dem angedrohten Übel und der abgegebenen Willenserklärung des Bedrohten verlangt, stellt sie nach *Planck* eine *neue* Grenze für die Ausübung der Rechte des Drohenden auf, die sich *nicht* aus dem Gesetz rechtfertigen lasse. Außerdem könne diese Theorie eine konkrete, rechtlich brauchbare Grenze nicht ziehen.

Auch *Offenlochs* Versuch, die Zusammenhangstheorie zu konkretisieren hat nicht viel zur Lösung der Problematik beigetragen. Es ist ihm freilich zuzugeben, daß die Drohung zulässig ist, wenn der Drohende den mit der Drohung verfolgten Zweck auch durch unmittelbaren Einsatz des Drohungsmittels hätte erreichen können, oder wenn der verfolgte Zweck innerhalb des „zweiten Kreises" der der angedrohten Handlung zugeordneten Zwecken liegt. Die eigentliche Problematik der Widerrechtlichkeit der Drohung zeigt sich jedoch bei den Fällen, in denen durch die Drohung ein Zweck erstrebt wird, der nicht dem Kreis der der angedrohten Handlung von Rechts wegen zugeordneten Zwecke angehört. Dies wurde in dem oben[23] besprochenen Fall des BGH vom 23. 9. 1957 deutlich. Die Strafanzeige wegen „Wechselreiterei" wird von der Rechtsordnung dem Berechtigten nicht zu dem Zwecke gewährt, die Ehefrau des Täters zur Eingehung einer Verpflichtung zu veranlassen. Dennoch hat der BGH zu Recht die Rechtmäßigkeit der Drohung angenommen, weil die *Umstände* des Falles die Drohung rechtfertigten.

Hinzu kommt noch folgendes: Wären die Zweckerwägungen der Zusammenhangstheorie richtig, müßten *alle* Drohungen mit Strafanzeigen zum Zwecke der Durchsetzung privatrechtlicher Ansprüche widerrechtlich sein, weil die Strafanzeige zur Wahrung *öffentlicher* Belange, d. h. zur Eröffnung der gerichtlichen Untersuchung und Bestrafung des Schuldigen, und keineswegs zur Durchsetzung privatrechtlicher Ansprüche bestimmt ist. Der durch ein Delikt Geschädigte kann zwar nach den Vorschriften der StPO[24] auch „im Strafverfahren" seine privatrechtlichen Ansprüche geltend machen. Dies bedeutet jedoch nicht, daß die Strafanzeige die Verwirklichung dieser Ansprüche bezweckt; die dem

---

[22] Der Begriff der Widerrechtlichkeit in § 213 BGB, Festgabe für Regelsberger, S. 169 ff.
[23] S. 65 ff.
[24] Siehe § 403 ff. StPO.

Geschädigten gegebene Möglichkeit, seine Ansprüche „im Strafverfahren" zu verfolgen, bedeutet lediglich die Eröffnung eines zweiten gerichtlichen Wegs, Zeit- und Kostenersparnis[25]. Daß es unhaltbar wäre, wollte man alle Drohungen mit Strafanzeigen als widerrechtlich betrachten, haben die obigen Urteile des LG Paderborn vom 2.5.1950 und des BGH vom 23.9.1957 deutlich gemacht: Dort haben beide Gerichte zu Recht die *Rechtmäßigkeit* der Drohungen mit einer Strafanzeige angenommen.

Nicht folgen können wir auch *Offenlochs* drittem Zusammenhangskriterium, ein Hinweis auf Rechtspflichten schließe die Widerrechtlichkeit der Drohung aus. Wie nämlich schon gezeigt wurde[26], kann auch ein solcher Hinweis eine widerrechtliche Drohung sein.

Abgesehen von den dogmatischen Einwänden *Plancks* kann die Zusammenhangstheorie auch *praktisch* nicht befriedigen, wie die Analyse der Rechtsprechung gezeigt hat. Trotz des Bestehens eines Zusammenhangs zwischem angedrohtem Übel und abgegebener Willenserklärung wurde in einigen Fällen die Rechtmäßigkeit der Drohung verneint[27]; umgekehrt wurde trotz Fehlens eines Zusammenhangs die Drohung zugelassen[28]. Zusammenhangsbetrachtungen verdecken die eigentliche Problematik des jeweiligen Falles. Es ist das Verdienst der Rechtsprechung, vor allem des BGH, darauf aufmerksam gemacht zu haben, daß für die Beurteilung der Widerrechtlichkeit der Drohung *nicht* Zusammenhangserwägungen, sondern eine *Gesamtwürdigung* aller Umstände des Falles maßgebend sein muß.

III. Die am § 226 BGB orientierte Theorie

A. Inhalt der Theorie

Nach § 226 BGB ist die Ausübung eines Rechts unzulässig, wenn sie keinen anderen Zweck haben kann als den, einem anderen Schaden zuzufügen. *Planck*[1] hat diesen Gedanken auf den Drohungsbereich über-

---

[25] Vgl. auch *Eberhard Schmidt*, Lehrkommentar zur StPO Teil II (1957), Vorbemerkung 3 zu § 403 und Bemerkung 13 zu § 403 StPO; ferner *J. G. Wolf*, Normzweck, S. 57 ff. mit Literaturangaben.
[26] Siehe oben, S. 28.
[27] BAG AP 1970, Nr. 16, oben S. 66 ff.
[28] LG Paderborn MDR 1951, 102 ff., oben S. 63 ff.; BGHZ 25, 217, oben S. 65 ff.
[1] *Planck*, Der Begriff der Widerrechtlichkeit in § 123 BGB, Festgabe für Regelsberger, S. 172; derselbe, BGB — Allg. Teil § 123 Anm. 3 cy: „... Es dürfte hier zu unterscheiden sein, ob es sich um eine Handlung handelt, die auf Grund der allgemeinen Freiheit zulässig ist oder ob die Ausübung eines besonderen Rechtes in Frage steht ... Als widerrechtlich wird die Ausübung eines Rechtes nur dann angesehen werden können, wenn sie gegen die Vor-

tragen. Die Drohung sei widerrechtlich, wenn der Bedrohte mit ihr *nur* den Zweck verfolge, dem Bedrohten Schaden zuzufügen. Allerdings will *Planck* dieses Kriterium nur auf Drohungen mit der Ausübung eines subjektiven Rechts anwenden. Dagegen dürfe es bei Drohungen mit dem Gebrauchmachen von Befugnissen, die auf Grund der allgemeinen Handlungsfreiheit zulässig sind (z. B. Erstattung einer Strafanzeige, Klageerhebung usw.), keine Anwendung finden.

Im Gegensatz zu *Planck* will *Offenloch*[2] den Schikanegedanken des § 226 BGB auch auf diesen zweiten Bereich ausdehnen. In diesem Kriterium sieht *Offenloch* lediglich einen negativen Maßstab in dem Sinne, daß seine Anwendung zwar zur Bejahung der Widerrechtlichkeit, nicht jedoch zur Feststellung auch der Rechtmäßigkeit der Drohung führen könne. Wenn die Drohung keine Schikane darstelle, so bedeute es noch nicht, daß sie rechtmäßig sei. Dazu bedürfe es zusätzlich des Zusammenhangskriteriums.

B. Eigene Stellungnahme

Der Gedanke, die Widerrechtlichkeit der Drohung danach zu beurteilen, ob die Drohung eine Schikane im Sinne des § 226 BGB darstellt, hat in der Rechtsprechung nicht Fuß fassen können. Dies geschieht nicht zufällig. Eine Anwendung des § 226 BGB wird im Bereich der Drohung sehr selten möglich sein. Der Begriff der Schikane in § 226 BGB ist sehr eng gefaßt[3]. Denn es reicht für die Beurteilung eines Verhaltens als Schikane nicht aus, daß der Handelnde durch die Ausübung seines Rechts den anderen schädigen wollte; das BGB verlangt vielmehr, daß die Handlung überhaupt keinen anderen Zweck haben kann als den der Schädigung. Freilich lassen sich Fälle denken, in denen der Drohende durch seine Drohung den *alleinigen* Zweck verfolgt, den Drohenden zu schädigen. So verhält es sich z. B., wenn der Drohende dem Täter einer strafbaren Handlung mit der Erstattung einer Strafanzeige droht, wenn dieser nicht einen Tausend-Mark-Schein anzünde. Diese Fälle sind je-

---

schrift des § 226 verstößt, wenn sie also nur den Zweck haben kann, einem anderen Schaden zuzufügen." Vgl. auch *Karas*, Die widerrechtliche Bestimmung durch Drohung. S. 60 f.; *Nipperdey*, Grenzlinien der Erpressung durch Drohung, S. 79; *Wieseler*, Die Widerrechtlichkeit der Drohung als Erfordernis der Anfechtung wegen Zwanges, S. 43; Für das Österreichische Recht *Klang*, Kommentar zum Allgemeinen Bürgerlichen Gesetzbuch, 2. Bd., 2. Halbb., S. 104 f.
[2] *Offenloch*, S. 80 ff.
[3] Siehe dazu *Lehmann-Hübner*, Allg. Teil, S. 109; *Hager*, Schikane und Rechtsmißbrauch (1913); *Larenz*, Allg. Teil, S. 182 ff.; *Rietzel*, Rechtsmißbrauch und Schikane, RvglHwb. VI, 1; *Siebert*, Verwirkung und Unzulässigkeit der Rechtsausübung (1934); *derselbe*, Vom Wesen des Rechtsmißbrauchs (1935); *Siber*, Schranken der privaten Rechte (1926).

doch, wie das angeführte Beispiel zeigt, *außergewöhnlich*; sie liegen außerhalb jeder Lebenserfahrung. Der Drohende spricht aber in aller Regel eine Drohung um seines Vorteils willen aus. So findet man in den meisten Fällen schon in der abgenötigten Willenserklärung eine Verbesserung der Rechtsstellung des Drohenden und damit den erstrebten Vorteil. Mithin hat die am § 226 BGB orientierte Theorie in ihrer bisherigen Form fast keine praktische Bedeutung.

Wir sind der Meinung, daß man diese Theorie verbessern kann, indem man sie nicht auf einen speziellen Fall, sondern auf *alle* Fälle des Rechtsmißbrauchs bezieht. In der Rechtsprechung liegen vier Entscheidungen vor, die für die hier vertretene Ansicht sprechen. Im folgenden werden wir uns mit diesen Entscheidungen befassen.

C. Die Rechtsprechung zur unzulässigen Rechtsausübung bei der Drohung

1. RG JW 1905, 134 (16.1.1905[4])

K war Geschäftsführer bei einem Baumeister. Als solcher hatte er von dessen Lieferanten, denen er Aufträge zukommen ließ, Provisionen bezogen. Nachdem der Baumeister in Konkurs gefallen war, erklärten die Gläubiger K, er habe sich durch die Annahme der Provisionen strafbar gemacht und die Konkursmasse um mehr als 5000 DM geschädigt; wenn er sich nicht sofort gutwillig zur Zahlung von 5000 DM verstehe, werde er angezeigt. Dabei ließen die Gläubiger K keine Möglichkeit zu einer sachlichen Erörterung und Prüfung der Angelegenheit. Unter diesem Druck versprach K, die 5000 DM zu bezahlen. Dieses Versprechen und die zur Erfüllung erfolgte Zahlung focht er später wegen widerrechtlicher Drohung an.

Das RG hat die Drohung als widerrechtlich angesehen. Der durch eine strafbare Handlung Geschädigte habe zwar das Recht, eine Strafanzeige zu erstatten. Der Hinweis auf die Möglichkeit, von diesem Recht Gebrauch zu machen, sei keineswegs stets eine widerrechtliche Drohung. Hier hätten aber die Gläubiger ihr Anzeigerecht mißbraucht, weil sie ihre nur pauschal abgeschätzten Ersatzansprüche dem K gegenüber, ohne ihm Gelegenheit zur sachlichen Prüfung zu geben, durchsetzen wollten.

Das RG hat hier mit Recht die Drohung der Gläubiger mit der Erstattung einer Strafanzeige als mißbräuchliche Rechtsausübung beurteilt. Zwar steht es dem Geschädigten frei, mit der Erstattung einer Strafanzeige zu drohen, um den Schädiger zur Widergutmachung des durch ihn angerichteten Schadens zu veranlassen; die Ausübung dieses Rechts muß aber dort ihre Grenze finden, wo die Drohung dazu eingesetzt wird, den Schädiger zur sofortigen Regulierung eines Schadens zu zwingen, der in der Höhe ungewiß und nur durch beiderseitige sorgfältige Prü-

---

[4] Urteil des RG vom 16. Januar 1905, JW 1905, S. 134.

fung bestimmbar ist. Die unzulässige Rechtsausübung war hier jedoch *keine* reine Schikane, weil die Drohung nicht den alleinigen Zweck — wie es § 226 BGB verlangt — verfolgte, dem Bedrohten Schaden zuzufügen. Der Hauptzweck der Drohung lag vielmehr in der Wiedergutmachung des Schadens. Aus diesem Grund ist das RG nicht auf den Gedanken gekommen, die Drohung an § 226 BGB zu messen. Vielmehr hat es sogleich die Drohung unter Berücksichtigung aller Umstände des Falles unter dem Gesichtspunkt der unzulässigen Rechtsausübung erörtert und eine solche angenommen. Es ist also festzuhalten, daß ein Verstoß des Drohenden gegen die Maxime von „Treu und Glauben" die Drohung mit der Strafanzeige widerrechtlich gemacht hat.

Auf dem gleichen Gedanken beruhen auch zwei weitere Entscheidungen:

2. OLG Hamburg HansGerZ 1907, 228 (19. 3. 1907[5])

In einem Warenhaus fehlte Geld in der Kasse. Der Angestellte A gab zu, 6,50 DM unterschlagen zu haben. Der Geschäftsführer, der den Fehlbestand bei weitem höher einschätzte, erklärte, er werde die Angelegenheit von der Polizei aufklären lassen, wenn sich A und dessen Mutter nicht schriftlich verpflichteten, ihm einen durch A entstandenen Schaden von 1500 DM zu ersetzen. Dabei ließ er sich nicht auf die Bitte von A und dessen Mutter ein, zunächst einmal über die ganze Angelegenheit und über die Höhe des Schadens zu diskutieren. Die daraufhin übernommene Verpflichtung fochten A und seine Mutter wegen widerrechtlicher Drohung an.

3. RG JW 1913, 1033 ff. (13. 6. 1913[6])

In der Kasse der X-AG fehlte Geld. Die Vorstandsmitglieder A und B gerieten in den Verdacht, das Geld unterschlagen zu haben. Das Vorstandsmitglied G erklärte den Verdächtigen, der Vorstand werde sie anzeigen, wenn sie sich nicht für den Fehlbestand „verbürgten". Daraufhin, ohne vorausgegangene Erörterung über die Sachlage und die Höhe des von ihnen unterschlagenen Geldes, unterschrieben A und B eine Bürgschaftserklärung in Höhe des ganzen Fehlbestandes. Später fochten sie die übernommene Bürgschaft wegen widerrechtlicher Drohung an.

Beide Gerichte haben die Drohung mit der Erstattung einer Strafanzeige für widerrechtlich erklärt, weil die Drohenden ihr Anzeigerecht mißbraucht hätten. Der Mißbrauch sei darin zu sehen, daß die Drohenden die Bedrohten dazu gezwungen hätten, sich ohne nähere Prüfung und Erörterung der Angelegenheit zur Wiedergutmachung des entstandenen Schadens zu verpflichten.

---

[5] Urteil des OLG Hamburg vom 19. März 1907, Hanseatische Gerichtszeitung 1907, Beiblatt, S. 228.
[6] Urteil des RG vom 13. Juni 1913, JW 1913, S. 1033 ff.

Ebenso wie in der soeben besprochenen Entscheidung des RG vom 16. 1. 1905[7] können die Drohungen in den beiden voranstehenden Fällen nicht als bloße Schikaneakte aufgefaßt werden. Ihr Hauptzweck war nämlich wiederum, die Bedrohten zur Wiedergutmachung des durch die Straftat angerichteten Schadens zu veranlassen. Die unzulässige Rechtsausübung resultierte auch hier daraus, daß den Bedrohten gegen das Gebot von „Treu und Glauben" jede Möglichkeit genommen wurde, die Angelegenheit zu prüfen und ihren Standpunkt über den entstandenen Schaden und dessen Höhe darzulegen.

4. BGHZ 2, 287 ff.

Der Mißbrauch eines Rechts als Beurteilungskriterium der Widerrechtlichkeit der Drohung ist auch in dem besprochenen Fall BGHZ 2, 287[8] klar herausgearbeitet.

Wie die Ausübung jedes Rechts und jeder Befugnis darf auch die Befugnis der Eltern — so der BGH in einem obiter dictum —, ihre erwachsene Tochter mit ihrem nichtehelichen Kind aus der elterlichen Wohnung auszuweisen, nicht mißbräuchlich ausgeübt werden. Unter Berufung auf RG JW 1905, 134[9] sagt der BGH, die *Drohung* mit der Ausübung dieser Befugnis der Eltern wäre nur dann widerrechtlich, wenn sie der jungen Mutter jede Möglichkeit der sachlichen Prüfung genommen hätten.

Diese Überlegung des BGH steht in Einklang mit den oben besprochenen Entscheidungen. Die Drohung der Eltern wäre bei einer solchen Sachlage nicht als bloßer Schikaneakt aufzufassen, weil die Eltern durch sie nicht lediglich ihre Tochter schädigen wollten. Sie wollten vielmehr verhindern, daß der Fehltritt ihrer Tochter bekannt würde und dadurch nicht nur diese, sondern auch sie selbst ins Gerede der Leute kämen[10].

D. Ergebnis

Die am § 226 BGB orientierte Theorie ist in ihrer bisherigen Form nicht brauchbar, da sie nur außergewöhnliche Fälle erfaßt. Die Rechtsprechung hat den richtigen Weg zu einer *Verbesserung* dieser Theorie aufgezeigt. Die Gerichte haben sich nicht auf den speziellen Fall des § 226 BGB beschränkt, sondern haben auch solche Drohungen mit einer Rechtsausübung als widerrechtlich angesehen, die auf Grund einer Würdigung aller Umstände des konkreten Falles gegen die Maxime von „Treu und Glauben" verstoßen. Nur wenn sich alle Fälle des Rechtsmißbrauchs von einer Theorie erfassen lassen, kann eine solche Theorie zu brauchbaren und praktischen Ergebnissen führen.

---
[7] S. 71 ff.
[8] Oben S. 59 ff.
[9] Oben S. 71 ff.
[10] Vgl. auch BGHZ 2, S. 298.

§ 5. Die Widerrechtlichkeit bei an sich erlaubtem Mittel und Zweck

Der Mißbrauch eines Rechtes drückt der Drohung immer die Widerrechtlichkeit auf; dabei spielt es keine Rolle, ob es sich um eine Drohung mit der Ausübung von subjektiven Rechten (BGHZ 2, 287) oder um eine solche mit der Ausübung von Befugnissen, die auf Grund der allgemeinen Handlungsfreiheit zulässig sind (RG JW 1905, 134; RG JW 1913, 1033), handelt. Der Rechtsmißbrauch ist allerdings nur ein negativer Maßstab für die Feststellung der Widerrechtlichkeit[11]. Die Drohung ist *immer* rechtswidrig, wenn sie eine unzulässige Rechtsausübung darstellt. Wenn dagegen die angedrohte Rechtsausübung *nicht* unzulässig ist, so bedeutet dies noch nicht, daß die Drohung stets rechtmäßig ist. Die Widerrechtlichkeit kann sich hier aus anderen Umständen des Drohungshergangs ergeben.

IV. Gesamtergebnis

Die Untersuchung hat gezeigt, daß weder die Anspruchs- noch die Zusammenhangstheorie bei der Beantwortung der Frage, wann die Drohung mit einem an sich erlaubten Mittel und zu einem an sich erlaubten Zweck widerrechtlich ist, befriedigen können. Da sie sich auf die formalen Gesichtspunkte des Bestehens oder Nichtbestehens eines Anspruchs des Drohenden auf die abgegebene Willenserklärung des Bedrohten bzw. eines Zusammenhangs zwischen dem Drohungsmittel und der abgegebenen Willenserklärung beschränken, erlauben sie nicht eine Berücksichtigung *aller* Umstände des Drohungsvorgangs; sie verdecken daher die eigentliche Problematik des Falles. Ohne eine Berücksichtigung der besonderen Umstände eines Falles ist indessen die Beurteilung der Rechtmäßigkeit der Drohung unmöglich. Dies hat in der Literatur bislang nicht genügend Beachtung gefunden.

Es ist das Verdienst des BGH und des BAG, diesen zentralen Gesichtspunkt hervorgehoben zu haben. Die Rechtsprechung berücksichtigt die besonderen Umstände des Falles dadurch, daß sie prüft, ob die Anwendung der Drohung als Mittel zur Erreichung des erstrebten Zwecks nach den guten Sitten oder nach der Maxime von „Treu und Glauben" ein angemessenes Mittel darstellt. Hier lassen sich *auch* die Fälle einordnen, bei denen sich die Rechtswidrigkeit der Drohung aus einer unzulässigen Rechtsausübung ergibt. Die Rechtsprechung bedient sich zur Umschreibung der guten Sitten bzw. der Maxime von „Treu und Glauben" der Formel: „..., ob die Drohung nach der Auffassung aller billig und gerecht Denkenden ein angemessenes Mittel darstellt[1]."

---

[11] So richtig auch *Offenloch*, S. 86.

[1] Siehe dazu BGHZ 2, 287 ff.; BGHZ 25, 217 ff; BAG AP § 123 BGB, Nr. 18: „Schließlich ist die Drohung widerrechtlich, wenn Mittel und Zweck zwar für sich allein betrachtet nicht widerrechtlich sind, aber die Verbindung — die

IV. Gesamtergebnis

Es handelt sich dabei um einen konkretisierungsbedürftigen, jedoch objektiv bestimmbaren Maßstab, der uns zwar keine fertige Lösung gibt, jedoch die Berücksichtigung der besonderen Umstände des Falles ermöglicht. Bei seinem Werturteil über die Rechtmäßigkeit der Drohung soll daher der Richter sich zum Interpreten „aller billig und gerecht Denkenden" machen. Dabei hat er besonders auf die Verkehrssitte, die Verkehrsanschauungen und die ethischen Grundvorstellungen der Gesellschaft Bedacht zu nehmen[2].

Benutzung dieses Mittels zu diesem Zweck — gegen das Anstandsgefühl aller billig und gerecht Denkenden verstößt." Siehe auch *Arzt*, Die Ansicht aller billig und gerecht Denkenden, Tübinger Diss. 1962.

[2] In MDR 1969, 741 führt der BGH hierzu zutreffend aus: „... Der Maßstab dafür, wann in solchen Fällen von einer widerrechtlichen Willensbeeinflussung gesprochen werden kann, muß der Verkehrssitte und den herrschenden ethischen Grundvorstellungen entnommen werden."

§ 6. Die Kriterien für die Beurteilung der Widerrechtlichkeit bei der Drohung mit einer Unterlassung

Übersicht

I. Stand der Meinungen
II. Die Rechtsprechung
    A. LAG Gleiwitz ArbRechtSamml. 35, 118 ff.
    B. BGH LM § 123 BGB, Nr. 32
III. Ergebnis
IV. Exkurs: Die Drohung mit einer Unterlassung und der § 330 c StGB

Der Drohende kann die Beugung der Entschließungsfreiheit des Bedrohten auch dadurch erreichen, daß er diesem eine Unterlassung in Aussicht stellt. Es fragt sich, ob bei solchen Drohungen für die Beurteilung der Widerrechtlichkeit die bei der Drohungen mit positivem Tun im vorigen Paragraphen entwickelten Maßstäbe ausreichen, oder ob man von anderen Beurteilungskriterien ausgehen muß.

I. Stand der Meinungen

Die Literatur zu der Drohung mit einer Unterlassung ist außerordentlich umfangreich. Die Unterschiede zwischen den einzelnen Ansichten sind indessen meist nur gering. Über das Hauptproblem besteht weithin Einigkeit. So sind nahezu alle Autoren der Meinung, daß eine angedrohte Unterlassung nur dann den Tatbestand des § 123 BGB erfüllen kann, wenn der Drohende zu einem entgegengesetzten Tun *verpflichtet* ist: sei es durch Gesetz, durch Vertrag oder durch vorangegangenes gefährdendes Tun (Ingerenz[1]). Sei er jedoch nicht dazu verpflichtet, nutze er aber eine Notlage des anderen aus, so sei sein Verhalten als

---

[1] Siehe dazu *Enneccerus-Nipperdey*, Allg. Teil, S. 1061; *Flume*, Allg. Teil II, S. 534; *Hölder*, Kommentar zum BGB, § 123, 3; *Kohler*, Die Menschenhülfe im Privatrecht, JherJ 25, S. 19 ff.; *Lehmann-Hübner*, Allg. Teil, S. 273; *Staudinger-Coing*, Bem. 7 zu § 123 BGB; *v. Tuhr*, Allg. Teil, 2. Bd., 1. Hälfte, S. 611; *derselbe*, Über die Mängel des Vertragsschlusses nach schweizerischem Obligationsrecht, Zeitschrift für schweizer Recht, N. F. Nr. 17, S. 31; *derselbe*, Notstand im Zivilrecht, S. 12 ff.; Für das griechische Recht *Balis*, Allg. Teil, S. 148 f.; für das österreichische Recht, *Klang*, Kommentar zum Allgemeinen Bürgerlichen Gesetzbuch, 2. Bd., 2. Hälfte, S. 102 f. Vgl. auch L. 9 § 1 D. quod metus causa 4, 2; *Paulus* I 7 § 5.

Verstoß gegen § 138 BGB und nicht als widerrechtliche Drohung anzusehen.

Dieser Auffassung ist *Offenloch*[2] entgegengetreten: Leite man die Unzulässigkeit der Drohung mit einer Unterlassung aus dem Verstoß der Unterlassung gegen eine Pflicht zum Handeln her, so werde bei dieser Beurteilung *nur* das angedrohte Übel berücksichtigt, die anderen Kriterien für die Beurteilung der Widerrechtlichkeit (z. B. das Zusammenhangskriterium) blieben hier im Gegensatz zu der Drohung mit Aktivem Tun außer acht. Dafür bestehe jedoch kein Grund, weil sich die beiden Drohungsarten nicht grundlegend unterschieden.

II. Die Rechtsprechung

Die Rechtsprechung hat sich mit der Problematik der Drohung mit einer Unterlassung in zwei Entscheidungen befaßt:

A. LAG Gleiwitz ArbRechtSamml. 35, 118 ff. (24. 1. 1939)[3]

Der Buchhändler B hatte seinem Buchhalter H, einen polnischen Staatsangehörigen, gekündigt. H erhob daraufhin gegen B eine Klage auf Zahlung des Gehalts von 335 RM für den Zeitraum der gesetzlichen Kündigungsfrist. Auf Anraten der „Deutschen Arbeitsfront" nahm er später seine Klage zurück, weil seine Beschäftigung ohne Genehmigung der zuständigen Behörde für Ausländer nicht zulässig war und er nach dem einschlägigen Gesetz keinen Anspruch auf Gehalt für die Kündigungsfrist hatte. Nach einiger Zeit verlangte das Finanzamt von B eine Umstellung seiner Buchführung. B forderte H auf, ihm bei der Umstellung zu helfen, weil die Finanzbeamten ihm sagten, daß *nur* der bisherige Buchhalter in der Lage sei, die Umstellung durchzuführen. H verweigerte zuerst seine Hilfe. Auf wiederholte Bitten des B erklärte H, er werde nur dann für ihn arbeiten, wenn B außer Stundenbezahlung und Spesen auch noch die 335 RM strittiges Gehalt aus dem früheren Arbeitsverhältnis bezahle. B verpflichtete sich schriftlich zu der geforderten Zahlung. Später focht er die übernommene Verpflichtung wegen widerrechtlicher Drohung an.

Das LAG hat eine widerrechtliche Drohung mit folgender Begründung angenommen: B habe sich in einer Zwangslage befunden; er benötigte H, weil das Finanzamt Aufklärungen gefordert habe, die nur H selbst habe geben können. Diese Zwangslage habe H ausgenutzt. Die Widerrechtlichkeit seiner Drohung, B nicht zu helfen, liege darin, daß er auch die Zahlung der 335 RM erreichen wollte, auf die er nach dem Gesetz keinen Anspruch gehabt habe.

Nach der überwiegenden Meinung in der Literatur müßte der Fall anders entschieden werden, denn der Buchhalter war *nicht* verpflichtet,

---

[2] S. 47 ff.
[3] Urteil des LAG Gleiwitz vom 24. Januar 1939, Arbeitsrechtssammlung Bd. 35, S. 118 ff. mit Urteilsanmerkung von *Volkmar*.

§ 6. Die Widerrechtlichkeit der Drohung mit einer Unterlassung

für seinen früheren Arbeitgeber erneut tätig zu werden und die Umstellung der Buchführung durchzuführen[4]. Nach dem Prinzip der Vertragsfreiheit war es ganz in sein Belieben gestellt, einen neuen Arbeitsvertrag mit dem Buchhändler einzugehen oder nicht[5]. Den Buchhalter traf nur eine *nachvertragliche* Pflicht[6], seinen früheren Arbeitgeber über die Anlage und das System der von ihm getätigten Buchführung zu informieren. Diese Auskunftspflicht stand doch hier nicht zur Debatte. War der Buchhalter also nicht verpflichtet, die Umstellung der Buchführung durchzuführen, müßte die herrschende Meinung folglich die Drohung als nicht widerrechtlich ansehen.

Wir sind indessen der Meinung, daß das Urteil des LAG im Ergebnis nicht beanstandet werden kann; unbefriedigend ist nur dessen Begründung. Das Gericht hat nämlich mit dem inzwischen in der Rechtsprechung bereits aufgegebenen Gesichtspunkt argumentiert, die Drohung sei deswegen rechtswidrig gewesen, weil der Buchhalter auf die 335 RM keinen *Anspruch* gehabt habe[7]. Im Ergebnis ist jedoch dem Gericht zu folgen. Dem Buchhalter stand zwar frei, ob er überhaupt und unter welchen Bedingungen für seinen früheren Arbeitgeber arbeiten wollte. Er konnte auch eine hohe Vergütung für seine Arbeit verlangen. Hier liegen die Dinge jedoch anders. Der Buchhalter nutzte die Tatsache aus, daß er allein die vom Finanzamt geforderte Umstellung der Buchführung in der zur Verfügung stehenden Zeit durchführen konnte, um *über* seine Bezahlung für die zu leistende Arbeit hinaus auch die ihm nach dem Gesetz *nicht* zukommenden 335 RM aus dem früheren Arbeitsverhältnis zu verlangen. Gerade diese Verknüpfung seiner Honorarforderung mit dem ihm gesetzlich nicht zustehenden Anspruch aus dem früheren Arbeitsverhältnis macht u. E. seine Drohung widerrechtlich, dies um so mehr, als der Buchhalter *positiv* wußte, daß er nach dem damaligen Gesetz die 335 DM nicht verlangen konnte. Das hatte er nämlich von den juristischen Experten der „Deutschen Arbeitsfront" erfahren und deswegen seine dahingehende Klage zurückgenommen.

Das im Ergebnis richtige Urteil lehrt also zweierlei: Erstens kann die Drohung mit einer Unterlassung auch dann widerrechtlich sein, wenn den Drohenden *keine* Rechtspflicht zum Handeln trifft. Daraus

---

[4] So *Volkmar*, Urteilsanmerkung, Arbeitsrechtssammlung, Bd. 35, S. 119 ff.

[5] Vgl. *Offenloch*, S. 48 ff. Nach ihm war die Drohung rechtmäßig, weil „der Buchhalter nichts anderes getan hat, als von der ihm zustehenden Vertragsfreiheit Gebrauch zu machen."

[6] Siehe dazu RGZ 158, S. 184; RGZ 165, S. 37; BGHZ 16, S. 10; BGH LM § 362 BGB 2; *Hueck-Nipperdey*, Arbeitsrecht, 7. Aufl. (1963), Bd. 1, § 51, II, 2; *Nikisch*, 3. Aufl. (1961), Bd. 1, § 54, V; *Larenz*, Schuldrecht I 10. Aufl. (1970), S. 112, 200; *Monjau*, Betriebsberater 1962, S. 1439.

[7] Zur Aufgabe der Anspruchstheorie in der Rechtsprechung siehe oben S. 57 ff.

II. Die Rechtsprechung

folgt zweitens, daß es für die Beurteilung der Widerrechtlichkeit nicht auf das Bestehen oder Nichtbestehen einer Rechtspflicht des Drohenden zum Handeln ankommen kann. Worauf es tatsächlich ankommt, zeigt

B. BGH LM § 123 BGB, Nr. 32 (25. 6. 1965)[8]

a) In diesem von der Literatur bislang nicht beachteten Urteil hat auch der Bundesgerichtshof den Gesichtspunkt des Bestehens einer Pflicht des Drohenden zum Handeln als Kriterium der Widerrechtlichkeit der Drohung mit einer Unterlassung abgelehnt.

Der Händler H hatte die ihm von der X-Bank eingeräumte Kreditgrenze erheblich überschritten. Er schuldete der Bank mehr als 30 000 DM. Zur Regelung der Angelegenheit nahm H einen Vorschlag des Bankdirektors K an, sein Hausgrundstück, das schon weitgehend zugunsten der Bank belastet war, an einen Dritten für 50 000 DM zu veräußern. Dadurch sollte H die Abdeckung seiner Verbindlichkeiten gegenüber der Bank aus eigener Kraft ermöglicht werden. Bei der Verlesung des Kaufvertrages durch den Notar fiel H auf, daß auch der Verkauf eines Wiesengrundstücks, welches vorher nicht Gegenstand der Verhandlungen war, in den Kaufvertrag einbezogen war. Deswegen kam es zu heftigen Auseinandersetzungen zwischen den Parteien. H war mit dem gleichzeitigen Verkauf des Wiesengrundstücks, obgleich es nur einen materiellen Wert von 500—1000 DM hatte, nicht einverstanden, weil es als Erbstück aus der Kinderzeit seiner Frau für diese von nicht geringem ideellem Wert war. Der gleichfalls anwesende K erklärte in dieser Situation, die Bank werde einen demnächst fälligen Wechsel des H nicht einlösen, wenn er den Kaufvertrag an der Einbeziehung des Wiesengrundstücks scheitern ließe. H gab nach. Später focht er den Kaufvertrag wegen widerrechtlicher Drohung an.

Der herrschenden Lehre folgend hat das Berufungsgericht die Widerrechtlichkeit der Drohung verneint, weil die Bank auf Grund der Überschreitung des eingeräumten Kredits keine Rechtspflicht zur Einlösung des Wechsels getroffen habe.

Der BGH hat dagegen die Widerrechtlichkeit bejaht. Im Anschluß an BGH 25, 217[9] ist er davon ausgegangen, daß die Drohung trotz eines an sich erlaubten Mittels und trotz eines an sich erlaubten Zweckes widerrechtlich ist, wenn der Einsatz der Drohung als Mittel zur Erreichung des verfolgten Zwecks gegen „das Anstandsgefühl aller billig und gerecht Denkenden verstößt". Unter Zugrundelegung dieses für die Drohung mit einem *positivem* Tun entwickelten Kriteriums prüfte der BGH hier die Rechtmäßigkeit der Drohung mit einer Unterlassung. Folgerichtig zog der BGH alle Umstände des Falles zur Beurteilung der Widerrechtlichkeit der Drohung heran: K habe von dem Notar

---

[8] Urteil des BGH vom 25. Juni 1965, LM § 123 BGB, Nr. 32.
[9] Siehe oben, S. 65 f.

erfahren, daß von einem Mitverkauf des Wiesengrundstücks bei den vorangegangenen Verkaufsverhandlungen der Parteien nicht die Rede gewesen sei, und daß das Wiesengrundstück für H und seine Ehefrau einen großen ideellen Wert darstelle. Unter solchen Umständen habe es den Anforderungen von Billigkeit und *guten Sitten* widersprochen, die Ankündigung der für H sicherlich ruinösen Nichteinlösung des Wechsels als Mittel zu benutzen, um H zur Unterzeichnung des Kaufvertrages zu zwingen.

Der überzeugenden Argumentation des BGH möchten wir noch folgendes hinzufügen: Die Bank war sicherlich sehr daran interessiert, daß H den Kaufvertrag nicht scheitern ließe, weil sie nur auf diesem Weg möglichst schnell zu Bargeld zwecks Abdeckung der Schulden des H kommen konnte. Dies erkennen wir durchaus als berechtigtes *materielles* Interesse an. Auf der anderen Seite stand das berechtigte überwiegend *ideelle* Interesse des H an der Erhaltung des Wiesengrundstücks. Ginge es nur um eine Abwägung dieses Interessenkonflikts, fiele es sicherlich schwer, die Drohung der Bank als gegen die guten Sitten verstoßend anzusehen. Entscheidend ist vielmehr folgendes: Das Hausgrundstück des H war bereits erheblich zugunsten der Bank belastet. Damit waren die Forderungen der Bank gegen H zum großen Teil *dinglich* abgesichert. Der Bank stand somit die Möglichkeit offen, die *Zwangsversteigerung* des Grundstücks zu betreiben. Dies wäre für die Bank der korrekte Weg gewesen, zu ihrem Geld zu kommen. Stattdessen stellte sie H die Gewährung weiterer Kredits in Aussicht, wenn er den Kaufvertrag in der vorliegenden Fassung unterzeichne[10]. Die Bank wollte also nicht *nur* den ihr bequemeren Weg gehen, sondern mutete H auch noch eine Trennung von dem Wiesengrundstück zu, welches im Verhältnis zu dem Hausgrundstück fast *keinen* materiellen Wert hatte und damit der Bank keine erhöhte Sicherheit brachte. Eben darin erblicken wir den Verstoß gegen die guten Sitten.

b) Nach der herrschenden Lehre, die in dem soeben besprochenen Fall des BGH keine Anfechtungsmöglichkeit eröffnen würde, bleibt der Bedrängte allein auf den Schutz des § 138 BGB angewiesen. Der besprochene Fall zeigt deutlich, daß diese Möglichkeit zum Schutz des Bedrängten nicht ausreicht. Dieser bliebe immer dann ohne Schutz, wenn die Drohung, wie hier, von einem *Dritten* ausgeht, der nicht Vertragspartner des Bedrohten und auch nicht Erfüllungsgehilfe der anderen Vertragspartei ist. Der zwischen H und dem Käufer abgeschlossene Kaufvertrag war seinem Inhalt nach *nicht* sittenwidrig. Daß

---

[10] Daß die Drohung hier nicht von dem Geschäftspartner, sondern von einem Driten, der Bank, ausging, ist für die Anfechtung wegen Drohung gleichgültig. Siehe dazu statt aller *Enneccerus-Nippperdey,* Allg. Teil, S. 1065; *Larenz,* Allg. Teil, S. 334.

III. Ergebnis

K als Dritter möglicherweise sittenwidrig gehandelt hat, spielt für die Beurteilung dieses Vertrags keine Rolle.

III. Ergebnis

Die herrschende Lehre, nach der § 123 BGB bei Drohung mit einer Unterlassung nur dann eingreift, wenn der Drohende zum Handeln *verpflichtet* ist, hat sich als nicht richtig herausgestellt. Die Untersuchung hat gezeigt, daß der Gesichtspunkt des Bestehens oder Nichtbestehens einer Rechtpflicht zum Handeln für die Beurteilung der Widerrechtlichkeit der Drohung nicht maßgebend sein kann. Vielmehr müssen auch bei Drohungen mit einer Unterlassung die besonderen Umstände des Einzelfalles berücksichtigt werden, um feststellen zu können, ob die Drohung nach „Ansicht aller billig und gerecht Denkenden" ein angemessenes Mittel zur Erreichung der Willenserklärung des Bedrohten ist. Für eine unterschiedliche Behandlung von Drohungen mit einem positiven Tun und Drohungen mit einer Unterlassung ließen sich keine einleuchtenden Argumente finden. Eine Gleichbehandlung der Fälle empfiehlt sich auch deshalb, weil es oft sehr schwierig ist, festzustellen, ob eine Drohung mit einem positiven Tun oder mit einer Unterlassung vorliegt. Tun und Unterlassen gehen vielfach ineinander über[11]. Wir haben gesehen, daß auch der BGH keinen Unterschied in der Behandlung von Drohungen mit einem positiven Tun und Drohungen mit einer Unterlassung macht. Dies hat in der Literatur noch nicht die nötige Beachtung gefunden.

---

[11] Siehe auch die Gedanken von v. *Caemmerer*, Wandlungen des Deliktsrechts, DJT-Festschrift II (1960), S. 75: „Verstöße durch Tun oder durch Unterlassen gehen im übrigen vielfach ineinander über. Wer einen Blumentopf vor das Wohnungsfenster stellt, der einem Passanten auf den Kopf fällt, hat durch sein Tun gegen eine Verkehrspflicht verstoßen. War eine sichere Befestigung durch Anbringung eines Blumenbretts oder ähnliche Maßnahmen im konkreten Fall durchführbar, so kann man den Verstoß auch in der Unterlassung dieser Sicherheitsmaßnahme sehen."

IV. Exkurs: Die Drohung mit einer Unterlassung und der § 330 c StGB

§ 330 c StGB begründet bei Unglücksfällen, gemeiner Gefahr oder Not unter bestimmten Voraussetzungen die Pflicht, Hilfe zu leisten[12]. Es fragt sich, ob § 123 BGB angewendet werden kann, wenn der zur Hilfeleistung nach § 330 c StGB Verpflichtete seine Hilfe von einer Gegenleistung abhängig macht.

Im Schrifttum wurde diese Frage nur von *Enneccerus-Nipperdey*[13] erörtert. Die Ausnutzung einer Notlage sei nur dann eine widerrechtliche Drohung, wenn der Drohende aus einer *Sonderbeziehung* dem in einer Notlage Befindlichen zur *Erfolgsabwendung* verpflichtet sei, wie z. B. der im Dienste befindliche Feuerwehrmann, der engagierte Bergführer oder der Arzt, der die sofort nötige Operation übernommen hat. Nur eine Sonderbeziehung könne eine Erfolgsabwendungspflicht begründen. Da es aber in den Fällen des § 330 c StGB *nicht* um eine Erfolgsabwendungspflicht, sondern nur um eine Pflicht zum bloßen *Tätigwerden* gehe, finde hier § 123 BGB keine Abwendung.

Das Strafrecht, aus dem diese Unterscheidung stammt, kennt *echte* und *unechte* Unterlassungsdelikte[14]. Bei den echten Unterlassungsdelikten wird ein Verstoß gegen eine Pflicht zum Tätigwerden bestraft[15]. Bei den unechten Unterlassungsdelikten wird dagegen eine Unterlassung der Abwendung eines tatbestandsmäßigen Erfolgs bestraft[16]. Der Unterschied zwischen den beiden Kategorien ist aber ein *rein* positivrechtlicher, *kein* materialer, wie *Welzel*[17] zu Recht ausführt: „... Vor allem besteht der Unterschied nicht darin, daß bei den echten Unterlassungsdelikten lediglich eine schlichte Tätigkeit, bei den unechten Unterlassungsdelikten dagegen die Abwendung eines Erfolges gefordert werden. Auch die Hilfspflicht des § 330 c StGB (eines echten Unterlassungsdeliktes) geht auf die Abwendung drohenden schädlichen Erfolgs."

Die von *Enneccerus-Nipperdey* vorgeschlagene Differenzierung zwischen einer „Erfolgsabwendungspflicht" und einer Pflicht „zum Tätig-

---

[12] § 330 c StGB lautet: „Wer bei Unglücksfällen oder gemeiner Gefahr oder Not nicht Hilfe leistet, obwohl das erforderlich und ihm den Umständen nach zuzumuten, insbesondere ohne erhebliche eigene Gefahr und ohne Verletzung anderer wichtiger Pflichten möglich ist, wird mit Freiheitsstrafe bis zu einem Jahr oder mit Geldstrafe bestraft."

[13] *Enneccerus-Nipperdey*, Allg. Teil, S. 1061, Fußn. 2.

[14] Siehe dazu *Androulakis*, Studien zur Problematik der Unterlassungsdelikte (1963); A. *Kaufmann*, Die Dogmatik der Unterlassungsdelikte (1959).

[15] Siehe z. B. §§ 138, 330 c und 368 Ziff. 4 StGB.

[16] Z. B. der Vater, der seinen Sohn ohne Hilfe ertrinken läßt, obwohl er tüchtiger Schwimmer ist.

[17] *Welzel*, Das Deutsche Strafrecht, 11. Aufl. (1969), S. 203.

IV. Exkurs: Die Drohung mit einer Unterlassung und der § 330 c StGB

werden" erscheint daher nicht überzeugend. Wir sind der Meinung, daß zwischen der Drohung mit einer Unterlassung der Erfolgsabwendung und der Drohung mit der Nichterfüllung der Pflicht aus § 330 c StGB *kein* Unterschied gemacht werden darf. Mithin müssen die für die Beurteilung der Widerrechtlichkeit der Drohung mit einer Unterlassung maßgebenden Kriterien auch bei Drohungen mit der Nichterfüllung der Pflicht aus § 330 c StGB gelten. § 123 BGB ist also auch hier anzuwenden[18].

---

[18] Daneben wird selbstverständlich eine Konkurrenz mit § 138 BGB oft in Betracht kommen. Siehe dazu *Angeloff*, Widerrechtliche Bestimmung durch Drohung, S. 18 ff.; *v. Blume*, Beiträge zur Auslegung des deutschen BGB, Jherings Jahrbücher, Bd. 38, S. 225 ff.; *Flume*, Allg. Teil II, S. 566 ff.; *Enneccerus-Nipperdey*, Allg. Teil, S. 1229 ff.; *Henle*, Das Anwendungsgebiet der Anfechtbarkeit wegen Drohung, Festschrift für Zitelmann, S. 9 ff.; *Hubernagel*, AcP 137, S. 105 ff.; *Husserl*, Recht und Welt 1964, S. 217 ff.; *Friedländer*, Grenzlinien von Drohung und Wucher, zur Auslegung der §§ 123, 138 II BGB, Jherings Jahrbücher, Bd. 46, S. 149 ff.; *Hölder*, Kommentar zum BGB, S. 306 ff.; *Karas*, Die widerrechtliche Bestimmung durch Drohung, S. 27 f.; *Kipp*, Über Doppelwirkungen im Recht, Festschrift für Martitz (1911), S. 211 ff.; *Klee*, Der Drohungsbegriff nach Zivilrecht, S. 15 f.; *Larenz*, Allg. Teil, S. 338; *Munk*, Die widerrechtliche Drohung des § 123 BGB in ihrem Verhältnis zu Erpressung und Nötigung; *Niemann*, Zur Lehre von der Drohung des § 123 BGB im Bürgerlichen Gesetzbuch, insbesondere von dem Begriffe der Widerrechtlichkeit, S. 20 ff.; *Oertmann*, Kommentar I, S. 388; *Planck*, Der Begriff der Widerrechtlichkeit in § 123 BGB, Festgabe für Regelsberger, S. 169 f.; *Staudinger-Coing*, Bem. 15—18 zu § 123 BGB; *Zepos*, ARSP, Bd. 27, S. 480 ff.

Kapitel IV

Die Konkretisierung des neuen Maßstabs für die Beurteilung der Widerrechtlichkeit der Drohung bei an sich erlaubtem Mittel und an sich erlaubtem Zweck

Es hat sich gezeigt, daß jede Theorie zur Beurteilung der Widerrechtlichkeit der Drohung dann fruchtlos ist, wenn sie sich einzig und allein auf einen, wenn auch bestimmten Gesichtspunkt stützt. Ein einziges Kriterium kann der Fülle der denkbaren Fälle nicht gerecht werden. Nur der elastische Maßstab der Rechtsprechung, die Widerrechtlichkeit einer Drohung an der „Ansicht aller billig und gerecht Denkenden" zu messen, kann zu vertretbaren Ergebnissen führen. Unerläßliche Voraussetzung dafür ist die Heranziehung und Bewertung *aller* Umstände, die dem Drohungsvorgang das Gepräge geben.

Diese Auffassung der Rechtsprechung, der wir uns voll und ganz anschließen, zeichnet den weiteren Gang unserer Untersuchung vor. Es wird unsere Aufgabe sein, den Maßstab der Rechtsprechung nach Fallgruppen zu konkretisieren. Es liegt auf der Hand, daß die Bildung von Fallgruppen nicht abschließend und nicht erschöpfend sein kann. Wir werden uns daher auf die Untersuchung idealtypischer Fallgruppen beschränken.

§ 7. Die Drohung mit einer Strafanzeige

Übersicht

I. Stand der Diskussion
II. Die Wiedergutmachung des durch die Straftat angerichteten Schadens als zentraler Gesichtspunkt der Zulässigkeit der Drohung mit einer Strafanzeige
   A. Die Wiedergutmachung: Voraussetzungen — Formen
   B. Die unzulässige „Wiedergutmachung"
      1. Die Durchsetzung von in der Höhe unbestimmten Schadensersatzansprüchen ohne sachliche Erörterung
      2. Die über die Wiedergutmachung hinaus bezweckte Verschaffung ungebührlicher Vorteile
   C. Das Problem der Wiedergutmachung bei Drohungen mit Strafanzeigen gegen Dritte
   D. Exkurs: Die Drohung mit einer Strafanzeige zwecks Klärung der Rechts- und Sachlage
III. Die „angemessene Zahlung an die Armenkasse"
IV. Die Drohung mit einer Strafanzeige zwecks Auflösung eines auf gegenseitigem Vertrauen basierenden Rechtsverhältnisses
V. Die durch die Drohung mit einer Strafanzeige bezweckte Bestimmung des Bedrohten zu einer Handlung, die nach ethischen Maßstäben der freien Entschließung vorbehalten ist
VI. Zusammenfassung

I. Stand der Diskussion

Das Allgemeine Landrecht bestimmte, daß jedes unter dem Druck einer Drohung mit einer Strafanzeige zustandegekommene Rechtsgeschäft unwirksam war[1]. Dieses absolute Verbot der Drohung mit einer Strafanzeige als Mittel zur Erlangung einer Willenserklärung des Bedrohten war auf die Feststellung zurückzuführen, daß eine solche Drohung einen Unschuldigen zu ungeschuldeten Leistungen oder auch einen Schuldigen zur Gewährung ganz ungerechter Vorteile zwingen kann[2].

---

[1] Siehe dazu ALR. 1. Tl., 4. Tl., § 35: „Die Drohung, Jemanden eines Verbrechens wegen mit oder ohne Grund gerichtlich angeben zu wollen, vereitelt in der Regel jede darauf erfolgte Willenserklärung des Bedrohten." Nach allgemeiner Meinung war die Drohung mit einer Strafanzeige ausnahmsweise zulässig, wenn das Strafverfahren für die Zivilklage präjudiziell war oder wenn diese nur in Verbindung mit dem Strafverfahren verfolgt werden konnte. Hierzu siehe *Koch*, Kommentar zum ALR 7. Aufl. (1878), Anm. 55 zu § 39 I 4.
[2] Vgl. auch die Entscheidung des Königlichen Obertribunals vom 30. 10. 1848 E. d. Kgl. ObTrib., N. F., 7 Bd., S. 97 ff.; ferner *Offenloch*, S. 91 ff.

§ 7. Die Drohung mit einer Strafanzeige

Auch *Planck*[3] hat, unter der Herrschaft des BGB, die Ansicht vertreten, daß jedes durch Drohung mit einer Strafanzeige zustandegekommene Rechtsgeschäft anfechtbar sein müsse.

Diese Ansicht blieb jedoch in der modernen Literatur ohne Gefolgschaft. Es wird heute allgemein anerkannt, daß die Drohung mit einer Strafanzeige als Mittel zur Erreichung einer Willenserklärung des Bedrohten unter Umständen rechtmäßig sein kann. Im Schrifttum können zwei Meinungsgruppen unterschieden werden. Die Kommentarliteratur[4] sowie *Enneccerus-Nipperdey*[5], *Flume*[6], *Larenz*[7] und *Oertmann*[8] treten für die Zusammenhangstheorie als Kriterium für die Beurteilung der Rechtmäßigkeit einer Drohung mit einer Strafanzeige ein. Die Durchsetzung eines Anspruchs des Drohenden durch eine Drohung mit einer Strafanzeige sei dann nicht widerrechtlich, wenn der Anspruch auf die abgegebene Willenserklärung mit dem begangenen Delikt in Verbindung stehe, die Drohung also auf diese Weise in der Beziehung zwischen der Straftat und dem geltend gemachten Anspruch ihren rechtfertigenden Grund finde[9].

Hingegen will *Offenloch*[10], unter Berufung auf *Klang*[11], die am § 226 BGB orientierte Theorie zur Bestimmung der Rechtmäßigkeit der Drohung mit einer Strafanzeige anwenden.

Wir selbst sind der Meinung, daß sich von den theoretischen Ausgangspunkten der Literaturmeinungen auch die Frage nach der Widerrechtlichkeit der Drohung mit einer Strafanzeige nicht bewältigen läßt[12]. Wir wenden uns daher ohne weitere Erörterung der Theorien sofort der Untersuchung der Rechtsprechung zu unserem Problemkreis zu. Wir wollen versuchen, Gesichtspunkte herauszuarbeiten, die für die Beurteilung der Rechtmäßigkeit der Drohung mit einer Strafanzeige maßgebend sind.

---

[3] *Planck*, Kommentar zum BGB, Bd. 1, § 123 Anm. 3 c.
[4] Siehe *Soergel-Hefermehl*, Bem. 47 zu § 123 BGB; *Staudinger-Coing*, Bem. 23 zu § 123 BGB.
[5] *Enneccerus-Nipperdey*, Allg. Teil, S. 1064, Fußn. 22.
[6] *Flume*, Allg. Teil II, S. 536 ff.
[7] *Larenz*, Allg. Teil, S. 336.
[8] *Oertmann*, BGB, 1. Bd., S. 431 ff.
[9] Vgl. auch *Flume*, a.a.O., S. 536: „Widerrechtlich ist aber die Drohung mit der Strafanzeige grundsätzlich dann, wenn der Drohende damit einen Zweck erstrebt, der mit der Straftat nicht in Zusammenhang steht."; vgl. ferner *Balis*, Allg. Teil des griechischen BGB, S. 150, *Michaelides-Nouaros*, Ephimeris Ellinon Nomikon, Bd. IB, S. 215 ff.
[10] *Offenloch*, S. 87 ff.
[11] *Klang*, S. 105 f.
[12] Zur Zusammenhangstheorie und zur am § 226 BGB orientierten Theorie siehe oben, S. 57 ff.

II. Die Wiedergutmachung des durch die Straftat angerichteten Schadens als zentraler Gesichtspunkt der Zulässigkeit der Drohung mit einer Strafanzeige

A. Die Wiedergutmachung: Voraussetzungen — Formen

1. Ausgangspunkt unserer Erörterung soll die schon besprochene Entscheidung RGZ 102, 311 ff. sein[13]. Dort hatte der durch den Betrug Geschädigte den Täter durch Drohung mit einer Strafanzeige veranlaßt, ein Schuldanerkenntnis abzugeben. Die Drohung war nicht widerrechtlich, weil das Schuldanerkenntnis ein gleichwertiger Ersatz für den vom Bedrohten auf betrügerische Weise vorenthaltenen Kaufpreis war. Das Schuldanerkenntnis stellte sich somit als Versprechen der *Widergutmachung* des durch den Betrug angerichteten Schadens dar.

In diesem Zusammenhang ist auch die folgende Entscheidung instruktiv:

2. BGH WM 1963, 511 ff. (6. 2. 1963[14])

Über das Vermögen der T-KG wurde das Konkursverfahren eröffnet. Der Gläubiger G hatte in den letzten 6 Monaten vor der Konkurseröffnung von der KG inkongruente Deckungen für seine Forderungen erhalten. Der Konkursverwalter V erklärte, er werde gegen G eine Strafanzeige erstatten, wenn er nicht Schadensersatz wegen der inkongruenten Deckungen leiste. Daraufhin schlossen G und V einen Vergleich, wonach G 8000 DM in vier Raten an die Konkursmasse bezahlen sollte. Nach Zahlung der ersten Rate focht G den Vergleich wegen widerrechtlicher Drohung an.

In Übereinstimmung mit den Vorinstanzen hat der BGH die Widerrechtlichkeit der Drohung verneint. Nach der Ansicht aller billig und gerecht Denkenden sei die Drohung des V gegen G, der die Konkursmasse durch den Empfang inkongruenter Deckung geschädigt habe, ein angemessenes Mittel zur Erreichung der Erledigung der Angelegenheit gewesen.

Beiden zitierten Entscheidungen ist folgendes gemeinsam: Zunächst stand *objektiv* fest, daß die Straftat begangen wurde und daß der Bedrohte der *Täter* war. Außerdem war durch die jeweilige Straftat ein Schaden beim Drohenden verursacht worden. Hinzu kommt, daß der Geschädigte mit der Strafanzeige drohte, um den Täter zur *Wiedergutmachung* des Schadens zu veranlassen.

Mithin lehren beide Entscheidungen, daß die Drohung mit einer Strafanzeige des durch die Straftat Geschädigten dann nicht widerrechtlich ist, wenn die Straftat, der Täter und der Schaden *objektiv* feststehen

---

[13] Siehe oben, S. 58 ff.
[14] Urteil des BGH vom 6. Februar 1963, WM 1963, S. 511 ff.

und die Drohung lediglich dazu dient, den Täter zur Wiedergutmachung des Schadens zu veranlassen[15].

3. Der Wiedergutmachungsgesichtspunkt erweist sich demnach als ein zentrales Kriterium für die Beurteilung der Rechtmäßigkeit der Drohung mit einer Strafanzeige. Der Wiedergutmachungsgedanke findet sich schon in den theoretischen Ausführungen einiger RG-Entscheidungen[16]. Auch der BGH hat ihn sich in einem obiter dictum in BGHZ 25, 217 ff. zu eigen gemacht: „Dem Gläubiger kann es nicht verwehrt sein, den Schuldner unter Inaussichtstellung der sonst zu erwartenden Anzeige aufzufordern, den ihm gegenüber mit der Straftat angerichteten Schaden wiedergutzumachen[17]."

Ihre Rechtfertigung finden diese Drohungen mit einer Strafanzeige nicht — wie die Anhänger der Zusammenhangstheorie behaupten — in der Verbindung der Straftat mit dem durch die Drohung erstrebten Schadensersatz, sondern in dem Versuch der Rechtsordnung, die durch die Straftat entstandenen Schäden zu beseitigen. Angesichts dessen hebt *Larenz*[18] mit Recht hervor: „Wenn auch die Strafanzeige nicht, wie die Zivilklage, gerade das von der Rechtsordnung zu dem Zweck zur Verfügung gestellte Mittel ist, um den Ersatz des durch die strafbare Handlung angerichteten Schadens zu erzwingen, so ist der alsbaldige Ersatz dieses Schadens doch ein von der Rechtsordnung gebilligter und sogar gewünschter Erfolg[19]."

Die Wiedergutmachung des angerichteten Schadens kann auf verschiedene Art und Weise vor sich gehen:

aa) Steht neben der Begehung der Straftat, dem Täter und dem Schaden auch der *Umfang* des Schadens *objektiv* fest, ist es nicht zu beanstanden, wenn der Drohende durch die Drohung mit der Strafanzeige eine *Bargeldzahlung* in Höhe des feststehenden Schadensumfangs erstrebt[20]. Selbstverständlich kann sich der Drohende auch mit einer *teilweisen* Wiedergutmachung in bar begnügen. Zulässig ist auch das Verlangen nach Ausstellung eines selbständig verpflichtenden oder eines bloß deklaratorischen *Schuldanerkenntnisses* in Höhe des feststehenden Schadensumfangs[21]. Denn ein Anerkenntnis der Verbindlich-

---

[15] Auf die Frage, was geschehen soll, wenn der Geschädigte irrtümlich das Vorliegen einer Straftat annimmt, ist später ausführlich einzugehen.
[16] Vgl. RGZ 102, S. 311 ff.; RGZ 110, S. 382 ff.; RGZ 112, S. 226 ff.; RG HRR 1940, Nr. 140.
[17] BGHZ 25, 217 ff. (220); siehe auch BGHSt 5, S. 254 ff.; BGH JW 1957, S. 596; Urteil des OLG Hamburg vom 25. Februar 1882, SeuffA 37, S. 269.
[18] *Larenz*, Allg. Teil, S. 335.
[19] Siehe auch oben, S. 68 ff.
[20] Vgl. auch BAG AP § 781 BGB Nr. 1.
[21] Vgl. auch RGZ 102, S. 311 ff.; ferner BAG AP § 781 BGB Nr. 1: „... es ist

II. Die Wiedergutmachung

keit trifft den Täter weniger hart, als die sofortige Barzahlung[22]. Aus diesem Grund ist es auch rechtmäßig, wenn der Drohende die Einräumung einer *Sicherheit* seiner Schadensersatzforderung durch den Täter verlangt, z. B. die Stellung eines Bürgen[23], die Bestellung eines Pfandrechts[24] oder eine Sicherheitsübereignung usw.[25].

bb) Steht dagegen der Umfang des angerichteten Schadens *nicht* eindeutig fest und gehen die Meinungen der Parteien darüber auseinander, wird in der Regel wegen der Unbestimmtheit der Forderung nur ein *Vergleich* zulässig sein. Der Vergleich bezweckt in einem solchen Fall die Beseitigung der Ungewißheit über die Höhe der Schadensersatzforderung durch gegenseitiges Nachgeben[26].

B. Die unzulässige „Wiedergutmachung"

Wenn also grundsätzlich die Drohung mit einer Strafanzeige zwecks Wiedergutmachung des angerichteten Schadens zulässig ist, gibt es doch Fälle, in denen es fraglich ist, ob die erstrebte Wiedergutmachung noch in den Grenzen des rechtlich Zulässigen liegt. Hier ist vor allem an zwei Fallgestaltungen zu denken:

1. Die Durchsetzung von in der Höhe unbestimmten Schadensersatzansprüchen ohne sachliche Erörterung

In den schon besprochenen Entscheidungen RG JW 1905, 134[27], OLG Hamburg HansGerZ 1907, 228[28] und RG JW 1913, 1033[29] wurde die Widerrechtlichkeit der Drohung mit einer Strafanzeige wegen mißbräuchlicher Rechtsausübung bejaht. Diese Fälle sind folgendermaßen

---

nicht unangemessen, von dem Schuldner, der zu einer sofortigen Ausgleichung des Schadens nicht in der Lage ist, zu verlangen, die Schuld schriftlich anzuerkennen und durch eine Bürgschaftserklärung für den Ausfall einzustehen."

[22] Dies muß auch für ein Schuldanerkenntnis gelten, in dem sich der Schuldner der sofortigen Zwangsvollstreckung unterwirft. Vgl. RGZ 102, S. 311 ff.

[23] Vgl. auch BAG AP § 781 BGB Nr. 1.

[24] Vgl. auch RG HRR 1940, Nr. 140.

[25] Siehe auch *Larenz*, Allg. Teil, S. 335; *Diederichsen*, Urteilsanmerkung zu BAG, AP § 781 BGB Nr. 1.

[26] Vgl. auch RGZ 112, 226 (228): „Durch einen Vergleich sollen der Streit oder die Ungewißheit über ein Rechtsverhältnis im Wege gegenseitigen Nachgebens beseitigt werden. Wenn das streitige oder ungewisse Rechtsverhältnis erst nach allen Seiten völlig aufgeklärt werden müßte, so könnte niemals ein Vergleich geschlossen werden."; ferner BGH WM 1963, S. 511 ff.

[27] Siehe oben S. 71 ff.

[28] Siehe oben S. 72

[29] Siehe oben S. 72

gekennzeichnet: Straftat, Täter und Schaden sowie Wiedergutmachungsmotivation des Drohenden standen auch dort *objektiv* fest. Ungewiß war jedoch der Umfang des Schadens und damit die *Höhe* des Schadensersatzanspruchs. Bei einer solchen Fallgestaltung hätte der Drohende dem Täter die Möglichkeit einräumen müssen, seinen Standpunkt über die Höhe des verursachten Schadens darzulegen. Stattdessen hat der Drohende seine stärkere Position ausgenutzt und durch den Druck der Strafanzeige dem Bedrohten jegliche Möglichkeit zur Diskussion und freier Entscheidung abgeschnitten.

Hieraus ergibt sich: Die Drohung mit einer Strafanzeige zwecks Wiedergutmachung des angerichteten Schadens ist dann widerrechtlich, wenn die Höhe des Schadens nicht feststeht und der Drohende dem Bedrohten keine Möglichkeit zur sachlichen Erörterung der Angelegenheit gibt[30].

2. Die über die Wiedergutmachung hinaus bezweckte Verschaffung ungebührlicher Vorteile

a) RG HRR 1930, Nr. 1595 (3. 6. 1930[31])

Zwischen der X-AG und dem Angestellten K war für den Fall etwaiger Verfehlungen eine Vertragsstrafe von 25 000 RM vereinbart, falls der AG kein über diese Summe hinausgehender Schaden entstände. K beging später einige Unredlichkeiten zu Lasten der AG, woraus dieser ein unter der Summe von 25 000 RM liegender Schaden entstand. Das Aufsichtsratsmitglied A legte K ein vorformuliertes Schriftstück vor, demzufolge K eine über den Betrag von 25 000 RM hinausgehende Schuld anerkennen und dafür zur Sicherung eine Hypothek bewilligen sollte. Hierbei erklärte A: „Geben Sie das Anerkenntnis nicht, so gehe ich zur Kripo." K unterschrieb das vorgelegte Schriftstück. Später focht er seine Erklärung wegen widerrechtlicher Drohung an.

Das RG folgerte die Widerrechtlichkeit daraus, daß die AG sowohl auf das Schuldanerkenntnis wie auch auf die Bewilligung einer Hypothek keinen Anspruch gehabt habe.

Das RG hat mit der inzwischen aufgegebenen Anspruchstheorie argumentiert. Der Entscheidung ist jedoch im Ergebnis zuzustimmen. Die AG erlitt durch die strafbare Handlung des Bedrohten einen objektiv *unter* 25 000 RM liegenden Schaden. Somit hätte die AG allenfalls die vereinbarte Vertragsstrafe von 25 000 RM verlangen dürfen. Die Drohung mit einer Strafanzeige, um den Bedrohten zur Anerkennung und zur gleichzeitigen dinglichen Sicherung dieser Verpflichtung zu veranlassen, wäre nach unseren obigen Überlegungen nicht rechtswidrig

---

[30] Vgl. auch *Flume*, Allg. Teil II, S. 537 ff.
[31] Urteil des RG vom 3. Juni 1930, HRR 1930, Nr. 1595.

gewesen[32]. Der widerrechtliche Charakter der Drohung mit der Strafanzeige ergibt sich hier daraus, daß die AG, auch wenn sie im Prinzip die Wiedergutmachung des Schadens bezweckte, von dem Bedrohten Anerkenntnis und Sicherung einer Schuld verlangte, die *weit* über die durch die vereinbarte Vertragsstrafe pauschalierte Schadensersatzforderung hinausging.

Diesem Gedanken wurde in folgender Entscheidung des BAG nicht genügend Rechnung getragen:

b) BAG AP § 781 BGB Nr. 1 (3. 5. 1963[33])

K war Rendant bei einer eingetragenen Genossenschaft. Entgegen den Bestimmungen der Geschäftsordnung der Genossenschaft und der Dienstanweisung für Rendanten gewährte K verschiedenen Personen Kredite. Bei einer Revision wurden diese unerlaubten Geschäfte aufgedeckt und ein Schaden der Genossenschaft von wenigstens 30 000 DM festgestellt. Gleichzeitig war erwiesen, daß die Genossenschaft selbst ein Mitverschulden traf: K, der nur einen kurzen Ausbildungslehrgang besucht hatte, war in seine verantwortungsvolle Tätigkeit weder eingeführt, noch war er dabei beaufsichtigt worden. Außerdem war der Vorstand der Genossenschaft über die Kreditsgewährungen in einigen Fällen vorher unterrichtet worden. In dieser Situation erklärte der Vertreter der Genossenschaft V, er werde K anzeigen, falls dieser nicht ein deklaratorisches Schuldanerkenntnis in Höhe des entstandenen Schadens unterschreibe und zusammen mit seiner Mutter eine Ausfallbürgschaft übernehme. K unterschrieb. Später focht er seine Erklärung wegen Drohung an.

Das BAG hat die Widerrechtlichkeit der Drohung verneint. Dem Gläubiger könne nicht verwehrt werden, den Schuldner unter Inaussichtstellen der sonst zu erwartenden Strafanzeige aufzufordern, den mit der Straftat begangenen Schaden wiedergutzumachen. In diesem Zusammenhang sei es nicht unangemessen, von dem Schuldner, der zu einer sofortigen Ausgleichung des Schadens nicht in der Lage sei, zu verlangen, die Schuld schriftlich anzuerkennen und durch eine Bürgschaftserklärung für den Ausfall einzutreten.

Das BAG ist richtig von der Regel ausgegangen, daß eine Drohung mit einer Strafanzeige zum Zweck der Wiedergutmachung des durch die Straftat angerichteten Schadens nicht widerrechtlich ist. Folgerichtig ist auch, daß die Art und Weise der Schadensregulierung dem Ermessen des Gläubigers überlassen wurde: steht die Höhe der Schadensersatzforderung fest, hat der Gläubiger die Wahl, ob er Barzahlung, Ausstellung eines Schuldanerkenntnisses, Einräumung einer Sicherheit

---

[32] Die Kumulation von Schuldanerkenntnis und dinglicher Sicherung ist selbstverständlich zulässig, weil der Drohende sich nur einmal, entweder aus der persönlichen oder aus der dinglichen Forderung befriedigen kann.
[33] Urteil des BAG vom 3. Mai 1963, AP § 781 BGB Nr. 1 mit Urteilsanmerkung von *Diederichsen*.

oder Ähnliches verlangen will[34]. Indessen hat das Gericht bei seinem Versuch, den vorliegenden Fall unter die Regel zu subsumieren, verkannt, daß es hier um eine *besondere* Fallgestaltung ging: Die Genossenschaft traf an der Entstehung des Schadens ein Mitverschulden, weil sie einerseits in einigen Fällen von der Kreditgewährung Kenntnis hatte und andererseits den Kassenverwalter nicht in seine Tätigkeit eingewiesen hatte. Infolgedessen mußte sie einen Teil des entstandenen Schadens *selbst* tragen. Hierzu stand das Verlangen nach Ausstellung eines deklaratorischen Schuldanerkenntnisses über den *gesamten* Schaden im Widerspruch, denn durch ein solches Schuldanerkenntnis wurden dem Bedrohten *alle* ihm bekannten Einreden und Einwendungen, also auch die Einwendung des Mitverschuldens der Genossenschaft, abgeschnitten[35]. Somit hatte sich die Genossenschaft unter Ausnutzung der Zwangslage des K größere Vorteile verschaft, als ihr für eine angemessene Wiedergutmachung gebührten[36]. Daher kann der Entscheidung des BAG im Ergebnis nicht zugestimmt werden.

Halten wir fest: Die Drohung mit einer Strafanzeige zwecks Wiedergutmachung des durch die Straftat angerichteten Schadens ist auch dann widerrechtlich, wenn der Drohende sich, über die Wiedergutmachung hinaus, ungebührliche Vorteile verschaffen will.

C. Das Problem der Wiedergutmachung bei Drohungen mit Strafanzeigen gegen Dritte

Es kommt häufig vor, daß durch Drohung mit einer Strafanzeige nicht der Täter selbst, sondern dritte, dem Täter nahestehende Personen, zur Wiedergutmachung des durch die Straftat angerichteten Schadens bestimmt werden. So gehen Ehefrauen Bürgschaften für Deliktsverbindlichkeiten ihrer Gatten ein[37], Eltern ersetzen die durch strafbare Handlungen entstandenen Schäden[38] und Verwandte des Täters kommen für die Beseitigung der schädlichen Folgen einer Straftat auf[39]. Sind solche Drohungen zulässig?

---

[34] Siehe auch oben, S. 88 ff.
[35] Hierzu vgl. RG WarnRspr. 29, Nr. 129; RG WarnRspr. 32, Nr. 72; BGH NJW 1963, S. 2316; BAG, Betr. 1970, 1469; KG NJW 1971, S. 1219; *Klingmüller*, das Schuldversprechen und Schuldanerkenntnis (1903); *Larenz*, Schuldrecht II, 10. Aufl. (1972), S. 368 ff.; *Möschel*, DB 1970, S. 913; *Reinicke*, NJW 1970, S. 885; *Rümelin*, Zur Lehre von Schuldversprechen und Schuldanerkenntnissen des BGB, AcP 97, S. 211; *v. Tuhr*, Zur Lehre von den abstrakten Schuldverträgen nach dem BGB (1903); *Wilkens*, AcP 163, S. 137.
[36] Siehe auch *Diederichsen*, AP § 781 BGB Nr. 1.
[37] Vgl. RG JW 1917, S. 459 ff.
[38] Vgl. RG GruchBeitr. 27, S. 736.
[39] Vgl. RG Leipziger Zeitschrift 24, S. 1235.

II. Die Wiedergutmachung

1. Stellungnahme der Rechtsprechung

a) RG GruchBeitr. 54, 883 (3. 3. 1910[40])

Der Angestellte A hatte seinen Prinzipal P durch Veruntreuungen geschädigt. Da A selbst unvermögend war, drohte P zwei Verwandten des A, er werde A anzeigen, wenn sie nicht den durch die Straftat angerichteten Schaden ersetzten. Um seinem Verlangen Nachdruck zu verleihen, fügte P hinzu: „Bedenken Sie wohl, 5 Jahre hängen daran und dann haben Sie auch noch für die Kinder des A zu sorgen." Unter dem Druck dieser Drohung fügten sich die Verwandten. Später fochten sie die erfolgte Zahlung wegen widerrechtlicher Drohung an.

b) RG JW 1917, 459 (8. 2. 1919[41])

Die Händler A und B standen in Geschäftsverbindung. Es stellte sich heraus, daß B durch das betrügerische Verhalten des A ein erheblicher Schaden entstanden war. Durch die Drohung des B, andernfalls gegen ihren Mann eine Strafanzeige wegen Betrugs zu erstatten, wurde Frau A zu einer Bürgschaftsübernahme für den durch die Straftat ihres Mannes angerichteten Schaden veranlaßt. Später focht sie die Bürgschaftsübernahme wegen widerrechtlicher Drohung an.

In beiden, wie in einer Reihe von ähnlichen Fällen[42], hat das RG die Drohung gegen Angehörige des Täters, diesen anzuzeigen, falls sie nicht für den Schaden einständen, als widerrechtlich angesehen. Der Geschädigte habe zwar gegen den Täter selbst einen Wiedergutmachungsanspruch, nicht jedoch gegen dessen Angehörige.

Die Rechtsprechung betrachtet also die Drohung mit der Strafanzeige gegen Dritte zum Zwecke der Wiedergutmachung des durch die Straftat angerichteten Schadens als widerrechtlich. Dabei stützt sie sich auf die uns nicht zufriedenstellende Anspruchstheorie.

2. Standpunkt der Literatur

In der Literatur ist das Problem der Behandlung der Drohung mit einer Strafanzeige gegen Dritte streitig. *Enneccerus-Nipperdey*[43], Er-

---

[40] Urteil des RG vom 3. März 1910, Gruchot-Beiträge, Bd. 54, S. 883 (Beilageheft).
[41] Urteil des RG vom 8. Februar 1917, JW 1917, S. 459.
[42] Urteil des RG vom 24. Oktober 1882, GruchBeitr. 27, S. 736 ff.; Urteil des OLG Karlsruhe vom 1. Februar 1906, Badische Rechtspraxis 1906, S. 122; Urteil des RG vom 9. Juni 1906, Zeitschrift für Rechtspflege in Bayern 1906, S. 479; Urteil des Kammergerichts vom 29. Januar 1908, Blätter für Rechtspflege im Bezirke des Kammergerichts 1908, S. 38; Urteil des RG vom 15. März 1913, JW 1913, S. 638 ff.; Urteil des RG vom 1. Dezember 1914, JW 1915, S. 238 ff. Urteil des RG vom 3. Februar 1930, Leipziger Zeitschrift 24, S. 1235; Urteil des RG vom 16. November 1939, HRR 1940, Nr. 140.
[43] *Enneccerus-Nipperdey*, Allg. Teil, S. 1064, Fußn. 22.

man-Westermann[44] und Zweigert[45] halten solche Drohungen für besonders verwerflich, weil durch sie die enge Verbundenheit des Dritten mit dem Täter von dem Drohenden zu eigennützigen Zwecken mißbraucht werde. Dieser, dem Drohenden ungünstigen Auffassung, ist Flume[46] entschieden entgegengetreten. Werde die Drohung mit einer Strafanzeige zum Zwecke der Wiedergutmachung des Schadens dem Täter gegenüber ausgesprochen, sei die Drohung anerkanntermaßen nicht widerrechtlich. In der Regel teile aber der Täter diese Drohung auch seinen Angehörigen oder Freunden mit, so daß auch diese, weil sie dem Täter verbunden seien, unter dem Druck der Drohung ständen. Die Drohung gegenüber dem Täter wirke also auch als eine solche gegen dessen Angehörige. Daher bestehe für eine rechtliche Verschiedenbehandlung kein innerer Grund, wenn die Drohung gleich ausdrücklich gegen die Angehörigen des Täters ausgesprochen werde. In jedem Fall fühlten sich die Angehörigen dem Täter so verbunden, daß sie ihn durch die Wiedergutmachung des Schadens vor der Strafverfolgung bewahren wollten. *Flume* stützt seine Ansicht auf die schon besprochene Entscheidung BGHZ 25, 217 ff.[47]. Daraus leitet er ab, es könne nicht erheblich sein, ob die Bank den Ehemann oder nur dessen Frau auf die „strafrechtlichen Konsequenzen" der „Wechselreiterei" des Ehemannes hingewiesen habe[48].

3. Eigener Standpunkt

a) *Flumes* zunächst einleuchtende Ansicht erweist sich bei näherem Hinsehen als zu allgemein gehalten und daher nicht stichhaltig. Sie bedeutete nämlich im Ergebnis praktisch einen *Verzicht* auf das allgemein anerkannte Zweckelement der Drohung[49]. Dieses hat die Funktion, den Anwendungsbereich des § 123 BGB in praktikablen Grenzen zu halten und alle die Fälle aus dem Drohungsbegriff auszuschalten, bei denen der Bedrohte aus *eigener* Überlegung eine Willenserklärung abgegeben hat[50]. Hieraus folgt: Droht der Geschädigte dem Täter zum Zwecke der Wiedergutmachung des Schadens mit einer Strafanzeige und erfüllen hierauf Verwandte des Täters die Schadensersatzforderung, liegt in der Regel *keine* Drohung im Rechtssinne gegenüber den Verwandten des Täters vor. Da der Drohende sich diesen gegenüber jeg-

---

[44] *Erman-Westermann*, Bem. 22 zu § 123 BGB.
[45] *Zweigert*, Urteilsanmerkung zu BGH, JZ 1958, S. 570 ff.
[46] *Flume*, Allg. Teil II, S. 536 ff.
[47] Vgl. oben, S. 65 ff.
[48] *Flume*, S. 537, Fußn. 13.
[49] Siehe oben, S. 28 ff.
[50] Siehe dazu oben, S. 34 ff.

licher Drohungsäußerung enthalten und sie auch nicht in die Drohung gegenüber dem Täter in irgendeiner Weise miteinbezogen hat[51], waren sie nicht zu glauben berechtigt, daß der Drohende mit der Strafanzeige gerade die von ihnen abgegebene Willenserklärung bezweckte[52]. Sie haben vielmehr aus eigener Überlegung Ersatz geleistet, um den Täter vor der Strafe zu bewahren. Etwas anderes kann nur dann gelten, wenn der Geschädigte in die Drohung gegenüber dem Täter auch dessen Angehörige ausdrücklich oder andeutungsweise miteinbezogen hat. Hier kann es in der Tat keinen Unterschied machen, ob der Geschädigte die Drohung den Angehörigen *direkt* oder durch *Vermittlung* des Täters ausspricht. Nur für diesen Fall ist *Flumes* Auffassung zutreffend. Der Regelfall wird jedoch so gelagert sein, daß der Geschädigte bei seiner Drohung die Angehörigen des Täters mit *keinem* Wort erwähnt. Hier ist mangels Vorliegens einer Drohung im Rechtssinne keine Anfechtungsmöglichkeit für die Verwandten gegeben. Unsere Auffassung wird unterstützt durch

RG HRR 1940 Nr. 140 (16. 11. 1939[53])

Der Sparkassenbeamte B hatte der ihm anvertrauten Kasse Geldbeträge entnommen. Die Sparkasse drohte ihm mit einer Strafanzeige, wenn er den durch seine Unterschlagungen erwachsenen Schaden nicht wiedergutmachen werde. Daraufhin ging die Ehefrau des B persönliche und dringliche Verpflichtungen zu Gunsten der Sparkasse ein.

Das RG hat eine Anfechtung nach § 123 BGB mit folgender Begründung versagt: Da die Sparkasse von der Ehefrau des Täters nichts verlangt habe, sei diese durch *eigene* Überlegung dazu gelangt, durch Eintreten für die Schuld ihres Mannes die Erstattung einer Strafanzeige gegen diesen und die damit verbundenen Folgen zu vermeiden.

b) Liegt nach diesen Vorüberlegungen eine Drohung im Rechtssinne gegen die Angehörigen des Täters — sei es direkt gegen sie, sei es durch Vermittlung des Täters — vor, stellt sich die Frage nach der Rechtmäßigkeit einer solchen Drohung.

Wir stimmen *Enneccerus-Nipperdey*[54] zu, die die Ausnutzung einer engen verwandtschaftlichen oder gesellschaftlichen Bindung des Dritten zu dem Täter für besonders verwerflich halten. Die dem Täter nahestehenden Dritten haben in der Regel mit der Straftat *nichts* zu tun. Der Geschädigte nutzt allein die enge *ideelle* Verbundenheit dieser

---

[51] Möglicherweise hat der Geschädigte gar nicht gewußt, daß der Täter Angehörige hat.
[52] Vgl. hierzu oben, S. 35 ff.
[53] Urteil des RG vom 16. November 1939, HRR 1940, Nr. 140.
[54] *Enneccerus-Nipperdey*, Allg. Teil, S. 1064, Fußn. 22.

Personen mit dem Täter und die daraus resultierende Hilfsbereitschaft zur Durchsetzung seines *materiellen* Anspruchs aus. Diese Verhaltensweise des Drohenden verträgt sich nicht mit den moralischen und rechtsethischen Grundvorstellungen unserer Gesellschaft.

Ließe man solche Drohungen gegen Dritte zu, machte man mittelbar den Weg zu dem unserem Recht fremden Gedanken der „Sippenhaftung" frei. Das Recht verweist den Geschädigten allein auf die Geltendmachung eines Schadensersatzanspruchs gegen den Täter. Eine Klage gegen Angehörige des Täters, für dessen Schulden einzustehen, bliebe ohne Erfolg. Daher ist es nicht einzusehen, weshalb dieser rechtlich *nicht* erreichbare Erfolg mittelbar durch eine Drohung sollte erreicht werden dürfen.

Hinzu kommt noch folgende Überlegung: Ließe man solche Drohungen zu, bedeutete dies für den Fall, daß die *Ehefrau* des Täters infolge einer Drohung mit einer Strafanzeige gegen ihren Gatten für dessen Verbindlichkeiten einsteht, eine nicht gerechtfertigte *Umgehung* des gesetzlichen Ehegüterrechts[55], weil der Gläubiger des Mannes auf diese Weise das Vermögen der Ehefrau erfassen könnte[55a].

c) Ist also aus den dargelegten Gründen die Drohung mit einer Strafanzeige gegen Dritte grundsätzlich zu mißbilligen, so bedeutet es jedoch nicht, wie die herrschende Lehre meint, daß eine solche Drohung *immer* widerrechtlich sein muß. Lehrreich ist hierzu die schon besprochene Entscheidung BGHZ 25, 217 ff.[56].

Diese Entscheidung des Bundesgerichtshofs ist oft mißverstanden worden[57]. Ihr ist keineswegs zu entnehmen — wie *Flume* meint —, daß die Drohung mit einer Strafanzeige gegen Dritte künftig als zulässig angesehen werden müsse. In Wirklichkeit hat der BGH in seinem Urteil nicht mit der Rechtsprechung des RG gebrochen, welches die Drohung mit einer Strafanzeige gegen Dritte immer als unzulässig angesehen hat. Der BGH hat diese grundsätzlich richtige Rechtsprechung des RG lediglich modifiziert. Es könne sich nämlich aufgrund einer Gesamtwürdigung aller Umstände des konkreten Falles ergeben, daß die Drohung mit einer Strafanzeige gegen einen Dritten zum Zwecke der Wiedergutmachung des durch den Täter angerichteten Schadens im Einzelfall durchaus zulässig sei. Ein solcher, die Zulässigkeit einer Drohung gegen Dritte begründender Umstand, war in der Entscheidung des BGH die aktive eigenständige Beteiligung der mit der Strafanzeige

---

[55] Siehe §§ 1363 ff. BGB.
[55a] Dies wird besonders deutlich, wenn Gütertrennung vereinbart ist.
[56] Siehe oben, S. 65 ff.
[57] Gegen die Entscheidung *Enneccerus-Nipperdey*, Allg. Teil, S. 1064, *Zweigert*, JZ 1958, S. 570 ff.; Zustimmend aber *Larenz*, Allg. Teil, S. 336.

bedrohten Ehefrau am Unternehmen ihres Mannes. Die Entscheidung des BGH überzeugt. Denn hier lag der Schwerpunkt der Drohung *nicht* in einer Ausnutzung der engen persönlichen Beziehung zwischen Ehefrau und Täter, sondern in der engen *wirtschaftlichen* Beziehung der Ehefrau zu dem zwischen dem Geschädigten und dem Täter bestehenden Rechtsverhältnis[58].

D. Exkurs: Die Drohung mit einer Strafanzeige zwecks Klärung der Rechts- und Sachlage

In der Rechtsprechung findet sich neben dem Wiedergutmachungsgesichtspunkt noch ein anderes Kriterium für die Beurteilung der Rechtmäßigkeit der Drohung mit einer Strafanzeige:

RG WarnRspr. 1933, Nr. 58 (20. 2. 1933[59])

Gegen die Gesellschafter A und B einer BGB-Gesellschaft wurden Vorwürfe wegen ihrer Geschäftsführung und wegen Geldunterschlagung erhoben. Die Mitgesellschafter erklärten, sie würden eine Strafanzeige gegen A und B erstatten, wenn sie nicht mit einer gütlichen Beilegung der Angelegenheit einverstanden wären. Der Streit wurde durch Abschluß eines Vergleiches beendet, worin A und B versprachen, den der Gesellschaft entstandenen Schaden teilweise in Raten wiedergutzumachen. Kurz danach fochten A und B den Vergleich wegen widerrechtlicher Drohung an.

Das RG hat die Anfechtung nach § 123 BGB nicht zugelassen. Die Drohung mit einer Strafanzeige sei nicht widerrechtlich gewesen, weil die Drohenden durch das Strafverfahren eine „sachliche Aufklärung" der Angelegenheit hätten erreichen können[60].

Der Begründung des RG kann nicht gefolgt werden. Es ist zwar in aller Regel richtig, daß ein Strafverfahren neben der Bestrafung des Täters auch eine weitgehende Klärung der Sach- und Rechtslage mit sich bringt. Es ist aber nicht ersichtlich, auf welche Weise diese Klärung

---

[58] Vgl. auch *Larenz,* Allg. Teil, S. 335, der die Drohung des Geschädigten gegen den Vater des Täters, er werde seinen Sohn wegen Betruges anzeigen, als zulässig betrachtet, weil auf dessen Empfehlung hin der Geschädigte die Geschäftsverbindung mit seinem Sohn aufgenommen hat. Allerdings begnügt sich *Larenz* mit dem Vorliegen einer *moralischen* Verpflichtung des Dritten, den durch die Straftat angerichteten Schaden wiedergutzumachen.
[59] Urteil des RG vom 20. Februar 1933, Warneyers Rechtsprechung 1933, Nr. 58.
[60] Ganz auf der Argumentationslinie dieses Urteils liegt auch die Entscheidung RGZ 110, 382 ff.: „Denn auch die Veranlassung eines Strafverfahrens ist ... ein von der Rechtsordnung zugelassener Rechtsbehelf, dessen sich ein Benachteiligter bedienen darf und erfahrungsgemäß nicht selten bedient, um auf diese Weise, abgesehen von der Bestrafung des Angezeigten, raschmöglichst eine Klärung der Sach- und Rechtslage herbeizuführen"; vgl. auch *Löwisch,* Das Rechtsgeschäft (1971), Fall 54/2.

durch eine *Drohung* mit einem Strafverfahren herbeigeführt werden kann, wenn dadurch doch gerade das Strafverfahren *vermieden* und dem Bedrohten lediglich eine Willenserklärung abgezwungen werden soll. Im Ergebnis möchten wir jedoch der Entscheidung des RG folgen. Die drohenden Mitgesellschafter hatten durch die Drohung mit der Strafanzeige versucht, die Täter zur *Wiedergutmachung* des durch die Straftat angerichteten Schadens zu veranlassen. Daher bestand u. E. *kein* Anlaß, einen neuen Gesichtspunkt für die Beurteilung der Rechtmäßigkeit der Drohung mit einer Strafanzeige einzuführen. Der Wiedergutmachungsgedanke hätte vollkommen ausgereicht, die Drohung mit der Strafanzeige zu rechtfertigen.

III. Die „angemessene Zahlung an die Armenkasse"

Ein besonderer Fall der Wiedergutmachung wird im Schrifttum erörtert. Hier ist es streitig, ob die Drohung mit einer Strafanzeige seitens des Geschädigten rechtmäßig ist, wenn dadurch der Täter zu einer „angemessenen" Zahlung an eine Wohltätigkeitsorganisation veranlaßt werden soll. Während *Enneccerus-Nipperdey*[61] eine solche Drohung als rechtmäßig ansehen, differenzieren *Flume*[62] und *Larenz*[63]: Da niemandem eine persönliche Strafjustiz zustehe, seien derartige Drohungen grundsätzlich widerrechtlich. Eine Ausnahme sei bei Straftaten gegen die *Person* (z. B. Beleidigung, vorsätzliche Körperverletzung) zu machen. Den Grund für die Ausnahmeregelung geben *Flume* und *Larenz* jedoch nicht an.

Für die Lösung des Problems ist u. E. nicht die Unterscheidung zwischen Straftaten gegen die Person und gegen andere Rechtsgüter abzuheben. Es ist vielmehr danach zu fragen, ob der durch die Straftat *Verletzte* über den ihm zukommenden Schadensersatzanspruch frei verfügen kann. Im Falle von *vermögensrechtlichen* Schadensersatzansprüchen ist der Verletzte in der Verfügung frei. Es kann keinen Unterschied machen, ob der Verletzte Wiedergutmachung an sich selbst verlangt oder die ihm zukommende Entschädigung einem Dritten zukommen lassen will, was faktisch einer Abtretung des Schadensersatzanspruchs gleichkommt. In beiden Fällen ist die Drohung mit einer Strafanzeige nicht widerrechtlich. Im Gegensatz hierzu sind Ansprüche auf Ersatz von *Nichtvermögensschäden* gemäß § 847 BGB nicht übertragbar, sofern sie nicht vertraglich anerkannt oder rechtshängig sind[64]. Daher

---

[61] *Enneccerus-Nipperdey*, Allg. Teil, S. 1064.
[62] *Flume*, Allg. Teil II, S. 537.
[63] *Larenz*, Allg. Teil, S. 336.
[64] Vgl. dazu *Münzel*, Vererblichkeit und Übertragbarkeit des Schmerzensgeldanspruchs, NJW 1961, S. 1558 ff.

IV. Die Auflösung eines auf Vertrauen basierenden Rechtsverhältnisses 99

ist in diesen Fällen die Drohung des Verletzten mit einer Strafanzeige, falls der Täter nicht eine dem Anspruch entsprechende Geldsumme an die „Armenkasse" zahlt, *nicht* als rechtmäßig zu erachten, denn eine solche Drohung käme im Ergebnis einer verbotenen Abtretung gleich. Ob diese Differenzierung sinnvoll ist, mag dahinstehen; sie ist jedenfalls de lege lata geboten.

IV. Die Drohung mit einer Strafanzeige zwecks Auflösung eines auf gegenseitigem Vertrauen basierenden Rechtsverhältnisses

Es ist anerkannt, daß ein auf gegenseitigem Vertrauen beruhendes Rechtsverhältnis von längerer Dauer nicht nur durch einseitige Kündigung, sondern auch durch einverständlichen Aufhebungsvertrag beendet werden kann[65]. Wie nun, wenn die Aufhebungserklärung des einen Vertragspartners durch eine Drohung mit einer Strafanzeige des anderen Vertragspartners herbeigeführt worden ist? Zur Veranschaulichung bilden wir folgenden Fall:

Der Angestellte K, der schon viele Jahre unbescholten bei der Freiburger Brauerei AG tätig ist, wird dabei ertappt, als er unbefugt Geld aus der Firmenkasse nimmt. Direktor D hat von der Geschäftsleitung die Weisung, jeden Angestellten, der einer Straftat im Betrieb überführt ist, sofort zu entlassen. D will dem K keine unnötigen Schwierigkeiten bei dessen zukünftiger Arbeitsuche bereiten. Er fordert deshalb K auf, sich mit der Aufhebung des Arbeitsvertrages einverstanden zu erklären, anderenfalls werde die Geschäftsleitung Strafanzeige erstatten. Später ficht K den Aufhebungsvertrag wegen Drohung an.

In einem solchen Fall steht dem Arbeitgeber das Recht der fristlosen Kündigung aus wichtigem Grund zu. Stattdessen muß aber auch ein Aufhebungsvertrag zulässig sein. Denn durch eine einverständliche Aufhebung des Arbeitsverhältnisses wird der Arbeitnehmer nicht schlechter gestellt als durch eine fristlose Kündigung. Dem Arbeitnehmer bleiben im Gegenteil die möglichen schädlichen Folgen einer fristlosen Kündigung bei der künftigen Arbeitsuche erspart. Erfahrungsgemäß achten Arbeitgeber bei der Einstellung sehr darauf, ob der Arbeitsuchende von seinem früheren Arbeitgeber fristlos entlassen worden ist[66].

Setzt der Arbeitgeber nun die Drohung mit einer Strafanzeige dazu ein, um den Arbeitnehmer zu einem für diesen *weniger* schädlichen Verhalten zu veranlassen, so kann diese Drohung nicht rechtswidrig

---

[65] Siehe dazu *Hueck-Nipperdey*, Lehrbuch des Arbeitsrechts, 7. Aufl. (1963), I. Bd., S. 528; *Joachim*, Die Beendigung des Arbeitsverhältnisses im gegenseitigen Einvernehmen, BB 1958, S. 345.
[66] Vgl. auch *Hueck*, Urteilsanmerkung, AP §123 BGB, Nr. 88.

7*

sein, weil auch das dem Arbeitnehmer schädlichere Verhalten, die fristlose Kündigung durch den Arbeitgeber, gerechtfertigt wäre.

V. Die durch die Drohung mit einer Strafanzeige bezweckte Bestimmung des Bedrohten zu einer Handlung, die nach ethischen Maßstäben der freien Entschließung vorbehalten ist

Streitig ist in der Literatur, ob die Drohung seitens der Eltern der verführten Braut mit einer Strafanzeige gegen deren Verlobten, um ihn zur Eingehung der Ehe zu zwingen, nach § 34 EheG widerrechtlich ist. Nach *Gernhuber*[66a] ist diese Drohung rechtmäßig, weil die Verknüpfung von Mittel (Strafanzeige) und Zweck (Eheschließung) nicht „die Grenzen billigenswerten Verhaltens" überschreite. *Erman-Ronke*[67] kommen zum selben Ergebnis, sehen den Grund der Rechtmäßigkeit der Drohung aber darin, daß die verführte Braut einen moralischen Anspruch auf den Eheschluß hat. Demgegenüber halten *Hoffmann-Stephan*[68], *Soergel-Donau*[69] und *Wüstenberg*[70] diese Drohung für rechtswidrig, weil niemand einen anderen zur Eingehung der Ehe zwingen könne.

Wir sind der Meinung, daß die Drohung der Eltern widerrechtlich ist. Die Ehe ist nicht dazu bestimmt, strafbare Handlungen des Verlobten wiedergutzumachen. Der Entschluß, eine Ehe einzugehen, muß frei und unbeeinflußt getroffen werden. Auf dieser Grundanschauung beruht auch § 1297 Abs. 1 BGB, wonach nicht einmal aus einem Verlöbnis auf Eingehung der Ehe geklagt werden kann. Auch der Verlobte ist also noch frei in seiner Entschließung. Auch nach der Verführung einer noch nicht 16jährigen Braut ist kein Grund ersichtlich, den Verführer zur Eingehung der Ehe gegen seine innere Überzeugung zu zwingen. Das Gesetz knüpft an eine solche Verhaltensweise zwar eine Strafsanktion (§ 182 StGB[71]) und gibt der Verlobten unter Umständen auch einen Schadensersatzanspruch wegen des ideellen Schadens (§ 1300 BGB[72]); dadurch soll aber nicht die freie Entscheidung des Verlobten, ob er die Ehe eingehen will oder nicht, in Frage gestellt werden. Eine Eheschließung unter dem *Zwang* einer Strafanzeige läßt sich weder mit den heutigen ethischen Maßstäben vereinbaren, noch ist sie sinnvoll. *Höchstpersönliche* Entscheidungen können nicht in rechtlich zulässiger Weise dem Bedrohten abgezwungen werden.

[66a] *Gernhuber*, Lehrbuch des Familienrechts, 2. Aufl. (1971), S. 126.
[67] *Erman-Ronke*, Bem. 3 zu § 34 EheG.
[68] *Hoffmann-Stephan*, Ehegesetz-Kommentar, § 34 Anm. 13—14.
[69] *Soergel-Donau*, Bem. 4 zu § 34 EheG
[70] *Wüstenberg*, BGB—RGRK, § 34 EheG, Anm. 10.
[71] Vgl. dazu *Schönke-Schröder*, StGB, § 182 (S. 1054).
[72] Vgl. dazu BGHZ 20, 195; *Arnold*, FamRZ 1955, S. 91; *Dölle*, Familienrecht (1964), S. 81 ff.; *Luther*, FamRZ 1959, S. 476; *Nitschke*, FamRZ 1968, 424 ff.

Mithin ist die Drohung mit einer Strafanzeige immer dann widerrechtlich, wenn durch sie der Bedrohte zu einer Handlung veranlaßt wird (wie z. B. zur Eingehung einer Ehe[73], zur Einwilligung in eine Adoption usw.), die nach ethischen Maßstäben nur aus *freiem* und selbstverantwortlichem Entschluß vorgenommen werden soll.

VI. Zusammenfassung

Die Drohung mit einer Strafanzeige als Mittel zur Durchsetzung privatrechtlicher Ansprüche stellt in den Händen des Gläubigers eine überaus harte Waffe dar. Angesichts dessen hebt *Diederichsen*[74] mit Recht hervor, daß derjenige, der durch Abgabe einer Willenserklärung einem Strafverfahren auszuweichen vermag, selten eine *freie* Entscheidung treffen kann. Eigentlich „hat sie nur derjenige, der entweder schuldlos ist (und seine Unschuld nachweisen kann!) oder dessen bürgerliche Existenz durch mehrfache Vorstrafen bereits untergraben ist."

Indessen ist nicht jede Drohung mit einer Strafanzeige rechtswidrig. Der Versuch einer Typisierung dieser Fälle hat gezeigt, daß die *Wiedergutmachung* des durch die Straftat angerichteten Schadens ein zentraler Gesichtspunkt für die Beurteilung der Rechtmäßigkeit der Drohung mit einer Strafanzeige ist. Es ist zu differenzieren:

1. Die Drohung mit einer Strafanzeige ist *rechtmäßig*, wenn die Straftat, der Täter und der Schaden *objektiv* feststehen und die Drohung die Wiedergutmachung des durch den Täter angerichteten Schadens bezweckt.

2. Sie ist *rechtswidrig*, wenn der Drohende zwar Wiedergutmachung erstrebt, die Höhe des Schadens aber nicht feststeht und der Drohende dem Bedrohten keine Möglichkeit zur sachlichen Erörterung der Angelegenheit eingeräumt hat, oder wenn sich der Drohende über die Wiedergutmachung hinaus ungebührliche Vorteile verschaffen will.

3. Sie ist ferner *rechtswidrig*, wenn der Drohende die Drohung nicht gegenüber dem Täter, sondern ausdrücklich oder konkludent gegenüber einem Dritten ausspricht, um diesen zur Wiedergutmachung des Schadens zu veranlassen. Ausnahmsweise ist die Drohung gerechtfertigt, wenn sich der Dritte in einer engen wirtschaftlichen Ver-

---

[73] Die Anfechtung der Ehe nach § 123 BGB ist freilich durch die spezialregelung des § 34 EheG ausgeschlossen. Danach kann nur auf Aufhebung der Ehe geklagt werden. Das Vorliegen einer widerrechtlichen Drohung ist indessen in § 34 EheG nicht anders zu beurteilen als in § 123 BGB. vgl. dazu statt aller *Gernhuber*, Familienrecht, S. 126.

[74] *Diederichsen*, Urteilsanmerkung, AP § 781 BGB, Nr. 1.

knüpfung mit dem zwischen dem Täter und dem Drohenden bestehenden Rechtsverhältnis befindet.

4. Sie ist weiter *rechtswidrig*, wenn der Drohende einen nichtvermögensrechtlichen Schadensersatzanspruch hat und die Wiedergutmachung nicht selbst erstrebt, sondern einem Dritten zukommen lassen will. Hier ist der Rechtsgedanke des § 847 BGB maßgebend.

Es hat sich weiter gezeigt, daß andere Fallgestaltungen denkbar sind, bei denen die Heranziehung des Wiedergutmachungsgedankens nicht möglich ist. Nur beispielhaft wurden zwei Fallgruppen erörtert:

1. Die Drohung mit einer Strafanzeige ist *rechtmäßig*, wenn der Drohende die einverständliche Aufhebung eines auf gegenseitigem Vertrauen beruhenden Rechtsverhältnisses, welches der Bedrohte durch eine Straftat erschüttert hat, bezweckt.

2. Sie ist *rechtswidrig*, wenn der Drohende dem Bedrohten zu einer Handlung bestimmen will, die nach den Maßstäben unserer Rechts- und Gesellschaftsordnung nur in freier, selbstverantwortlicher Entscheidung vorgenommen werden soll.

§ 8. Die Drohung mit einer zivilrechtlichen Klage und anderen Rechtsbehelfen

Übersicht

I. Die Drohung mit einer Klage
   A. Stand der Meinungen
   B. Eigener Standpunkt
   C. Die Rechtmäßigkeit der Drohung mit einer Klage
      1. Die Drohung mit einer Klage zwecks Erreichung einer Willenserklärung, zu deren Abgabe der Bedrohte rechtlich verpflichtet ist
      2. Die adäquate Entwicklung der zwischen Drohendem und Bedrohtem bestehenden Rechtsbeziehung
   D. Die Widerrechtlichkeit der Drohung mit einer Klage
   E. Sonderproblem: Die Drohung mit einer Klage gegen Dritte
II. Die Drohung mit anderen zivilrechtlichen oder zivilprozessualen Rechtsbehelfen
III. Zusammenfassung

I. Die Drohung mit einer Klage

A. Stand der Meinungen

Die Frage nach der Rechtmäßigkeit einer Drohung mit einer Klage wird im Schrifttum nicht so eingehend erörtert wie das Problem der Rechtmäßigkeit einer Drohung mit einer Strafanzeige. Immerhin lassen sich drei Meinungsgruppen unterscheiden.

Überwiegend wird die Rechtmäßigkeit der Drohung mit einer Klage danach beurteilt, ob die Rechtsordnung die Klage gerade für den erstrebten Zweck zur Verfügung stelle. Die Rechtsordnung gewähre dem Gläubiger das Recht auf Erhebung einer Klage, um seinen Anspruch durchzusetzen. Daraus könne der Gläubiger unbedenklich die Befugnis ableiten, den Schuldner auch durch *Drohung* mit einer Klageerhebung zur Erfüllung seiner Verpflichtungen zu veranlassen, denn der Drohende erreiche durch die Drohung mit der Klageerhebung nur das, was er auch durch die Anstrengung der Klage hätte erreichen können[1]. Hin-

---
[1] Vgl.*Ennecerus-Nipperdey*, Allg. Teil, S. 1064; *Larenz*, Allg. Teil, S. 335; *Lehmann-Hübner*, Allg. Teil, S. 274; *Oertmann*, Kommentar zum BGB, S. 432;

gegen versucht *Offenloch*[2] im Anschluß an *Klang*[3], die Problematik der Rechtmäßigkeit der Drohung mit einer Klage vorwiegend durch Verwendung des am § 226 BGB orientierten Schikanegedankens zu bewältigen.

Flume[4] und *Hefermehl*[5] halten die Drohung mit einer Klage immer für rechtmäßig. Die Drohung mit einer Klage müsse, auch wenn sie unberechtigt sei und einen rechtlich mißbilligten Erfolg bezwecke, von jedem Rechtsgenossen ertragen werden. Insbesondere könne sich die Widerrechtlichkeit auch nicht aus der Verknüpfung der angedrohten Klage mit dem durch sie verfolgten erlaubten Zweck ergeben.

B. Eigener Standpunkt

Die in der Literatur herrschende Meinung hat einen richtigen Kern. Es ist selbstverständlich, daß die Drohung mit einer Klage nicht rechtswidrig ist, wenn der Drohende ein Recht auf die abgegebene Willenserklärung des Bedrohten hat und er durch die Klageandrohung nur das erlangt, was er auch mittels eines Zivilprozesses hätte erreichen können. Die eigentlichen Schwierigkeiten der Beurteilung der Rechtmäßigkeit der Drohung mit einer Klage treten aber gerade dann auf, wenn der Drohende eine rechtsgeschäftliche Erklärung erreicht, die er mittels Durchführung der Klage nicht hätte erlangen können. Dies ist etwa der Fall, wenn der Schuldner aufgrund der Klageandrohung *neue*, zusätzliche Verpflichtungen eingeht. Solchen Fällen kann die herrschende Meinung nicht gerecht werden. Auch läßt sie die Frage offen, in welchen Fällen die Drohung mit einer Klage *konkret* zu mißbilligen ist.

Diese Schwäche der herrschenden Lehre wird auch durch die in am § 226 BGB orientierte Theorie nicht vermieden. Wir haben gezeigt, daß dem Schikanegedanken als Widerrechtlichkeitskriterium fast keine praktische Bedeutung zukommt[6].

Der rigorose Standpunkt *Flumes* und *Hefermehls* dagegen wird in vielen Fällen der Problematik der Drohung mit einer Klage gerecht. Grundsätzlich muß der Schuldner eine solche Drohung ertragen. Es ist

---

Planck, Der Begriff der Widerrechtlichkeit in § 123 BGB, Festgabe für Regelsberger, S. 168 ff.; *derselbe*, Kommentar zum BGB, S. 221; *Staudinger-Coing* Bem. 13 zu § 123 BGB; *v. Tuhr*, Allg. Teil, S. 613.

[2] *Offenloch*, S. 94 ff.
[3] *Klang*, Kommentar zum Allgemeinen bürgerlichen Gesetzbuch, 2. Bd., 2. Halbbd., S. 105.
[4] *Flume*, Allg. Teil II, S. 536.
[5] *Soergel-Hefermehl*, Bem. 46 zu § 123 BGB.
[6] Siehe oben, S. 69 ff.

I. Die Drohung mit einer Klage

ein alltäglicher Fall, daß ein Gläubiger seinem säumigen Schuldner eine Klage in Aussicht stellt, um ihn zur Erfüllung der Schuld zu veranlassen. Da ein solcher Druck auf die Entschließungsfreiheit des Schuldners praktisch *jeder* Mahnung immanent ist, überschreitet die Drohung mit einer Klage nach unserer Rechtsanschauung durchaus nicht die Grenze billigenswerten Verhaltens.

Flumes und *Hefermehls* Ansicht versagt aber in den Fällen, bei denen der Drohende durch die Drohung mit einer Klage einen rechtlich oder sittlich mißbilligten Erfolg erstrebt. Hier bildet die Anfechtungsmöglichkeit nach § 123 BGB sogar oft, wie wir nachgewiesen haben, die *einzige* Hilfe für den Bedrohten[7].

Aber auch bei an sich erlaubtem Zweck kann der Einsatz der Klageandrohung als Mittel zur Erreichung der Willenserklärung des Bedrohten im Einzelfall durchaus widerrechtlich sein. Die folgenden Abschnitte sind der Aufgabe gewidmet, die Grenzlinien zwischen rechtmäßiger und widerrechtlicher Drohung mit einer Klage näher aufzuzeigen.

C. Die Rechtmäßigkeit der Drohung mit einer Klage

1. Die Drohung mit einer Klage zwecks Erreichung einer Willenserklärung, zu deren Abgabe der Bedrohte rechtlich verpflichtet ist

G verkauft und übereignet seinen Wagen an S. S weigert sich, den vereinbarten Kaufpreis zu bezahlen. Daraufhin droht G, er werde S verklagen, wenn er nicht den geschuldeten Kaufpreis bezahle. — Der Beauftragte B droht seinem Auftraggeber A, er werde eine Klage gegen ihn erheben, wenn er nicht die zur Ausführung des Auftrags gemachten Aufwendungen ersetze.

Es besteht Einigkeit in der Literatur darüber, daß solche Drohungen mit einer Klage rechtmäßig sind. Der Grund der Rechtmäßigkeit wird einhellig darin erblickt, daß die Rechtsordnung hier die Klageerhebung gerade zur Verfolgung der Rechte des Gläubigers zur Verfügung stellt[8].

Bei solchen Fällen ist selbstverständlich die Drohung mit einer Klage nicht zu beanstanden. Die beiden angeführten Beispielsfälle zeichnen sich folgendermaßen aus:

Es besteht *objektiv* seitens des Bedrohten eine *rechtliche* Pflicht zur Leistung. Weiterhin will der Drohende durch die Drohung seinen Schuldner gerade zur Erfüllung seiner Pflicht veranlassen. Schließlich

---

[7] Vgl. oben, S. 53 ff., wo wir dargelegt haben, daß die §§ 134, 138 sowie 812 ff. nicht immer eingreifen können.
[8] Vgl. *Enneccerus-Nipperdey*, Allg. Teil, S. 1064; *Larenz*, Allg. Teil, S. 335; *Planck*, Kommentar zum BGB, S. 221; derselbe, Der Begriff der Widerrechtlichkeit, S. 169.

gewährt die Rechtsordnung dem Drohenden das angedrohte Klagerecht gerade zur Erreichung dieses Zweckes[9].

Halten wir fest:

Die Drohung mit einer Klage ist jedenfalls dann rechtmäßig, wenn der Bedrohte zur Leistung verpflichtet ist, der Gläubiger durch seine Drohung den Bedrohten gerade zur Erfüllung dieser Pflicht veranlassen will und die Rechtsordnung dem Drohenden das Klagerecht zur Erreichung dieses Zweckes gewährt.

Es ist behauptet worden[10], daß die Drohung mit einer Klage trotz Vorliegens der genannten Voraussetzungen dann rechtswidrig sei, wenn der Drohende sich durch die Drohung einen Vorteil vor anderen Gläubigern des Bedrohten verschafft habe. Dies halten wir für nicht richtig. Für die Anwendung des § 123 BGB kommt es allein darauf an, ob die Drohung dem *Bedrohten* gegenüber rechtswidrig ist. Ist die Drohung nach den genannten Kriterien dem Bedrohten gegenüber rechtmäßig, ist es im Rahmen des § 123 BGB völlig unbeachtlich, ob der Schuldner neben dem Drohenden noch eine Mehrzahl anderer Gläubiger hat und diese gerade durch die Leistung des Schuldners an den Drohenden mit einem Teil ihrer Forderungen ausfallen. Schutz vor ungerechtfertigter Gläubigerbenachteiligung bieten allein und abschließend die §§ 29 ff. KO und das Gläubigeranfechtungsgesetz[11].

Unhaltbar ist auch die Ansicht, die Drohung mit einer Klage sei deshalb rechtswidrig, weil sie eine Umkehr der Beweislast bewirke[12]. Wäre diese Folgerung richtig, so müßte überhaupt *jede* Drohung rechtswidrig sein, weil der Anfechtende in jedem Fall beweisen muß, daß er

---

[9] So lag im Grunde auch der vom BGH MDR 1957, 26 ff. (8. 10. 1955) entschiedene Fall. Dort hatte ein Scheidungskläger, der wegen Geisteskrankheit seiner Ehefrau die Scheidung begehrte (§ 45 EheG), unter dem Druck der Drohung mit einer Scheidungswiderklage wegen objektiv feststehenden Ehebruchs (§ 42 EheG) sich vertraglich verpflichtet, seiner Ehefrau den Unterhalt zu gewähren, den er ohnehin bei einer Scheidung wegen Ehebruchs zu leisten verpflichtet gewesen wäre (§ 58 EheG). Der BGH hat in dem Bestreben, den Unterhaltsvertrag in jedem Falle aufrechtzuerhalten, zu Unrecht bereits das Vorliegen einer Drohung verneint und bei der Prüfung des § 138 BGB auf das Bestehen einer bloß *sittlichen* Pflicht des Ehemannes hingewiesen, den Unterhalt seiner kranken Ehefrau sicherzustellen. Richtig wäre es gewesen, die *Widerrechtlichkeit* der Drohung zu verneinen, weil die Ehefrau *nur* eine solche Versorgung erstrebte, die ihr auch im Falle der Scheidung wegen Ehebruchs zugestanden hätte. Zutreffend *Beitzke* (in der Urteilsanmerkung in MDR 1957, 27), der das Bestehen einer *rechtlichen* Unterhaltspflicht hervorhebt und aus diesem Grunde die Drohung nicht für widerrechtlich hält.

[10] Vgl. auch *Offenloch*, S. 105.

[11] Vgl hierzu *Jaeger-Lent*, KO mit Einführungsgesetzen, 8. Aufl. (1958), I. Bd., §§ 29 ff.

[12] Vgl. *Menge*, Der Begriff der Widerrechtlichkeit bei der Drohung in § 123 BGB, S. 78 ff.; ferner *Offenloch*, S. 75.

auf eine rechtswidrige Drohung hin geleistet hat[13]. Entscheidend ist also immer, ob die Drohung *materiell* rechtswidrig war, nicht jedoch die Tatsache, daß die *prozessuale* Stellung des Bedrohten durch eine Umkehr der Beweislast verschlechtert wird.

2. Die adäquate Entwicklung der zwischen Drohendem und Bedrohtem bestehenden Rechtsbeziehung

Die Drohung mit einer Klage kann auch dann rechtmäßig sein, wenn der Bedrohte dadurch veranlaßt wird, eine *andere* als die ursprüngliche Verpflichtung zu übernehmen. Diese Fälle sind dadurch gekennzeichnet, wie *Lorenz*[14] mit Recht hervorhebt, daß sich die zwischen Drohendem und Bedrohtem bestehende Rechtsbeziehung infolge der Klageandrohung *adäquat* entwickelt. Wann allerdings eine solche adäquate Entwicklung anzunehmen ist, läßt sich nicht generell bestimmen. Nur eine Abwägung aller Umstände läßt im Einzelfall den Schluß auf eine adäquate Entwicklung zu. Heben wir nur einige typische Fallgestaltungen hervor, wo die Androhung einer Klage u. E. rechtmäßig ist:

Der säumige Schuldner verpflichtet sich vertraglich zu einer Leistung, zu der er ohnehin kraft Gesetzes verpflichtet ist[15]; er erkennt eine objektiv bestehende Schuld durch Schuldanerkenntnis an[16]; er bestellt dem Gläubiger für die bestehende Schuld eine Sicherheit, z. B. ein Pfandrecht oder eine Hypothek, oder er bestellt einen Bürgen usw.[17].

In all diesen Fällen liegt die Übernahme der neuen Verpflichtung auch im Interesse des Schuldners. Er schuldet nicht mehr als vorher und vermeidet sogar die sofortige Inanspruchnahme aus der Schuld auf gerichtlichem Wege. Dafür muß er in Kauf nehmen, daß dem Gläubiger die spätere Durchsetzung seines Anspruchs erleichtert wird, sei es, daß

---

[13] Siehe auch BGH LM § 123 BGB Nr. 23, wo der BGH zu Recht hervorhebt, daß es Sache des Anfechtenden ist, der sich auf die Rechtswidrigkeit der Drohung beruft, die dafür erforderlichen Tatsachen vorzutragen und zu beweisen.
[14] *Lorenz*, Urteilsanmerkung JZ 1963, S. 319 ff. Zu allgemein gehalten ist dagegen *v. Tuhrs* (Allg. Teil, 613) Ansicht, daß der Gläubiger mit einer Klage drohen darf, um den Schuldner zur Abänderung eines Vertrages oder zum Abschluß eines neuen für den Gläubiger vorteilhaften Geschäftes zu bestimmen.
[15] In dem Fall des RG 110, 382 ff. hatte der Schuldner auf die Klageandrohung des Gläubigers hin ein Abkommen getroffen, wonach er sich verpflichtete, die gelieferten Waren zurückzunehmen und die Vertragskosten zu ersetzen. Dies konnte der Gläubiger bereits aufgrund Gesetzes (§§ 480, 462, 467 Satz 1 i. V. m. §§ 346 ff. und 467 Satz 2 BGB) verlangen.
[16] Vgl. auch RGZ 102, 311; RGZ 112, 226; RG WarnRspr. 20 Jg., Nr. 52; BGH WM 1963, 511.
[17] Vgl. BGH LM § 123 BGB, Nr. 23.

§ 8. Die Drohung mit einer Klage und anderen Rechtsbehelfen

lediglich dessen Beweissituation verbessert wird, sei es, daß durch Stellung einer Sicherheit der Anspruch konkursfester und verkehrsfähiger wird.

Hierher gehört auch der Fall des Abschlusses eines Vergleichs bei Ungewißheit über die Höhe der Gläubigerforderung, da im Wege gegenseitigen Nachgebens ein Ausgleich der divergierenden Interessen stattfindet[18].

Man kann mithin immer dann von einer adäquaten Entwicklung der Rechtsbeziehung zwischen Gläubiger und Schuldner sprechen, wenn die auf die Klageandrohung hin getroffene Regelung die Interessen *beider* Partner berücksichtigt.

D. Die Widerrechtlichkeit der Drohung mit einer Klage

Es wird nicht immer leicht sein, die Trennungslinie zwischen rechtmäßiger und widerrechtlicher Drohung mit einer Klage bei an sich erlaubtem Zweck zu ziehen, ist doch die Beurteilung nach der adäquaten Entwicklung einer Rechtbeziehung letzlich eine Wertungsfrage.

Der renommierte Kaufmann S schuldet dem G 10 000 DM aus einem fälligen Darlehen. S ist im Besitz eines wertvollen Gemäldes, dessen Marktpreis 10 000 DM beträgt. G, der das Gemälde seit langem begehrt, hält die Zeit für günstig und droht dem in vorübergehenden finanziellen Schwierigkeiten befindlichen S mit einer Klage auf Rückzahlung des Darlehens, wenn S ihm nicht das Gemälde zum Marktpreis verkaufe. Um dem Ruf und der Kreditwürdigkeit seiner Firma nicht zu schaden, fügt sich S. Nach Überwindung seiner finanziellen Schwierigkeiten ficht S den Verkauf des Gemäldes wegen Drohung an.

Auch hier bezweckt der Gläubiger mit der Klagandrohung nicht Erfüllung der bestehenden Schuld, sondern die Übernahme einer anderen neuen Verpflichtung durch den Schuldner. Die Besonderheit unseres Beispielfalles liegt nun darin, daß die neue Verpflichtung, nämlich das Gemälde zu übergeben und zu übereignen, weder verstärkend noch sichernd zur Rückzahlungsverpflichtung aus dem Darlehen hinzutritt, sondern rechtlich unabhängig von ihr ist. Das will sagen: die Erfüllung der Darlehensforderung läßt den Fortbestand der anderen Forderung in jeder Beziehung unberührt. Bilden wir sofort das Gegenbeispiel: S verpfändet G das Gemälde oder übereignet es ihm zur Sicherung[19]. Hier sind bereits die Verpflichtungen des S aus dem Pfandbestellungsvertrag bzw. aus der Sicherungsabrede rechtlich verknüpft mit dem Bestehen der Darlehensverpflichtung. Deutlicher wird es nach Vornahme der dinglichen Rechtsgeschäfte. Das Pfandrecht ist akzessorisch

---

[18] Vgl. RGZ 112, 226 ff.

[19] Siehe hierzu *Paulus*, Probleme und Möglichkeiten der institutionellen Ausformung der Sicherungsübereignung, JZ 1957, 7 ff. und 41 ff.

(§§ 1204 Abs. 1, 1250, 1252 BGB[20]), das Sicherungseigentum konditional (§ 158 II BGB[21]) oder kausal (§ 812 I 2 BGB, 1. Fall[22]) mit der Darlehensforderung verknüpft.

Sieht man nun in einer solchen, wie auch immer gearteten Verknüpfung zwischen ursprünglicher und neu begründeter Forderung ein charakteristisches Merkmal für die Annahme der adäquaten Entwicklung einer Rechtsbeziehung und damit letztlich für das Rechtmäßigkeitsurteil über die Drohung mit einer Klage[23], so liegt der Schluß nahe, bei Fehlen einer solchen Verknüpfung, wie in unserem Ausgangsfall, das Rechtswidrigkeitsurteil zu fällen. Allein dies wäre verfehlt. Es ist zu berücksichtigen, daß S infolge des Kaufvertrags nicht nur verpflichtet, sondern auch berechtigt wird. S erwirbt die Kaufpreisforderung, mit der er gegenüber der Darlehensforderung des G *aufrechnen* kann, mit der Folge, daß beide Forderungen erlöschen (§ 389 BGB[24]). Dem G verbleibt dann der Anspruch auf Übergabe und Übereignung des Gemäldes. Da der Wert dieser Forderung dem Wert der Darlehensforderung entspricht, liegt praktisch ein *Forderungsaustausch* vor, der die wirtschaftliche Situation der Vertragspartner nicht verändert. Führt also die Drohung mit einer Klage zu einem interessengerechten Forderungsaustausch, wird man sie schwerlich als rechtswidrig ansehen können, auch wenn die neue Forderung völlig *unabhängig* von der alten ist.

Was aber, wenn das Gemälde zwar einen Wert von 10 000 DM hat, für S aber als Erbstück von ungleich höherem *ideellen* Wert ist? Macht das Bestehen eines Affektionsinteresses nun doch die Drohung mit der Klage rechtswidrig? Wir sehen keinen Grund, zumal es hier nicht um ein Problem des Schadensersatzrechts geht[25], ein etwa bestehendes Affektionsinteresse bei der gegenseitigen Interessenbewertung außer acht zu lassen[26]. Nur wird man verlangen müssen, daß ein solches besonderes Interesse zum *Zeitpunkt* der Drohung vorhanden war und,

---

[20] Vgl. *Baur*, Sachenrecht, 7. Aufl. (1973), S. 531, 536, 545, 609; *Lange*, Sachenrecht (1967), S. 215; *Westermann*, Sachenrecht (1966), S. 636; *Wolff-Raiser*, Sachenrecht, 10. Aufl. (1957), S. 675.
[21] Vgl. *Baur*, S. 565; *Lange*, Lage und Zukunft der Sicherungsübereignung, NJW 1950, S. 565 ff.; *Westermann*, S. 211; *E. Wolf*, Sachenrecht (1971), S. 196.
[22] Vgl. *Westermann*, S. 23, 210, 211.
[23] Siehe oben, S. 107 ff.
[24] Vgl. dazu *Bötticher*, Die „Selbstexekution" im Wege der Aufrechnung und die Sicherungsfunktion des Aufrechnungsrechts, Festschrift für H. Schima (1969), S. 95; *Larenz*, Schuldrecht I, S. 193.
[25] Vgl. hierzu *Esser*, Schuldrecht I, 4. Aufl. (1970), S. 278, *Larenz*, Schuldrecht I, S. 340; *Mertens*, Der Begriff des Vermögensschadens im Bürgerlichen Recht (1967), S. 154 ff.
[26] Auch der BGH hat in der schon besprochenen (oben S. 79 ff.) Entscheidung vom 25. 6. 1965 das Affektionsinteresse des Bedrohten für die Beurteilung der Rechtmäßigkeit der Drohung berücksichtigt.

§ 8. Die Drohung mit einer Klage und anderen Rechtsbehelfen

sollte es zum Streit kommen, entsprechend nachgewiesen wird. Ergibt die Interessenbewertung trotz materieller Gleichwertigkeit der ausgetauschten Forderungen, ein Mißverhältnis zwischen Leistung und Gegenleistung und damit zwischen alter und neuer Forderung, ist das Rechtswidrigkeitsurteil unausweichlich.

Deutlicher wird das Mißverhältnis, wenn die Forderungen nicht einmal materiell gleichwertig sind. Verkauft S unter dem Druck der Drohung mit einer Klage das besagte Gemälde dem G für 5000 DM, wird niemand bezweifeln, daß die Drohung rechtswidrig ist. G hat nicht nur seine Darlehensforderung in Höhe von 5000 (nach Aufrechnung) behalten, sondern auch noch einen Übereignungsanspruch im Wert von 10 000 DM erworben.

Ganz offensichtlich ist schließlich das Mißverhältnis und damit die Rechtswidrigkeit der Drohung, wenn G das Gemälde praktisch unentgeltlich, lediglich gegen *Stundung* seiner Darlehensforderung, erwirbt.

Wie sehr man sich auch über die Grenzlinien zwischen Rechtmäßigkeit und Widerrechtlichkeit der Drohung mit einer Klage in solchen Fällen im einzelnen streiten mag, so bleibt doch das zugrundeliegende *Prinzip* klar ersichtlich:

Wer als Gläubiger seinem säumigen Schuldner eine Klage androht und dabei die Notlage des Bedrohten ausnutzt, um einseitig die eigenen Interessen durchzusetzen, und sich schließlich auf Kosten des Bedrohten ungebührliche Vorteile verschafft, handelt rechtswidrig[27]. Von einer adäquaten Entwicklung des ursprünglichen Rechtsverhältnisses kann dann nicht mehr die Rede sein.

Halten wir als Ergebnis fest:

Auch die Drohung mit einer Klage kann, entgegen *Flumes* und *Hefermehls* Ansicht, widerrechtlich sein, wenn die Verknüpfung von Klageandrohung und erstrebtem Zweck zu mißbilligen ist[28]. Hierüber ent-

---

[27] Man sollte nicht einwenden, der Schuldner habe es sich selbst zuzuschreiben, wenn er sich der Drohung gebeugt habe, denn jeder Schuldner müsse die Drohung mit einer zivilrechtlichen Klage ertragen. § 123 BGB will, wie die Entstehungsgeschichte (vgl. oben S. 14) zeigt, auch den Furchtsamen und Ängstlichen schützen, denn dessen Furcht braucht keineswegs objektiv begründet zu sein. Daher sind „Widerstandserwägungen" in § 123 BGB — jedenfalls de lege lata — fehl am Platze. So die heute durchaus herrschende Lehre; *Enneccerus-Nipperdey,* Allg. Teil, S. 1063; *Larenz,* Allg. Teil, S. 334; *Lehmann-Hübner,* Allg. Teil, S. 273; *Staudinger-Coing,* Bem. 7 zu § 123 BGB; *v. Tuhr,* Allg. Teil, II. Bd., S. 612 ff.

[28] Auch der BGH ist in der schon besprochenen Entscheidung vom 20. 6. 1962 (oben S. 36 ff.) und in BGB WM 1972, 946 ff. davon ausgegangen, daß die Drohung mit einer Klage unter besonderen Umständen widerrechtlich sein kann, und daß die Widerrechtlichkeit „in dem inadäquaten Verhältnis" von Mittel und erlaubtem Zweck liegen kann. Die Entscheidungen lassen jedoch

scheidet eine Würdigung aller Umstände des einzelnen Falles[29] unter Berücksichtigung der gegenseitigen Interessenlage. Will sich der Drohende ungebührliche, d. h. einseitige, nicht sachgerechte Vorteile verschaffen, wird in aller Regel eine mißbräuchliche und daher rechtswidrige Ausnutzung seiner stärkeren Rechtsposition vorliegen[30]. Daß der Bedrohte in solchen Fällen seine Willenserklärung nach § 123 BGB mit Erfolg anfechten kann, ist um so wünschenswerter, wenn man bedenkt, daß eine unmittelbare Anwendung der Vorschriften über die ungerechtfertigte Bereicherung oder der §§ 134, 138 BGB nur in den wenigsten Fällen in Betracht kommen dürfte[31].

E. Sonderproblem: Die Drohung mit einer Klage gegen Dritte

Veranlaßt ein Gläubiger durch die Drohung, seinen Schuldner zu verklagen, nicht den Schuldner selbst, sondern einen *Dritten*, der in enger familiärer oder gesellschaftlicher Beziehung zu dem Schuldner steht, zur Abgabe einer Willenserklärung, stellt sich — wie bei der Drohung mit einer Strafanzeige gegen Dritte — die Frage nach der Rechtmäßigkeit einer solchen Drohung. Im Schrifttum ist man bislang auf diese Frage nicht eingegangen[32]. Nur *Klang*[33] hält, allerdings für die ähnliche Regelung des österreichischen Rechts, die Drohung mit einer Klage für rechtmäßig, wenn der Drohende dadurch einen Angehörigen des Schuldners zur Leistung, zur Übernahme der Schuld, zur Abgabe einer Bürgschaftserklärung usw. veranlaßt.

---
ein Eingehen auf die Beurteilungskriterien der Widerrechtlichkeit in solchen Fällen vermissen.

[29] Vgl. BGH J 2 1963, 318: „Ob eine solche Inadäquanz gegeben ist, läßt sich nur unter Berücksichtigung aller Umstände feststellen, die dem Vorgang sein Gepräge geben."

[30] Vgl. auch Art. 30 Abs. 2 Schweiz. Obl. R.: „Die Furcht vor der Geltendmachung eines Rechtes wird nur dann berücksichtigt, wenn die Notlage des Bedrohten benutzt worden ist, um ihm die Einräumung übermäßigen Vorteile abzunötigen." Siehe hierzu *Guhl*, Das schweizerische Obligationsrecht, 6. Auflage, S. 145; *Oser*, Das Obligationsrecht (Kommentar zum schweizerischen Zivilgesetzbuch (1915), S. 124. Auch im französischen Recht nimmt man bei Ausnutzung einer Notlage des Bedrohten eine widerrechtliche Drohung „violence" an. Siehe dazu *Schätz*, Die Mangelhaftigkeit der Rechtgeschäfte nach deutschem und französischem Recht, S. 91, bei Fußnote 2 mit Nachweisen.

[31] Dies zeigt gerade auch unser obiger Beispielsfall, wo der Kaufvertrag über das Gemälde nur über eine Anfechtung nach § 123 BGB beseitigt werden kann.

[32] Allein *Hölder*, Kommentar zum BGB, § 123 Anm. 4, behandelt beiläufig einen speziellen Fall der Drohung mit einer Klage gegen Dritte, wobei allerdings das Rechtsverhältnis „Ehe" an die Stelle eines Schuldverhältnisses tritt: Erzwingt der Schwiegersohn mit der Drohung ‚er werde eine Scheidungsklage gegen seine Frau einreichen, eine Zuwendung seines Schwiegervaters, so sei diese Drohung aus sittlichen Gründen widerrechtlich.

[33] *Klang*, S. 105.

§ 8. Die Drohung mit einer Klage und anderen Rechtsbehelfen

Die Rechtsprechung hat sich, soweit ersichtlich, nur in einer Entscheidung mit unserer Frage beschäftigt:

RG JW 1931, 2140 ff. (18. 12. 1930[34])

Der Händler G hatte gegen S erhebliche fällige Forderungen. Da S selbst unvermögend war und G deshalb seine Forderungen für gefährdet hielt, wandte sich G an die Ehefrau des S. Er drohte ihr, er werde ihren Mann verklagen und ein Arrestgesuch gegen ihn einreichen, wenn sie nicht ihre wertvollen Möbel „zu seiner Sicherung" herausgäbe. Frau S fügte sich. Später focht sie die bestellte Sicherung wegen widerrechtlicher Drohung an.

Das RG sah die Drohung mit der Klage nicht als widerrechtlich an, denn es könne keinen Unterschied machen, ob das Zugeständnis vom Schuldner oder von einem seiner Angehörigen erfolge, dessen Schicksal aufs engste mit dem des Schuldners verbunden sei. Das RG führt aus:

„Daß die Frau des Schuldners sich nur ungern und schweren Herzens zur Hergabe ihrer Sachen entschlossen hat, liegt auf der Hand; andererseits war es aber für sie ohne weiteres einleuchtend, daß der Zusammenbruch ihres Mannes sie unmittelbar in Mitleidenschaft ziehen mußte und daß somit die Ordnung der Angelegenheit durch Sicherung der Gläubigerin nicht nur für ihren Mann, sondern für sie selbst sehr erstrebenswert war. Derartige Sicherungen mit dem Vermögen der Frau sind in der Gesellschaft eine keineswegs ungewöhnliche Erscheinung."

Dem RG ist zuzugeben, daß Sicherungen mit dem Vermögen der Ehefrau — und dies gilt auch noch heute — im Rechtsverkehr durchaus üblich sind. Damit ist aber entgegen der undifferenzierten Betrachtungsweise des RG noch keineswegs gesagt, daß auch die aufgrund einer *Drohung* mit einer Klage von der Ehefrau übernommene Sicherung des Gläubigers ihres Mannes von der Rechtsordnung unbeanstandet hingenommen werden muß. Es ist vielmehr, wie bei der Drohung mit einer Strafanzeige gegen Dritte[35], zu differenzieren: Leistet die Ehefrau aufgrund *eigener* Überlegung, um ihrem Mann zu helfen und Schaden von ihm abzuwenden, oder leistet sie gerade auf Veranlassung ihres Mannes, so besteht kein Bedürfnis nach einer Anfechtung der abgegebenen Willenserklärung[36]. Wird die Ehefrau dagegen durch eine ihr gegenüber geäußerte *Drohung* des Gläubigers zur Leistung bestimmt, besteht Grund genug, die Rechtmäßigkeit der Drohung in Zweifel zu ziehen. Man wird an der Tatsache nicht vorbeikommen, daß der Drohende, da er ja *rechtlich* keine Möglichkeit hätte, gegen die Ehefrau vorzugehen, *allein* die enge *familiäre* Beziehung zwischen den Eheleuten zur Durchsetzung seiner *materiellen* Ansprüche in unzulässiger Weise ausnutzt. Ließe man die Schaffung eines zusätzlichen

---

[34] Urteil des RG vom 18. Dezember 1930, JW 1931, S. 2140 ff.
[35] Siehe oben, S. 94 ff.
[36] In solchen Fällen wird in der Regel schon keine Drohung im Rechtssinne vorliegen; vgl. oben, S. 94 ff.

Schuldners im Wege über die Drohung zu, bedeutete dies im übrigen, jedenfalls heutzutage, in den meisten Fällen eine unzulässige *Umgehung* des gesetzlichen Ehegüterrechts[37]. Auch die Überlegung des RG, die Drohung gegenüber der Ehefrau sei deshalb nicht zu beanstanden, weil diese ein starkes Interesse daran gehabt habe, ihren Mann vor dem wirtschaftlichen Zusammenbruch zu bewahren, vermag nicht zu überzeugen. *Jede* Ehefrau ist selbstverständlich daran interessiert, sowohl von ihrem Mann als auch von sich selbst schwere Nachteile abzuwenden. Diese bei einer Ehefrau allgemein vorausgesetzte Einstellung ist ja gerade das, was die Drohung gegenüber einer Ehefrau so effektiv macht.

Ergebnis

Wir möchten deshalb an den für eine Drohung mit einer Strafanzeige gegen Dritte entwickelten Grundsätzen auch für die Drohung mit einer Klage gegen Dritte festhalten: Die Drohung gegen Dritte ist grundsätzlich als widerrechtlich anzusehen. Sie ist ausnahmsweise *nur* dann nicht widerrechtlich, wenn der bedrohte Dritte mit eigenem Vermögen oder Einsatz an der zwischen Schuldner und drohendem Gläubiger bestehenden Rechtsbeziehung teilhat[38].

II. Die Drohung mit anderen zivilrechtlichen oder zivilprozessualen Rechtsbehelfen

Statt mit einer Klage wird häufig auch mit anderen zivilrechtlichen oder zivilprozessualen Rechtsbehelfen gedroht, wie z. B. mit der Einleitung einer Zwangsvollstreckung[39], der Stellung eines Arrestgesuchs[40] oder eines Konkursantrags[41], der Ausübung eines Zurückbehaltungsrechts[42] usw.

---

[37] Im gesetzlichen Güterstand der *Zugewinngemeinschaft* werden das Vermögen des Mannes und das Vermögen der Frau, auch soweit es nach der Eheschließung erworben wird, nicht gemeinschaftliches Vermögen der Ehegatten (§ 1363 Abs. 2 BGB). Daher tritt auch, unbeschadet der Erleichterungen des Gläubigers bei der Zwangsvollstreckung (§ 1362 BGB i. V. m. § 739 ZPO), keine gegenseitige Haftung für die Schulden des anderen Ehegatten ein. Gleiches gilt für das System der *Gütertrennung* (§ 1414 BGB). Ist allerdings *Gütergemeinschaft* vereinbart, haftet in der Regel das Gesamtgut auch den Gläubigern beider Ehegatten (§ 1437 ff. BGB). Nur für diesen letzten Fall könnte man in Erwägung ziehen, ob die Drohung des Gläubigers auch der Ehefrau gegenüber im Einzelfall zulässig ist.
[38] Siehe oben, S. 94 ff.
[39] Vgl. RG JW 1906, S. 82 ff.; RG SeuffA 46, Nr. 168; RG WarnRspr. 1913, Nr. 186.
[40] Vgl. RG JW 1931, S. 2140 ff.
[41] Vgl. RG JW 1905, S. 200; OLG Karlsruhe, Badische Rechtspraxis 1907, S. 128; RG JW 1917, S. 459; RG Leipziger Zeitschrift für deutsches Recht 1918, S. 829.
[42] Vgl. RG GruchBeitr. 66, S. 454 ff.; RGZ 108, S. 102 ff.; RG JW 1923, S. 367.

§ 8. Die Drohung mit einer Klage und anderen Rechtsbehelfen

1. Aufschlußreich für die Beurteilung solcher Drohungen ist

RG WarnRspr. 1917, 264 ff. (16. 5. 1917[43])

K, Geschäftsführer einer Buchdruckerei, schuldete seiner Schwiegermutter S die Rückzahlung von 29 000 RM aus einem Darlehen. S klagte ihre Forderung ein und erlangte ein rechtkräftiges Versäumnisurteil gegen K. Zur gleichen Zeit war ein Scheidungsprozeß zwischen K und seiner Frau anhängig. In dieser Situation drohte S dem K mit der Zwangsvollstreckung aus dem Versäumnisurteil, falls — wie K später behauptete — er nicht vor dem Scheidungsurteil eine bestimmte Unterhaltsvereinbarung mit ihrer Tochter eingehe. K fügte sich. Nach erfolgter Scheidung wegen seines Verschuldens focht K die seiner Frau sehr günstige Unterhaltsvereinbarung wegen widerrechtlicher Drohung an und erklärte, er habe nur aus Furcht, seine Stellung als Geschäftsführer der Buchdruckerei zu verlieren, wenn es zu Zwangsvollstreckungsmaßnahmen gegen ihn käme, die Unterhaltsvereinbarung unterschrieben.

Das Berufungsgericht hielt die Drohung für zulässig. S sei berechtigt gewesen, aus dem Versäumnisurteil die Zwangsvollstreckung gegen K einzuleiten.

Das RG verwies den Rechtsstreit zwecks weiterer Sachaufklärung an das Berufungsgericht zurück. Die Feststellung, daß die Zwangsvollstreckung und somit das Drohungsmittel zulässig gewesen sei, reiche keineswegs aus, die Drohung im ganzen zu rechtfertigen. Es müsse vielmehr auch der durch die Drohung erstrebte Zweck berücksichtigt werden. Ergebe die weitere Sachaufklärung, daß S den Abschluß der Unterhaltsvereinbarung bezweckte, müsse das Berufungsgericht anderweit entscheiden.

Bezweckte S mit ihrer Drohung tatsächlich den Abschluß der Unterhaltsvereinbarung, so ist, entgegen der Ansicht des RG, dieser Zweck als solcher nicht zu beanstanden. Unterhaltsvereinbarungen zwischen Ehegatten für den Fall der Scheidung sind bereits *vor* Fällung des Scheidungsurteils rechtlich zulässig[44]. Gleichwohl stimmen wir dem RG im Ergebnis zu, denn der Einsatz der an sich erlaubten Zwangsvollstreckung als *Mittel* gerade zur Erreichung der an sich erlaubten Unterhaltsvereinbarung macht die Drohung widerrechtlich:

Die Rechtsordnung stellt dem Gläubiger die Zwangsvollstreckung zur Verfügung, damit dieser kraft staatlichen Zwangs die ihm zugesproche-

---

[43] Urteil des RG vom 16. Mai 1917, Warneyer Rechtsprechung 1917, S. 264 ff.

[44] Siehe § 80 EheG 1938 und § 72 des geltenden EheG. Auch die Rechtsprechung nahm seit jeher die Gültigkeit solcher Unterhaltsvereinbarungen an, sofern ein Scheidungsgrund wirklich vorhanden war. Vgl. dazu RGZ 159, S. 157 ff. (162); ferner *Hoffmann-Stephan*, EheG, § 72.

II. Die Drohung mit anderen Rechtsbehelfen

nen Ansprüche realisieren kann[45]. Erlangt der Gläubiger durch *Androhung* einer Zwangsvollstreckung die Befriedigung des ihm zuerkannten Anspruchs, so ist selbstverständlich die Drohung nicht widerrechtlich, denn der Gläubiger hat mit der Drohung nur das erreicht, was er auch durch Inanspruchnahme des staatlichen Zwanges hätte erreichen können. Nun besteht aber im vorliegenden Fall die Besonderheit, daß die drohende Gläubigerin eine völlig *andere* Leistung, nämlich den Abschluß einer Unterhaltsvereinbarung zugunsten ihrer Tochter, bezweckt und auch erlangt hat. Hier taucht letztlich dieselbe Problematik wie bei der Drohung mit einer Klage auf[46]: stellt die infolge der Drohung übernommene Unterhaltsverpflichtung eine *adäquate* Entwicklung des zwischen drohender Schwiegermutter und bedrohtem Schwiegersohn bestehenden Vollstreckungsverhältnisses dar?

Man neigt dazu, diese Frage zu verneinen, weil Darlehensforderung und Zwangsvollstreckung aus dem Versäumnisurteil nach Ursprung und Inhalt überhaupt nichts mit der Unterhaltsvereinbarung zu tun haben. Allein diese Begründung wäre jedoch nicht ausreichend für das Widerrechtlichkeitsurteil über die Drohung. Hätte z. B. der Drohende den Unterhalt vertraglich *nur* in der Höhe übernommen, zu der er ohnehin nach erfolgter Scheidung von Rechts wegen verpflichtet war, könnte man schwerlich von einer widerrechtlichen Drohung sprechen. Die Drohung wäre auch dann nicht zu mißbilligen, wenn die Schwiegermutter die Übernahme eines höheren als des gesetzlichen Unterhalts gefordert und als Gegenleistung hierfür auf die *Durchführung* der Zwangsvollstreckung für *immer* verzichtet hätte. In solchen Fällen läge kein grobes Mißverhältnis zwischen Leistung und Gegenleistung vor[47]. Hier liegen die Dinge jedoch anders. Die übernommene Unterhaltsverpflichtung läßt das *fortbestehende* Vollstreckungsverhältnis völlig unberührt. Die drohende Schwiegermutter konnte in der Zukunft *jederzeit* aus ihrem Titel vorgehen, ohne daß der Bedrohte sich mit Aussicht auf Erfolg wehren könnte. Bedenkt man weiterhin, daß sich die Ehefrau mit der Unterhaltsvereinbarung gegenüber der gesetzlichen Unterhaltsregelung erheblich *besser* stellte, wird vollends deutlich, daß die getroffene Regelung *einseitig* zu Lasten des Bedrohten ging. Selbst wenn man von einem zeitweiligen Verzicht des Vorgehens aus dem Titel, also einer Art *Stundung* der Zwangsvollstreckung, ausginge, hätte der Bedrohte im Verhältnis zu dem Erreichten immer noch zu viel

---

[45] Vgl. *Rosenberg*, ZPO, 9. Aufl., S. 883 ff.; *Thomas-Putzo*, ZPO, Vorbem. zu § 704 (S. 789 ff.).
[46] Siehe oben, S. 107 ff.
[47] Zur Frage, ob sich die Widerrechtlichkeit der Drohung aus einem Mißverhältnis zwischen Leistung und Gegenleistung ergeben kann, siehe auch G. *Marty-P. Raynaud*, Droit Civil, II 1er volume, Les Obligations, 1962, p. 135.

§ 8. Die Drohung mit einer Klage und anderen Rechtsbehelfen

gegeben. In diesem Mißverhältnis manifestiert sich letztlich die Tatsache, daß die drohende Schwiegermutter ihre stärkere Position auf Kosten des Bedrohten ausnutzte. Die zwischen den Parteien bestehenden Rechtsbeziehungen haben sich *atypisch* und *inadäquat* entwickelt. Hieraus folgt das Rechtswidrigkeitsurteil über die Drohung.

Wir verallgemeinern:

Die Drohung mit einer Zwangsvollstreckung ist rechtmäßig, wenn *alle* gesetzlichen Voraussetzungen für eine Zwangsvollstreckung vorliegen und der Gläubiger mit der Drohung nur das erreicht, was er auch mit der Durchführung der Zwangsvollstreckung hätte erreichen können. Erlangt der Drohende dagegen eine *andere* Leistung des Bedrohten, so stellt sich die Frage nach der adäquaten Entwicklung der zwischen ihnen bestehenden Rechtsbeziehung. Hierfür sind die gleichen Gesichtspunkte maßgebend wie bei der Drohung mit einer Klage[48].

2. Wir sehen keinen Grund, bei Drohungen mit anderen zivilrechtlichen oder zivilprozessualen Rechtsbehelfen von diesen Grundsätzen abzuweichen. Trotz der zum Teil erheblichen strukturellen Unterschiede zwischen den einzelnen Rechtsbehelfen — man stelle nur einmal die Zwangsvollstreckung[49] dem Zurückbehaltungsrecht[50] gegenüber — wird diesen kein ungebührlicher Zwang angetan, denn den Strukturunterschieden wird gerade bei der Prüfung des Vorliegens der jeweiligen gesetzlichen Voraussetzungen eines Rechtsbehelfs genügend Rechnung getragen.

3. In einer Reihe von Entscheidungen befaßt sich die Rechtsprechung mit dem Problem der Drohung mit zivilrechtlichen oder zivilprozessualen Rechtsbehelfen gegen *Dritte*, meistens Angehörige des Schuldners. Solche Drohungen sind regelmäßig widerrechtlich. So erachtete das RG[51] z. B. eine Bürgschaftserklärung für anfechtbar, die die Ehefrau eines Kaufmanns unter dem Druck der Drohung mit der Stellung eines Konkursantrags über das Vermögen ihres Mannes zur Sicherung der Ansprüche des drohenden Gläubigers abgegeben hatte[52]. Zur Begründung der Widerrechtlichkeit solcher Drohungen darf auf die Aus-

---

[48] Siehe oben, S. 107 ff.

[49] Zur rechtlichen Natur der Zwangsvollstreckung vgl. *Rosenberg*, Zivilprozeßrecht, S. 883 ff.

[50] Zur rechtlichen Natur des Zurübehaltungsrechts vgl. *Larenz*, Schuldrecht I, S. 157 ff.; *Soergel-Reimer Schmidt*, Bem. 1 zu § 273 BGB.

[51] RG JW 1917, S. 459.

[52] Vgl. Urteil des RG vom 14. Februar 1918, Leipziger Zeitschrift für deutsches Recht 1918, S. 829. Anders (nicht richtig) OLG Jena, Blätter für Rechtspflege in Thüringen und Anhalt 1913, S. 258.

führungen zur Drohung mit einer Klage[53] bzw. Strafanzeige[54] gegen Dritte verwiesen werden.

III. Zusammenfassung

1. Wer unter dem Druck der Drohung mit einer zivilrechtlichen Klage eine Willenserklärung abgegeben hat, braucht keineswegs immer die daraus resultierenden Rechtsfolgen gegen sich gelten zu lassen. Der Versuch, die Grenzlinien zwischen rechtmäßiger und widerrechtlicher Drohung bei an sich erlaubtem Zweck in solchen Fällen zu ziehen, hat zu folgendem Ergebnis geführt:

Die Drohung mit einer Klage ist immer *rechtmäßig*, wenn der Bedrohte von Rechts wegen zur Abgabe der Willenserklärung verpflichtet ist, der Gläubiger den Bedrohten gerade zur Erfüllung dieser Pflicht veranlassen will und die Rechtsordnung dem Drohenden auch ein Klagerecht zur Verfügung stellt.

Die Drohung mit einer Klage ist auch dann *rechtmäßig*, wenn der Drohende den Bedrohten nicht zur Erfüllung der bestehenden, sondern zur Übernahme einer anderen, neuen oder zusätzlichen Verpflichtung veranlassen will, sofern dadurch die zwischen Drohendem und Bedrohtem bestehende Rechtsbeziehung *adäquat* entwickelt wird. Dies ist unter Berücksichtigung aller Umstände jedes einzelnen Falles zu entscheiden. Eine adäquate Entwicklung der ursprünglichen Rechtsbeziehung ist jedenfalls dann anzunehmen, wenn sich der Drohende lediglich die spätere Durchsetzung seines Anspruchs erleichtern will, sei es durch eine Verbesserung seiner Beweissituation, sei es durch Erlangung einer Sicherheit, die seinen Anspruch konkursfester und verkehrsfähiger werden läßt.

Die Drohung mit einer Klage ist dagegen *rechtswidrig*, wenn sich der Drohende auf Kosten des Bedrohten ungebührliche, d.h. einseitige, nicht sachgerechte Vorteile verschaffen will. Bei einer solchen mißbräuchlichen Ausnutzung der stärkeren Rechtsposition kann von einer adäquaten Entwicklung der zwischen Drohendem und Bedrohtem bestehenden Rechtsbeziehung nicht mehr die Rede sein.

Auch die Drohung mit einer Klage gegen Dritte ist in der Regel *rechtswidrig*. Im einzelnen können hier die von uns zur Drohung mit einer Strafanzeige gegen Dritte entwickelten Grundsätze entsprechend herangezogen werden.

2. Die Drohung mit zivilrechtlichen oder zivilprozessualen Rechtsbehelfen ist *rechtmäßig*, wenn *alle* gesetzlichen Voraussetzungen des

---

[53] Siehe oben, S. 111 ff.
[54] Siehe oben, S. 92 ff.

§ 8. Die Drohung mit einer Klage und anderen Rechtsbehelfen

jeweiligen Rechtsbehelfs vorliegen und der Drohende mit seiner Drohung nur das erreicht, was er auch kraft Ausübung des betreffenden Rechtsbehelfs hätte erreichen können. Nimmt der Bedrohte dagegen eine *neue* Verpflichtung auf sich, so ist die Frage nach der Rechtmäßigkeit der Drohung letzten Endes eine Frage nach der adäquaten Entwicklung der zwischen Drohendem und Bedrohten bestehenden Rechtsbeziehung. Die von uns für die Drohung mit einer Klage entwickelten Grundsätze entscheiden auch hier das rechtliche Schicksal der Drohung.

§ 9. Die Drohung mit einer Kündigung

Übersicht

I. Problemstellung
II. Die Drohung mit einer Kündigung zum Zwecke der Änderung eines bestehenden Rechtsverhältnisses
III. Die Drohung mit einer Kündigung zum Zwecke der einverständlichen Beendigung eines bestehenden Rechtsverhältnisses
   A. Die Drohung mit einer außerordentlichen Kündigung
   B. Die Drohung mit einer ordentlichen Kündigung
IV. Die Drohung mit einer Kündigung als Mittel zur Erreichung anderer Willenserklärungen
V. Zusammenfassung

I. Problemstellung

Ein Vermieter droht seinem Mieter, er werde den Mietvertrag kündigen, wenn dieser nicht die vermietete Wohnung renovieren lasse; wenn er sich nicht mit einer Erhöhung des Mietzinses einverstanden erkläre; wenn er ihm nicht seine Münzsammlung verkaufe.—Ein Arbeitgeber droht mit Kündigung des Arbeitsverhältnisses, wenn der Arbeitnehmer nicht der Versetzung auf einen anderen Arbeitsplatz zustimme. — Eine Pflegerin droht dem Erblasser, sie werde ihn *nicht* weiter pflegen, wenn er nicht ein Testament zu ihrem Gunsten errichte[1].

Es ist ein alltäglicher Fall, daß die Drohung mit einer an sich erlaubten Kündigung als Mittel zur Erreichung einer Willenserklärung eingesetzt wird. Die Frage nach der Rechtmäßigkeit derartiger Drohungen ist im Schatten der Diskussion über die Widerrechtlichkeit der Drohung mit einer Strafanzeige oder mit einer Klage geblieben. Eine eingehende Erörterung dieser Frage läßt sich im Schrifttum vermissen. Nur *Planck*[2] hat sich mit dem Problem der Rechtmäßigkeit der Drohung mit einer Kündigung befaßt. Eine solche Drohung sei grundsätzlich rechtmäßig, sofern sie nicht eine bloße Schikane darstelle. Allerdings kommt dem Schikanegedanken als Beurteilungskriterium für die Widerrechtlichkeit

---

[1] Vgl. RG JW 1900—1902 (Beilageheft), S. 286.
[2] *Planck*, Der Begriff der Widerrechtlichkeit in § 123 BGB, Festgabe für F. Regelsberger, S. 170 ff.

§ 9. Die Drohung mit einer Kündigung

der Drohung fast keine praktische Bedeutung zu[3]. Daher sind die folgenden Ausführungen, unter Verzicht auf eine erneute Auseinandersetzung mit der am Schikanegedanken orientierten Theorie, der Aufgabe gewidmet, Gesichtspunkte für die Grenzziehung zwischen zulässiger und unzulässiger Drohung mit einer Kündigung aufzuzeigen. Der Schwerpunkt soll dabei auf Kündigungsdrohungen von Arbeits- und Mietverträgen liegen, weil gerade dort solche Drohungen von erheblicher praktischer Bedeutung sind.

II. Die Drohung mit einer Kündigung zum Zwecke der Änderung eines bestehenden Rechtsverhältnisses

Zu diesem Problemkreis lehrreich ist

1. RAG ArbRechtSamml. 6, 601 ff. (9. 8. 1929[4])

K war Angestellter bei einer staatlichen AG. Im Arbeitsvertrag war die Geltung des preußischen Angestelltentarifs vereinbart worden. Nach einiger Zeit stellte die AG K eine an sich zulässige Kündigung in Aussicht, wenn er nicht in den Abschluß eines neuen Arbeitsvertrags einwilligte, der nicht mehr auf den Angestelltentarif Bezug nahm und K etwas geringeres Gehalt gewährte. K erklärte sich damit einverstanden. Später focht er den zustandegekommenen Vertrag wegen widerrechtlicher Drohung an.

Das RAG ging davon aus, daß die Kündigung als solche nach den damals geltenden Gesetzen zulässig gewesen wäre. Es sei deshalb nicht einzusehen, warum dann eine Drohung mit der an sich erlaubten Kündigung unzulässig sein sollte. Sähe man solche Drohung als widerrechtlich an, so führte dies dazu, daß kaum jemals ein Arbeitgeber einverständlich mit einem Arbeitnehmer einen bestehenden Arbeitsvertrag zu seinen Gunsten abändern könnte.

Die im Ergebnis richtige Entscheidung des RAG kann in der Begründung nicht voll befriedigen. Der Schluß von der Zulässigkeit der Kündigung als solche auf die Rechtmäßigkeit einer *Drohung* mit dieser Kündigung ist nicht zwingend. Denn es steht außer Frage, daß die Rechtmäßigkeit einer Drohung nicht schon aus der Zulässigkeit des Drohungsmittels folgt, sondern darüber hinaus auch der durch die Drohung verfolgte Zweck und die Mittel-Zweck-Relation zu berücksichtigen sind[5, 5a]. Das RAG hätte demnach auch den Zweck der Drohung und das Verhältnis von Mittel und Zweck in seine Betrachtung miteinbeziehen müssen.

---

[3] Siehe oben, S. 70 ff.

[4] Urteil des RAG vom 9. August 1929, Arbeitsrechtssammlung 6, S. 601 ff. mit Urteilsanmerkung von *Hueck*.

[5] Vgl. *Flume*, Allg. Teil II, S. 535 ff.; *Staudinger-Coing*, Bem. 12 zu § 123 BGB.

[5a] Siehe auch oben, S. 40 ff.

II. Die Änderung eines bestehenden Rechtsverhältnisses 121

Der Zweck der Drohung war hier eine *Änderung* des Arbeitsvertrags mit der allein wesentlichen Folge einer Herabsetzung des Gehalts des K. Dieser Zweck war auch erlaubt, denn die privatautonome *Gestaltungsfreiheit*[6] gibt dem Unternehmer die Möglichkeit, im Rahmen der Gesetze und der guten Sitten einen Arbeitsvertrag zu kündigen und einen neuen mit veränderten Bedingungen abzuschließen[7]. Auch ist anzunehmen, daß das neu veranschlagte Gehalt des K nicht unter dem Existenzminimum lag.

Schließlich ist auch der Einsatz der Kündigungsdrohung zu diesem Zweck nicht zu beanstanden. Wenn die AG kraft des ihr zukommenden Kündigungsrechts eine *Beendigung* des Arbeitsverhältnisses herbeiführen konnte, so durfte sie erst recht eine bloße *Änderung* des Arbeitsvertrags bezwecken. K wurde dadurch nur besser gestellt, denn er war nicht unbedingt darauf angewiesen, einen neuen Arbeitgeber zu finden. Er hatte vielmehr die Wahl, bei seinem alten Arbeitgeber zu veränderten Arbeitsbedingungen weiter zu arbeiten. Trotz möglicher sozialer Härten liegt in dem Angebot des Arbeitgebers, einen neuen Vertrag mit dem Arbeitnehmer abzuschließen, letztlich ein *Entgegenkommen* des Arbeitgebers im Verhältnis zu einer an sich erlaubten Kündigung des Arbeitsverhältnisses[8].

2. Wie in der besprochenen RAG — Entscheidung sieht die arbeitsrechtliche Rechtsprechung in einer Reihe von Entscheidungen die Drohung mit einer an sich zulässigen Kündigung als rechtmäßig an, wenn der Arbeitgeber dadurch das Einverständnis des Arbeitnehmers zur Fortsetzung des Arbeitsverhältnisses unter geänderten Bedingungen erreicht[9]. Die arbeitsrechtliche Literatur qualifiziert dagegen derartige Fälle fast durchweg nicht als Drohungen, sondern lediglich als bedingte Kündigungen und damit als Sonderformen der sog. Änderungskündigung[10]: Der Arbeiter spreche die Kündigung unter der Bedingung

---

[6] Vgl. hierzu *Flume*, Allg. Teil II, S. 12 ff.; *v. Hippel*, Das Problem der rechtsgeschäftlichen Privatautonomie (1936); *Larenz*, Allg. Teil, S. 34 ff.

[7] Selbstverständlich setzt auch eine *allgemeine* Unterwerfung des Unternehmers unter einen zwischen den Sozialpartnern ausgehandelten Tarifvertrag seiner Privatautonomie Schranken. Daß die AG tarifvertraglich dergestalt gebunden war, läßt sich der Entscheidung des RAG nicht entnehmen. Es ist vielmehr anzunehmen, daß sich die AG *einzelvertraglich* an den Tarifvertrag gebunden hatte.

[8] Vgl. auch *Nikisch*, Festschrift für Sitzler (1956), S. 265.

[9] Vgl. RAG ArbRechtSamml. 11, 589 ff. mit Anmerkung von *Nipperdey*; RAG ArbRechtSamml. 11, 598 ff. mit Anmerkung von *Nipperdey*; RAG ArbRechtSamml. 18, S. 86 ff. mit Anmerkung von *Nipperdey*; BAG AP § 123 BGB Nr. 18.

[10] Vgl. *Hessel*, ArbRBlatei „Kündigungsschutz IA" unter III, 1; *Hueck*, KSchG, 8. Aufl. (1972), § 2, S. 104 ff.; *Hueck-Nipperdey*, 7. Aufl. (1963), Lehrbuch des Arbeitsrechts, S. 550; *Nikisch*, Lehrbuch des Arbeitsrechts, 3. Aufl. (1961), S. 700; *Tophoven*, Der Betrieb 1960, Beilage 16 zu Heft 51/52, S. 2. Zur

aus, daß sich der Arbeitnehmer auf die gewünschte Änderung der Arbeitsbedingungen nicht einlasse (Potestativbedingung)[11].

Die Lösung der Literatur erscheint, obwohl man ihr Praktikabilität nicht absprechen kann, *dogmatisch* nicht befriedegend. Sie sieht sich zum einen gezwungen, den Lebenssachverhalt „ich *werde* kündigen, wenn Sie sich nicht auf eine Änderung der Arbeitsbedingungen einlassen", rechtlich bereits als Ausspruch der Kündigung zu werten, wobei allerdings der Eintritt ihrer Rechtsfolgen von einer negativen Entscheidung des Arbeitnehmers abhängig gemacht wird (Potestativbedingung). Zum anderen erweckt diese Qualifizierung als Potestativbedingung im Zusammenhang gerade mit einer Kündigung Bedenken. Von einer Potestativbedingung kann nämlich nur die Rede sein, wenn die Geltung eines Rechtsgeschäfts von einem auf *freiem* Willen beruhenden Handeln oder Unterlassen eines anderen abhängig gemacht wird[12]. Von einem freien Willensentschluß des Arbeitnehmers kann hier aber nicht gesprochen werden, denn durch die Inaussichtstellung des Verlusts des Arbeitsplatzes wird auf den Willen des Arbeitnehmers ein erheblicher *Druck* ausgeübt. Im Hinblick darauf liegt es näher, den zugrundeliegenden Sachverhalt, wie das RAG, als *Drohung* anzusehen. Der Verlust des Arbeitsplatzes ist für den Arbeitnehmer zweifellos ein Übel. Dieses Übel ist vom Willen des Arbeitgebers abhängig. Da die Äußerung des Arbeitgebers des weiteren eine Willenserklärung, nämlich das Einverständnis des Arbeitnehmers zur Änderung der Arbeitsbedingungen bezweckt, sind mithin *alle* Begriffsmerkmale einer *Drohung* im Rechtssinne gegeben[13].

---

sog. Änderungskündigung vgl. *Bötticher*, Bestandsschutz und Vertragsinhaltsschutz im Lichte der Änderungskündigung, Festschrift für Molitor (1961), S. 123 ff.; *Butz*, Kündigungen zum Zwecke der Vertragsänderung, Der Betrieb 1952, S. 369 ff.; *Galperin*, Wirkung und Unwirksamkeit der Änderungskündigung, Der Betrieb 1958, S. 799 ff. und 838 ff.; *Gutekunst*, Die fristlose Änderungskündigung, Der Betrieb 1950, S. 815 ff.; *Kunze-Wiesler*, Weiterarbeit nach Änderungskündigung, Betriebsberater 1960, S. 292 ff.; *Meissinger*, Kündigung zwecks Änderung der Arbeitsbedingungen, Der Betrieb 1954, S. 194 ff.; *Nikisch*, Die sog. Änderungskündigung, Festschrift für Sitzler, S. 265 ff.; *E. Schmidt*, Die Änderungskündigung nach den neuen Vorschriften des KSchG, NJW 1971, S. 684 ff.; *Wendt*, Die Änderungskündigung, ArbuR 1954, S. 242 ff.

[11] Die Kündigung als Gestaltungsrecht ist grundsätzlich bedingungsfeindlich. Der Grund hierfür wird darin gesehen, daß der Erklärungsempfänger nicht im Ungewissen über Bestand und Fortdauer des Rechtsverhältnisses bleiben darf. Die arbeitsrechtliche Literatur sieht sich daher gezwungen, in solchen Fällen eine Potestativbedingung anzunehmen, weil es hier am Arbeitnehmer liege, sich Gewißheit über die Fortsetzung des Arbeitsverhältnisses zu verschaffen.

[12] Vgl. *Flume*, Allg. Teil II, S. 683.

[13] Siehe oben, S. 38 ff.

II. Die Änderung eines bestehenden Rechtsverhältnisses 123

3. Eine solche Drohung ist, wie die Analyse der Entscheidung des RAG ergeben hat, grundsätzlich rechtmäßig. Anders ist es nur dann, wenn die durch die Drohung herbeigeführte Änderung der Arbeitsbedingungen unzulässig ist, sei es durch Gesetz, wie z. B. durch Nichteinhaltung der Kündigungsfristen[14], sei es durch tarifvertragliche Regelungen[15], an die die Sozialpartner gebunden sind. Das KSchG in der Fassung der Bekanntmachung vom 25. 8. 1969 hat dem Arbeitnehmer einen gesteigerten Schutz vor Änderungskündigungen gebracht[16]. Gemäß § 2 dieses Gesetzes darf die Änderung der Arbeitsbedingungen nicht sozial ungerechtfertigt sein (§ 1 Abs. 2 Satz 1, Abs. 3 Satz 1 und 2). Hat der Arbeitnehmer einen entsprechenden Vorbehalt bei der Einwilligung in die Änderung der Arbeitsbedingungen innerhalb der in § 2 Satz 2 KSchG bestimmten Frist gemacht, so kann er vor den Arbeitsgerichten Klage auf Feststellung erheben, daß das alte Arbeitsverhältnis durch die Kündigung nicht aufgelöst ist[17]. Der Vorteil dieser Regelung liegt darin, daß der Arbeitnehmer in jedem Falle seinen Arbeitsplatz behält und das Arbeitsgericht nur feststellt, ob sich das Arbeitsverhältnis nach den neuen oder nach den alten Arbeitsbedingungen richtet[18].

Allerdings kann § 2 KSchG auf die uns hier interessierenden Fälle weder nach der von der Literatur vertretenen (potestativbedingte Änderungskündigung) noch nach der von uns als richtig betrachteten Ansicht (Drohung) *direkt* angewendet werden, denn § 2 KSchG setzt eine auf die Kündigung hin erfolgte unmittelbare *Auflösung* des alten Arbeitsverhältnisses voraus[19]. Gleichwohl ist ohne weiteres einsichtig, daß § 2 KSchG auf diese Fälle *analog* angewendet werden muß[20]. Der

---

[14] Vgl. dazu RAG ArbRechtSamml. 18, S. 86 ff.; RAG ArbRechtSamml. 25, S. 135 ff.; LAG Hannover MDR 1951, S. 36 ff.; *Hueck-Nipperdey*, Lehrbuch II, 1, S. 583; *Nikisch*, Lehrbuch II, S. 441. In RAG ArbRechtSamml. 18, 86 ff. willigte der Arbeitnehmer unter dem Druck der Kündigung in eine Herabsetzung seines Gehalts ein. Das RAG sah die Drohung als widerrechtlich an, weil dem Arbeitnehmer das Einverständnis zur Verkürzung seines Gehalts *bereits* für den Zeitraum der gesetzlichen Kündigungsfrist abgenötigt wurde.
[15] Vgl. RAG ArbRechtSamml. 11, S. 589 ff. mit Anmerkung von *Nipperdey*; RAG ArbRechtSamml. 11, S. 121 ff. mit Anmerkung von *Nipperdey*; ferner *Nipperdey*, Urteilsanmerkung, ArbRechtSamml. 18, S. 89 f. „... Die Kündigung ist niemals als ein adäquates und angemessenes Mittel anzusehen, um vom Arbeitnehmer den Verzicht auf tariflich gesicherte Ansprüche zu erzwingen. Deshalb ist die Drohung beim Tariflohnverzicht immer widerrechtlich..."
[16] Vgl. dazu *Hueck*, KSchG, S. 112 ff.
[17] Siehe § 4 KSchG.
[18] Siehe statt aller *Hueck*, KSchG, S. 112 ff.
[19] Vgl. *Hueck*, KSchG, S. 104.
[20] Dabei ist allerdings in Kauf zu nehmen, daß der Arbeitnehmer bei der Annahme des Angebots des Arbeitgebers den in § 2 Satz 2 KSchG vorgesehenen Vorbehalt fristgemäß machen muß. Die dadurch eintretende Verkürzung der Rechtsposition des Arbeitnehmers (Vorbehalt im Gegensatz zu

Arbeitgeber soll den Schutzzweck des § 2 KSchG nicht dadurch vereiteln dürfen, daß er, anstatt eine *unmittelbare* Auflösung des Arbeitsverhältnisses herbeizuführen, die Kündigung lediglich bedingt ausspricht, wie die Literatur meint, oder sie nur im Wege einer Drohung in Aussicht stellt, dadurch aber gleichermaßen die Einwilligung des Arbeitnehmers in die Änderung der Arbeitsbedingungen erreicht wie im Falle einer unmittelbaren Änderungskündigung.

Wir fassen zusammen:

Die Drohung mit einer Kündigung zu dem Zwecke der Änderung eines bestehenden Arbeitsverhältnisses ist grundsätzlich rechtmäßig. Die privatautonome Gestaltungsfreiheit gibt dem Arbeitgeber grundsätzlich die Befugnis, den alten Arbeitsvertrag zu kündigen und dem Arbeitnehmer einen neuen Vertrag zu veränderten Arbeitsbedingungen anzubieten. Dies liegt auch im Interesse des Arbeitnehmers, da er auf diese Weise jedenfalls seinen Arbeitsplatz behalten kann. Sind dagegen der privatautonomen Gestaltungsfreiheit Grenzen gesetzt, sei es durch Gesetz, Tarifvertrag oder die guten Sitten, so ist auch die Drohung mit einer Änderungskündigung rechtswidrig und die unter dem Druck der Drohung gegebene Einwilligung des Arbeitnehmers in die veränderten Arbeitsbedingungen anfechtbar. Ist die erfolgte Änderung der Arbeitsbedingungen *sozialwidrig*, so finden die speziellen Vorschriften des KSchG analog Anwendung, so daß eine Anfechtung nach § 123 BGB nicht in Frage kommt.

4. Ähnliche Überlegungen sind auch bei der Drohung mit der Kündigung eines *Mietvertrags* zum Zwecke der Abänderung der mietvertraglichen Vereinbarungen maßgebend. Auch hier ist von der grundsätzlichen Zulässigkeit einer derartigen Drohung auszugehen. Da jede Vertragspartei unter Einhaltung der gesetzlichen oder vertraglich vereinbarten Kündigungsfrist *jederzeit* die Auflösung des Mietvertrags erreichen kann, muß erst recht eine bloße Änderung des Mietvertrags möglich sein. Zieht z. B. der Mieter die Fortsetzung des Mietverhältnisses unter geänderten Bedingungen vor, weil er auch weiterhin an der Überlassung der Wohnung interessiert ist, so besteht kein Bedürfnis, ihm die Anfechtungsmöglichkeit zu gewähren.

Dagegen ist auch hier die Drohung mit der Kündigung rechtswidrig, wenn kraft Gesetzes die Kündigung nicht als Mittel zur Erreichung der erstrebten Änderung eingesetzt werden darf. So untersagt z. B. § 1 Abs. 4 WKSchG dem Vermieter, eine Änderungskündigung zum Zwecke der Mietzinserhöhung auszusprechen. Es versteht sich von selbst, daß

---

§ 123 BGB; kürzere Frist im Vergleich zu § 124 BGB) rechtfertigt sich dadurch, daß auch hier eine länger andauernde Unsicherheit der Rechtslage vermieden werden muß.

III. Die Beendigung eines bestehenden Rechtsverhältnisses 125

dieses gesetzliche Verbot nicht auf dem Wege einer *Drohung* mit einer Kündigung zum Zwecke der Mietzinserhöhung unterlaufen werden darf. Kommt es also unter dem Druck einer entsprechenden Kündigungsdrohung des Vermieters zu einer *vertraglichen* Vereinbarung einer höheren Miete, so unterliegt die Willenserklärung des Mieters der Anfechtung nach § 123 BGB. Das Rechtswidrigkeitsurteil über die Drohung folgt daraus, daß der Einsatz der Kündigung als Drohungsmittel zu dem erstrebten Zweck der Mietzinserhöhung gesetzlich verboten ist. Dies wird in der Literatur bisweilen nicht genügend beachtet[21].

III. Die Drohung mit einer Kündigung zum Zwecke der einverständlichen Beendigung eines bestehenden Rechtsverhältnisses

A. Die Drohung mit einer außerordentlichen Kündigung

1. Im arbeitsrechtlichen Bereich kommt es häufig vor, daß der Arbeitgeber eine außerordentliche Kündigung aus wichtigem Grunde für den Fall droht, daß der Arbeitnehmer nicht ‚freiwillig' der Beendigung des Arbeitsverhältnisses zustimmt. Es fragt sich, ob die auf diese Weise zustandegekommenen „Aufhebungsverträge" der Anfechtung nach § 123 BGB unterliegen. Besonders anschaulich ist

BAG AP § 123 BGB Nr. 13 (14. 7. 1960[22])

E war bei einer Firma als Arbeiterin beschäftigt. Sie geriet in den Verdacht einige Arbeitsgänge in der betrieblichen Meldezentrale angemeldet ohne sie wirklich ausgeführt zu haben. Der Betrug konnte ihr allerdings nicht nachgewiesen werden. Ohne vorherige Anhörung des Betriebsrats drohte der Personalchef der Arbeiterin eine fristlose Entlassung an, falls sie nicht in eine sofortige Lösung des Arbeitsverhältnisses einwillige. Dabei wurde E keine Gelegenheit zur Stellungnahme gegeben. Später focht sie den derart zustandegekommenen Aufhebungsvertrag wegen widerrechtlicher Drohung an und klagte auf Feststellung der Fortdauer des Arbeitsverhältnisses.

Das BAG gab der Arbeiterin recht. Ohne den Betriebsrat gemäß § 66 Abs. 1 des damaligen BetrVG vorher anzuhören[23] und ohne der Arbeiterin

---

[21] Vgl. dazu *Löwe,* Zweifelsfragen aus dem neuen WKSchG, NJW 1972, S. 2017 ff.; *derselbe,* Unabdingbarkeit des WKSchG, NJW 1972, S. 2109 ff.; *Lutz,* DWW 1971, S. 383; *Roquette,* ZMR 1972, S. 139 ff.; *Schmidt-Futterer,* Der Kündigungsschutz für Wohnräume nach neuem Recht, NJW 1972, S. 5 ff.; *derselbe,* Die Unzulässigkeit von Mieterhöhungen durch Vereinbarung, NJW 1972, S. 1171 ff.
[22] Urteil des BAG vom 14. Juli 1960, AP 1960 Nr. 13 mit Urteilsanmerkung von *Hueck.*
[23] Ob die Anhörung des Betriebsrats Wirksamkeitsvoraussetzung für eine fristlose Kündigung war, war im Schrifttum außerordentlich umstritten.

§ 9. Die Drohung mit einer Kündigung

eine Gelegenheit zur Stellungnahme zu geben, wozu der Arbeitgeber aufgrund seiner Fürsorgepflicht verpflichtet sei, wäre eine etwa *ausgesprochene* fristlose Kündigung rechtlich unwirksam gewesen. Dann müsse aber auch der unter dem Druck der Drohung mit der fristlosen Kündigung zustandegekommene Aufhebungsvertrag rechtlich angreifbar sein, weil er ebenso wie eine fristlose Kündigung das Arbeitsverhältnis sofort beendige.

Der Arbeitgeber kann bei Vorliegen eines wichtigen Grundes ein Arbeitsverhältnis durch fristlose Kündigung mit unmittelbarer Wirkung beendigen. Macht er von seinem Kündigungsrecht keinen Gebrauch und führt er stattdessen durch die *Androhung* der fristlosen Kündigung das Einverständnis des Arbeitnehmers zur Auflösung des Arbeitsvertrags herbei, so ist es grundsätzlich unbedenklich. Wäre nämlich eine fristlose Kündigung zulässig, so kann auch eine *Drohung* mit der fristlosen Kündigung nicht rechtswidrig sein, denn beide Rechtsformen führen zum *gleichen* Ergebnis: Das Arbeitsverhältnis wird mit unmittelbarer Wirkung beendet. Eine einverständliche Auflösung des Arbeitsverhältnisses kann sogar im Interesse des Arbeitnehmers liegen, weil ihm dadurch bei der Suche nach einem neuen Arbeitsplatz die mit einer fristlosen Kündigung des bisherigen Arbeitgebers verbundenen Schwierigkeiten erspart bleiben[24].

Gleichwohl sind derartige Kündigungsandrohungen, die eine einverständliche Aufhebung des Arbeitsverhältnisses bewirken, mit besonderer Sorgfalt auf ihre Rechtmäßigkeit hin zu überprüfen, weil dabei immer die *Gefahr* besteht, daß zwingende Kündigungsschutzvorschriften umgangen werden. Der vom BAG entschiedene Fall zeigt dies mit aller Deutlichkeit. Dort war die Androhung der fristlosen Kündigung widerrechtlich und damit der Aufhebungsvertrag anfechtbar, weil der Arbeitgeber die Schutzvorschrift des § 66 Abs. 1 a. F. BetrVG umgangen und zudem seine Fürsorgepflicht verletzt hatte. Eine Anfechtung des Aufhebungsvertrags muß erst recht dann Platz greifen, wenn der vom

---

Vgl. dazu die ausführlichen Schrifttumsnachweise bei *Dietz*, BetrVG, 4. Aufl., § 66 Anm. II g. § 102 des neuen BetrVG bestimmt ausdrücklich, daß eine ohne Anhörung des Betriebsrats ausgesprochene Kündigung unwirksam ist. Siehe dazu *Gumpert*, Kündigung und Mitbestimmung, Betriebsberater 1972, S. 47 ff.; *Richardi*, Die Mitbestimmung des Betriebsrats in personellen Angelegenheiten, ZFA 1972 (Sonderheft), S. 1 ff.

[24] Vgl. auch *Hueck*, Urteilsanmerkung zu BAG, AP 1960 Nr. 13: „... Das (= die Widerrechtlichkeit der Drohung) ist zu verneinen, wenn der ArbGeb. einen wichtigen Grund zur Entlassung hatte, denn dann bedeutet die Erklärung des ArbGeb., er werde kündigen, wenn der ArbN. nicht von sich aus zur Lösung des Arbeitsverhältnisses bereit sei, die *mildere* Maßnahme, zu der ArbGeb. gerade im Interesse des ArbN. berechtigt ist. Liegt dagegen kein Grund für eine fristlose Entlassung vor, so ist die Erklärung des ArbGeb. grundsätzlich widerrechtlich."; ferner *Hueck-Nipperdey*, Lehrbuch I, S. 195 Anm. 49a; *Galperin*, Der Betrieb 1961, S. 238 ff.

III. Die Beendigung eines bestehenden Rechtsverhältnisses

Arbeitgeber vorgeschobene Kündigungsgrund in Wirklichkeit gar nicht besteht oder dem Arbeitnehmer zumindest nicht nachgewiesen werden kann. Gerade in diesen letztgenannten Fällen kommt es in der Praxis nicht selten vor, daß der Arbeitgeber von dem Arbeitnehmer das Einverständnis in die Auflösung des Arbeitsvertrags erzwingt, um sich die Mühe der Aufklärung des dem Arbeitnehmer vorgeworfenen Verhaltens zu ersparen[25].

2. Ähnliche Erwägungen sind auch bei Mietverträgen angebracht. Willigt z. B. der Mieter unter dem Druck einer Drohung mit einer fristlosen Kündigung wegen vertragswidrigen Gebrauchs der Mietwohnung in die Beendigung des Mietverhältnisses ein, so unterliegt der Aufhebungsvertrag der Anfechtung nach § 123 BGB, wenn eine Abmahnung des Vermieters (§ 553 BGB) nicht vorausgegangen war. Auch hier soll der Vermieter nicht im Wege der Drohung mit einer außerordentlichen Kündigung eine einverständliche Auflösung des Mietvertrags herbeiführen dürfen, wenn er die Beendigung des Mietverhältnisses auch durch eine fristlose Kündigung nicht hätte erreichen können.

3. Nach all dem läßt sich mit der Rechtsprechung sagen: Die Drohung mit einer außerordentlichen Kündigung ist jedenfalls nur dann ein angemessenes Mittel zur Herbeiführung der vertraglichen Auflösung eines bestehenden Rechtsverhältnisses, wenn auch eine unmittelbar erklärte Kündigung rechtlich wirksam gewesen wäre.

B. Die Drohung mit einer ordentlichen Kündigung

1. Das KSchG verlangt, daß eine *ordentliche* Kündigung im arbeitsrechtlichen Bereich sozial gerechtfertigt sein muß[26]. Die Wirksamkeit einer solchen Kündigung kann der Arbeitnehmer von den Arbeitsgerichten nachprüfen lassen[27]. Stellt sich heraus, daß die Kündigung sozial ungerechtfertigt ist, behält der Arbeitnehmer seinen Arbeitsplatz[28]. Unerörtert ist im Schrifttum die Frage geblieben, was dann gelten soll, wenn der Arbeitgeber eine sozial ungerechtfertigte Kündigung nicht ausspricht, sondern sie lediglich androht, damit aber das Einverständnis des Arbeitnehmers in die Auflösung des Arbeitsverhältnisses erreicht.

Es ist einhellig anerkannt, daß das KSchG keine Anwendung findet, wenn der Arbeitsvertrag nicht durch Kündigung, sondern im Wege

---

[25] Inwieweit der gute Glaube des Arbeitgebers an das Bestehen des Kündigungsgrundes die Beurteilung der Rechtmäßigkeit der Drohung beeinflußt, wird später ausgeführt.
[26] § 1 KSchG. Siehe dazu *Herschel-Steinmann*, Kommentar zum KSchG, 5. Aufl. (1961), § 1; *Hueck*, KSchG, § 1 mit Literaturangaben.
[27] Siehe § 4 KSchG.
[28] § 4 KSchG. Dazu vgl. *Bötticher*, Zur Geltendmachung der Unwirksamkeit einer sozial ungerechtfertigten Kündigung, BB 1959, S. 978 ff.

beiderseitigen *Einverständnisses* beendigt wird[29]. Dieser Auffassung liegt der Gedanke zugrunde, daß der Arbeitnehmer, der *selbst* die Beendigung des Arbeitsvertrags wünscht, nicht schutzbedürftig ist. Dabei ist allerdings *nicht* an die uns hier interessierenden Fälle gedacht. Es kann nämlich nicht zweifelhaft sein, daß der Arbeitnehmer dann schutzwürdig ist, wenn seine Einwilligung in die Aufhebung des Arbeitsvertrags nicht auf *freiem* Willensentschluß, sondern auf einer Drohung mit der Kündigung beruht. Daher muß man dem Arbeitnehmer das Anfechtungsrecht nach § 123 BGB gewähren. Bei der Prüfung der Widerrechtlichkeit der Drohung sind dann die Maßstäbe des KSchG heranzuziehen. Die Drohung mit der in Aussicht gestellten Kündigung ist rechtswidrig, wenn eine *unmittelbar* ausgesprochene Kündigung sozialwidrig im Sinne des KSchG gewesen wäre und deshalb *nicht* zu einer Auflösung des Arbeitsverhältnisses hätte führen können. Mit dieser Lösung wird dem Arbeitgeber eine *Umgehung* des KSchG im Wege der Drohung mit der Kündigung verwehrt.

Allerdings ist, um einen Wertungswiderspruch mit den Vorschriften des KSchG zu vermeiden, die einjährige Anfechtungsfrist des § 124 BGB der kurzen Frist des § 4 KSchG anzupassen. Gemäß § 4 KSchG kann der Arbeitnehmer die soziale Ungerechtfertigkeit einer ausgesprochenen Kündigung grundsätzlich *nur* innerhalb von 3 Wochen nach Zugang derselben vor den Arbeitsgerichten geltend machen. Die kurze Frist bezweckt die Vermeidung einer länger andauernden Unsicherheit über die Rechtslage. Diesem einsichtigen Zweck muß auch bei einer Anfechtung Rechnung getragen werden. Die Anfechtung nach § 123 BGB ist daher grundsätzlich *nur* innerhalb von 3 Wochen nach der Auflösung des Arbeitsvertrags zuzulassen. Eine innerhalb dieser Frist vor den Arbeitsgerichten erhobene Kündigungsschutzklage ist zugleich als Anfechtungserklärung aufzufassen[30].

2. Wird ein *Mietverhältnis* über Wohnraum unter dem Druck einer Drohung mit einer ordentlichen Kündigung *einverständlich* aufgehoben, kann der Mieter sein Einverständnis nach § 123 BGB anfechten, wenn der Vermieter kein berechtigtes Interesse im Sinne des § 1 WKSchG[31] an der Beendigung des Mietvertrags hat oder die Beendigung für den Mieter oder seine Familie eine Härte bedeutet (§ 556 a Abs. 1 BGB[32]). Dahinter steht wiederum der Gedanke, daß der Ver-

---

[29] Vgl. *Hueck*, KSchG, § 1, S. 66; *Hueck-Nipperdey*, Grundriß des Arbeitsrechts, 5. Aufl. (1970), S. 131; *Nipperdey*, Urteilsanmerkung, ArbRecht-Samml. 11, S. 593.
[30] Bei Versäumung der 3wöchigen Frist sind die Bestimmungen des § 5 KSchG analog heranzuziehen.
[31] Vgl. dazu *Schmidt-Futterer*, NJW 1972, S. 5 ff.
[32] Vgl. *Larenz*, Schuldrecht II, S. 172 ff.

IV. Die Erreichung anderer Willenserklärungen

mieter durch den Druck einer Drohung mit einer Kündigung *nicht* den Erfolg soll erreichen dürfen, den durch eine ausgesprochene ordentliche Kündigung herbeizuführen ihm kraft Gesetzes verwehrt ist.

IV. Die Drohung mit einer Kündigung als Mittel zur Erreichung anderer Willenserklärungen

Die bisher behandelten Fälle sind dadurch gekennzeichnet, daß der Drohende durch die Drohung mit einer Kündigung die *Änderung* oder die *Beendigung* eines zwischen ihm und dem Bedrohten bestehenden Dauerschuldverhältnisses erreicht. Interessant sind aber auch Fälle, in denen durch die Drohung mit einer Kündigung nicht lediglich die Änderung oder Auflösung des bestehenden Rechtsverhältnisses, sondern die Erlangung einer völlig *anderen* Willenserklärung des Bedrohten bezweckt und erreicht wird. Die einzige Entscheidung hierzu aus der Rechtsprechung ist

RG JW 1900—1902, 286 (27. 10. 1902[33])

E hatte sich bei dem alten und pflegebedürftigen K als Pflegerin verdingt. Als K sein Testament machen wollte, erklärte E, sie werde ihn nicht weiter pflegen, wenn er sie nicht als Erbin einsetze. Das dergestalt errichtete Testament wurde später von den gesetzlichen Erben des K wegen widerrechtlicher Drohung angefochten.

Das RG erachtete die Drohung als widerrechtlich[33a]. Zwar sei E an sich rechtlich befugt gewesen, zu jeder Zeit dem Erblasser die Dienste aufzukündigen und seine weitere Pflege einzustellen, jedoch sei sie nicht berechtigt gewesen, jene rechtliche Befugnis als Drohung einzusetzen, um den Erblasser zur Errichtung des Testaments zu ihren Gunsten zu veranlassen.

Das RG argumentiert hier, ohne es allerdings deutlich auszusprechen, offensichtlich auf dem Boden der Zusammenhangstheorie und gelangt dabei zu einem durchaus angemessenen Ergebnis. In der Tat ist es richtig, daß das aus dem Dienstverhältnis resultierende Kündigungsrecht der E mit ihrer testamentarischen Einsetzung als Erbin nichts zu tun

---

[33] Urteil des RG vom 27. 10. 1902, JW 1900—1902 (Beilageheft), S. 286; vgl. auch Urteil des OLG Hamburg vom 11. 9. 1934, HansRGZ 1934 B, Nr. 194.

[33a] Das RG hat sich nur auf die Prüfung der Anwendbarkeit des § 2078 Abs. 2 BGB beschränkt. Es hat dagegen nicht geprüft, ob auch eine Anfechtung wegen Erbunwürdigkeit nach den §§ 2339 Ziff. 3, 2340 BGB durchgreift. Dies war offenbar nicht nötig, weil beide Anfechtungsmöglichkeiten *hier* zu dem gleichen Ergebnis (Entkräftung der Erbeinsetzung der Pflegerin) geführt hätten und der Erfolg der Anfechtung allein von der Widerrechtlichkeit der Drohung abhängig war. Siehe dazu *Staudinger-Ferid*, Bem. 31 zu § 2339 BGB und *Erman-Hense*, Bem. 11 zu § 2078 BGB.

§ 9. Die Drohung mit einer Kündigung

hat. Dennoch kann im Zusammenhangsgedanken *nicht* der tragende Grund der Entscheidung gesehen werden. Wer einseitig mit der Zusammenhangstheorie argumentiert, kann nicht nur nicht allen Fällen gerecht werden[34], sondern setzt sich auch der Gefahr aus, die eigentliche Problematik solcher Fälle zu verfehlen. Eine Modifizierung des besprochenen Sachverhalts vermag dies ohne weiteres zu verdeutlichen: Hätte E rückständige Lohnansprüche gegen K gehabt und hätte sie durch die Drohung mit der Kündigung ein Vermächtnis oder ihre Einsetzung als Erbin, und zwar jeweils in Höhe ihrer Lohnforderungen, erreicht, so könnte die Drohung schwerlich als widerrechtlich angesehen werden, obwohl auch hier *kein* Zusammenhang zwischen der Kündigung und der vom Erblasser abgegebenen Willenserklärung besteht und die Rechtsordnung das Kündigungsrecht auch *nicht* gerade zur Erreichung derartiger Zwecke gewährt. Der die Drohung rechtfertigende Grund ist hier vielmehr die Tatsache, daß das Vermächtnis bzw. die Erbeinsetzung letztlich *nur* ein gleichwertiger Ersatz für die noch offenstehenden Lohnforderungen sind. Der Bedrohte stellt sich dadurch sogar *günstiger*, weil er eine sofortige Inanspruchnahme auf die rückständigen Beträge vermeidet.

Da demnach der Zusammenhangsgedanke für die Beurteilung der Widerrechtlichkeit der Drohung keinen tragenden Grund abgibt, müssen auch im Ausgangsfall *andere* Gesichtspunkte maßgebend sein. Wir erblicken den Grund der Widerrechtlichkeit der Drohung darin, daß die Pflegerin durch ihre Drohung mit der Kündigung die Abhängigkeit des auf ihre Dienste angewiesenen K, also dessen Notlage *ausgenutzt* und ihm schwerwiegende Vermögensverfügungen ohne irgendwelche Gegenleistungen abgezwungen hat. Allein die Tatsache, daß E weiter bei K in Diensten blieb, stellt keine in diesem Zusammenhang zu berücksichtigende Gegenleistung dar, weil E weiterhin für ihre Arbeit bezahlt wurde.

Es ist einzuräumen, daß die Entscheidung über die Rechtmäßigkeit der Drohung mit einer Kündigung in den hier interessierenden Fällen im Einzelfall schwierig sein mag. Wiederum — wie bei der Drohung mit einer Klage[35] — ist eine Würdigung *aller* Umstände des konkreten Falles unerläßlich. Immerhin erscheint der *Ausnutzungsgedanke* als brauchbares Abgrenzungskriterium zwischen zulässiger und unzulässiger Drohung: Nutzt der Drohende durch die Drohung mit einer Kündigung eine *Notlage* des Bedrohten aus, um sich ungebührliche, nicht sachgerechte Vorteile zu verschaffen, so ist die Drohung widerrechtlich.

---

[34] Siehe oben, S. 62 ff.
[35] Siehe oben, S. 107 ff.

V. Zusammenfassung

1. Die Drohung mit einer Kündigung zwecks *Änderung* eines bestehenden Arbeits- oder Mietverhältnisses ist grundsätzlich *rechtmäßig*. Sie ist dagegen *rechtswidrig*, wenn der privatautomen Gestaltungsfreiheit Grenzen gesetzt sind, sei es durch Gesetz, Tarifvertrag oder die guten Sitten. Ist die durch die Kündigungsandrohung herbeigeführte Änderung der Arbeitsbedingungen *sozialwidrig*, finden die speziellen Vorschriften des KSchG *analog* Anwendung. Eine Anfechtung nach § 123 BGB kommt daneben nicht in Betracht.

2. Die Drohung mit einer *außerordentlichen* Kündigung zwecks einverständlicher *Beendigung* eines Arbeits- oder Mietverhältnisses ist nur dann *rechtmäßig*, wenn auch eine unmittelbar erklärte Kündigung rechtlich wirksam gewesen wäre.

3. Die Drohung mit einer *ordentlichen* Kündigung zum Zwecke der einverständlichen *Aufhebung* eines Arbeitsverhältnisses ist nur dann *rechtmäßig*, wenn eine unmittelbar ausgesprochene ordentliche Kündigung im Sinne des KSchG sozial gerechtfertigt gewesen wäre und deshalb zu einer Auflösung des Arbeitsverhältnisses hätte führen können. Entsprechendes gilt bei Mietverhältnissen: Gesetzliche Vorschriften, die den Schutz des Mieters vor einer Kündigung bezwecken (WKSchG, § 556 a BGB etc.), dürfen nicht im Wege einer Drohung mit einer ordentlichen Kündigung umgangen werden.

4. Bezweckt die Drohung mit einer Kündigung nicht die Einwilligung in die Änderung oder in die Beendigung eines bestehenden Dauerschuldverhältnisses, sondern die Erlangung einer völlig *anderen* Willenserklärung, ist eine Würdigung *aller* Umstände des konkreten Falles unerläßlich. Dabei bietet der „Ausnutzungsgedanke" ein brauchbares Abgrenzungskriterium zwischen rechtmäßiger und widerrechtlicher Drohung: Nutzt der Drohende durch die Kündigungsandrohung eine *Notlage* des Bedrohten aus, um sich ungebührliche, nicht sachgerechte Vorteile zu verschaffen, ist die Drohung widerrechtlich.

Kapitel V

Die subjektiven Vorstellungen des Drohenden und ihr Einfluß auf die Widerrechtlichkeit der Drohung

Die Frage, ob zum Tatbestand der Drohung in § 123 BGB auch subjektive Elemente gehören, oder konkreter, ob die Entscheidung über die Widerrechtlichkeit der Drohung auch von den subjektiven Vorstellungen des Drohenden beeinflußt wird, ist sehr umstritten. Muß der Drohende die *Tatumstände* kennen, aufgrund deren seine Drohung zu mißbilligen ist? Schließt ein *Irrtum* des Drohenden über diese Umstände die Widerrechtlichkeit der Drohung aus? Ist bei Kenntnis jener Tatumstände auch das *Bewußtsein* der Widerrechtlichkeit der Drohung erforderlich? Spielt dabei ein Irrtum des Drohenden über die *Rechtswidrigkeit* seiner Drohung eine Rolle?

Die Diskussion über diese Fragen ist auch heute noch besonders aktuell, weil die Rechtsprechung und die Literatur in einigen Punkten gegensätzliche Ansichten vertreten. Angesichts dessen ist eine erneute Untersuchung der gesamten Problematik angebracht. Dabei soll nach den bereits bei der Darstellung des objektiven Tatbestandes der Drohung erarbeiteten idealtypischen Fallgruppen vorgegangen werden.

§ 10. Der subjektive Tatbestand der Drohung bei der Drohung mit einer Strafanzeige

Übersicht

I. Standpunkt der Literatur
II. Die Rechtsprechung
   A. RGZ 112, 226 ff.
   B. BGHZ 25, 217 ff.
III. Ergebnis

I. Standpunkt der Literatur

In der Literatur ist unstreitig, daß das Widerrechtlichkeitsurteil über die Drohung mit einer Strafanzeige nicht davon abhängig ist, ob der Drohende die *Tatumstände*, auf denen die Rechtswidrigkeit seiner Drohung beruht, kennt oder kennen muß[1]. Deswegen könne es für den Anfechtungstatbestand der Drohung mit einer Strafanzeige nicht darauf ankommen, ob sich der Drohende hinsichtlich dieser Tatumstände in einem Irrtum befinde[2]. Einmütigkeit herrscht auch darüber, daß der Drohende sich nicht der *Widerrechtlichkeit* seiner Drohung bewußt sein muß, mit der Folge, daß eine falsche rechtliche Wertung der objektiven Tatumstände die Widerrechtlichkeit der Drohung mit der Strafanzeige nicht ausräumt[3].

Der Grund der Unbeachtlichkeit des Tatsachen- und Rechtsirrtums des Drohenden hinsichtlich der Umstände, aufgrund deren die Drohung zu mißbilligen ist, liege darin, daß § 123 BGB allein den Schutz der Entschließungsfreiheit des Bedrohten bezwecke. Um diesen Schutzzweck nicht auszuhöhlen, müßten die subjektiven Vorstellungen des Drohenden außer acht bleiben; für den Anfechtungstatbestand des § 123 BGB komme es allein auf eine *objektive* Beeinträchtigung der Entschließungsfreiheit des Bedrohten an[4].

II. Die Rechtsprechung

Schon das RG hat sich mit dem Einfluß der subjektiven Vorstellungen des Drohenden auf die Widerrechtlichkeit der Drohung mit einer Strafanzeige befaßt. Zu nennen ist insbesondere:

A. RGZ 112, 226 ff. (11. 12. 1925)[5]

Die Überprüfung der geschäftlichen Tätigkeit des Bankdirektors K ergab, daß K mit Mitteln der X-Bank für eigene Rechnung spekuliert und dabei

---

[1] Vgl. dazu *Enneccerus-Nipperdey*, Allg. Teil, S. 1065; *Flume*, Allg. Teil II, S. 538 ff.; *Larenz*, Allg. Teil, S. 336; *Lorenz*, JZ 1963, S. 319 ff.; *Planck*, der Begriff der Widerrechtlichkeit in § 123 BGB, S. 179 ff.

[2] Siehe dazu *Enneccerus-Nipperdey*, Allg. Teil, S. 1065; *Flume*, Allg. Teil II, S. 538 ff.; *Lorenz*, JZ 1963, S. 319 ff.; *Staudinger-Coing*, Bem. 5 und 11 zu § 123 BGB; *Soergel-Hefermehl*, Bem. 45 zu § 123 BGB; *Zweigert*, JZ 1958, S. 570 ff.

[3] Vgl. *Enneccerus-Nipperdey*, Allg. Teil, S. 1065; *Flume*, Allg. Teil II, S. 538 ff.; *Larenz*, Allg. Teil, S. 336; *Lehmann-Hübner*, Allg. Teil, S. 275; *Oertmann*, BGB — Allg. Teil, S. 433; *Planck*, BGB, § 123 Anm. 3 d; *Soergel-Hefermehl*, Bem. 45 zu § 123 BGB; *Staudinger-Coing*, Bem. 11 zu § 123 BGB.

[4] Vgl. *Enneccerus-Nipperdey*, Allg. Teil, S. 1065; *Flume*, Allg. Teil II, S. 539; *Larenz*, Allg. Teil, S. 336.

[5] Urteil des RG vom 11. Dezember 1925, RGZ 112, S. 226 ff.; vgl. auch RGZ 110, S. 382 ff. Gegen diese Entscheidungen *Enneccerus-Nipperdey*, Allg. Teil, S. 1065, Fußn. 24; *Flume*, Allg. Teil II, S. 538. Vgl. auch RG HRR 1930, Nr. 1595; RG HRR 1933, Nr. 1828.

§ 10. Der subjektive Tatbestand bei der Drohung mit einer Strafanzeige

der Bank großen Schaden zugefügt habe. Da die genaue Bezifferung des Schadens nicht feststand, schlug die X-Bank den Abschluß eines Vergleichs vor und drohte ihm für den Fall der Weigerung eine Strafanzeige an. In dem unter dem Druck dieser Drohung zustandegekommenen Vergleich verpflichtete sich K, einige Wertpapiere der Bank zur Deckung des entstandenen Schadens zu übereignen. Später bestritt K, daß die X-Bank „Forderungen" gegen ihn gehabt habe, und focht den Vergleich wegen widerrechtlicher Drohung an.

Das OLG Kiel hat die Drohung mit der Strafanzeige als widerrechtlich erachtet, weil die X-Bank keinen Anspruch auf den Abschluß des Vergleichs gehabt habe. Auf die Revision der X-Bank hin hob das RG das vorinstanzliche Urteil auf und verwies den Rechtsstreit zur weiteren Tatsachenaufklärung an das OLG zurück. Es komme nämlich nicht darauf an, ob die X-Bank einen Anspruch auf den Abschluß des Vergleichs gehabt habe. Vielmehr sei zu fragen, ob der X-Bank ein Schadensersatzanspruch gegen K aufgrund der behaupteten strafbaren Handlung zustehe, oder ob die X-Bank nicht wenigstens *gutgläubig* das Bestehen eines solchen Anspruchs angenommen habe.

Das Bemerkenswerte an dieser Entscheidung ist die Auffassung des RG, daß eine Prüfung der *objektiven* Umstände des Drohungsvorgangs allein für die Beurteilung der Rechtmäßigkeit nicht in jedem Falle ausreichend sein soll. Selbst wenn die objektiven Umstände des Drohungsvorgangs den Schluß auf die Widerrechtlichkeit der Drohung nahelegten, so hänge die endgültige Entscheidung über die Rechtmäßigkeit oder Widerrechtlichkeit der Drohung letztlich doch von den *subjektiven* Vorstellungen des Drohenden über die der Drohung zugrundeliegenden Umstände ab.

Diese differenzierende Betrachtungsweise des RG bedarf näherer Erörterung. Zur Verdeutlichung sollen zunächst die denkbaren Varianten des konkreten Streitfalles durchgespielt werden:

Ergäbe die weitere Aufklärung des Sachverhalts durch das Berufungsgericht, daß der X-Bank ein Schadensersatzanspruch gegen K zustand, daß mithin K die ihm vorgeworfene strafbare Handlung *tatsächlich* begangen hatte und der Bank daraus ein Schaden entstanden war, so war die Drohung mit der Strafanzeige zum Zwecke der *Wiedergutmachung* des durch die Straftat angerichteten Schadens *rechtmäßig*, ohne daß es einer Prüfung der subjektiven Vorstellungen der drohenden Bank bedurfte[6].

Stand K als Täter der strafbaren Handlung fest und war lediglich die *Höhe* des angerichteten Schadens ungewiß, war die den Abschluß eines Vergleichs bezweckende Drohung mit der Strafanzeige ebenfalls nicht zu beanstanden, denn Sinn und Zweck dieses Vergleichs war

---

[6] Siehe oben, S. 87 ff.

gerade die Beilegung der Ungewißheit über die Höhe des Schadensersatzanspruchs im Wege gegenseitigen Nachgebens⁷. Auch hier sind Gutgläubigkeitserwägungen fehl am Platze; die Drohung rechtfertigt sich allein aus dem Wesen des Vergleichs⁸.

Stand der X-Bank dagegen kein Schadensersatzanspruch gegen K zu, etwa weil K gar *nicht* der Täter der strafbaren Handlung war oder eine strafbare Handlung überhaupt nicht vorlag, so soll es nach der Ansicht des RG darauf ankommen, ob die X-Bank *gutgläubig* das Bestehen ihrer Forderung gegen K annahm — in diesem Fall soll die Drohung rechtmäßig sein —, oder die X-Bank diesbezüglich bösgläubig war (Drohung rechtswidrig).

Diese Auffassung der Rechtsprechung, die aus den objektiv fehlenden Voraussetzungen eines Schadensersatzanspruchs noch nicht die Rechtswidrigkeit der Drohung mit einer Strafanzeige zum Zwecke der vermeintlichen Wiedergutmachung folgert, sondern Raum für Gutgläubigkeitserwägungen auf seiten des Drohenden läßt, vermag nicht zu überzeugen. Sie führt nämlich in den meisten Fällen zu ungerechten Ergebnissen. So ist es schlechterdings nicht einzusehen, daß der Bedrohte, der sich aus wenn auch nicht begründeter Angst vor der Erstattung einer Strafanzeige zur Wiedergutmachung eines Schadens verpflichtet hat, schutzlos bleiben soll, wenn er doch die ihm zur Last gelegte strafbare Handlung *nicht* begangen hat und sich gar nachträglich herausstellt, daß ein bestimmter *Dritter* der Täter war. Der *Konflikt*, der sich aus einer Berücksichtigung des guten Glaubens des Drohenden einerseits und aus der Verwirklichung des Schutzes des *unschuldigen* Bedrohten andererseits ergibt, darf *nicht* einseitig zu Lasten des Bedrohten gelöst werden. § 123 BGB will nicht den Drohenden, sondern den Bedrohten schützen, selbst wenn er sich der Drohung aus unbegründeter Angst gebeugt hat⁹.

Der Ausschluß des Anfechtungsrechts in solchen Fällen ist in der Literatur daher zu Recht angegriffen worden. *Zweigert*¹⁰ hat die Frage aufgeworfen, ob dem Bedrohten — ausgehend vom Standpunkt der

---

⁷ Siehe oben, S. 89.
⁸ Mißverständlich insofern das RG, wenn es ausführt: „Daraus allein, daß die Beklagte ihre Forderung noch nicht genau beziffern und nachweisen konnte, daß sie selbst damit rechnete, die Forderung könne höher, aber auch niedriger sein, als der Betrag, der ihr durch den Vergleich zufloß, kann also auf den fehlenden guten Glauben der Beklagten an das Bestehen ihrer Forderung noch nicht geschlossen werden." (RGZ 112, S. 228.)
⁹ Vgl. hierzu Motive I, S. 204; *Enneccerus-Nipperdey*, Allg. Teil, S. 1063; *Flume*, Allg. Teil, S. 528 ff.; *Lehmann-Hübner*, Allg. Teil, S. 273; *Planck*, Der Begriff der Widerrechtlichkeit in § 123 BGB, S. 155; *Staudinger-Coing*, Bem. 7 zu § 123 BGB.
¹⁰ *Zweigert*, JZ 1958, S. 570 ff. (571).

§ 10. Der subjektive Tatbestand bei der Drohung mit einer Strafanzeige

Rechtsprechung — nicht doch über die Vorschriften der ungerechtfertigten Bereicherung geholfen werden kann[11]. Er hält jedoch diesen Weg unter Hinweis auf § 814 BGB für nicht gangbar. Der Bedrohte wisse nämlich in aller Regel, daß er mangels einer strafbaren Handlung *nicht* zur Schadensersatzleistung verpflichtet sei.

Zweigerts Hinweis ist jedoch nicht durchschlagend. Eine Anwendung des § 814 BGB setzt voraus, daß der Leistende *freiwillig* leistet, obwohl er weiß, daß er zu der Leistung nicht verpflichtet ist[12]. Der Bedrohte, der sich nichts hat zuschulden kommen lassen, weiß zwar genau, daß er zu der geforderten Leistung nicht verpflichtet ist, er leistet aber *nicht* freiwillig, sondern aus *Furcht* vor der angedrohten Einleitung der Strafverfolgung. § 814 BGB steht also einer Leistungskondiktion des Bedrohten nicht entgegen. In der Tat bilden daher die § 812 ff. BGB ein gewisses Regulativ zur Vermeidung ungerechter Ergebnisse der Rechtsprechung.

Wie aber, wenn der Bedrohte unter dem Druck der Drohung mit der Strafanzeige eine Verpflichtung eingeht, die *keine* Leistung im Rechtssinne darstellt, wenn er etwa einen Kaufvertrag abschließt, oder sich zur Gewährung eines Darlehens verpflichtet? In diesen Fällen stellt sich die in der Eingehung der Verpflichtung liegende Zuwendung des Bedrohten nicht als Leistung im Rechtssinne, sondern lediglich als die *Vorbereitung* einer solchen Leistung dar[13]. Hier kann die eingegangene Verpflichtung des Bedrohten *nur* über eine Anfechtung nach § 123 BGB beseitigt werden; eine Kondiktion der eingegangenen Verpflichtung ist ausgeschlossen. Da aber die Rechtsprechung die Anfechtung gerade nicht zuläßt, bleibt der Bedrohte schutzlos. Dieses Ergebnis kann nicht richtig sein.

B. BGHZ 25, 217 ff. (23. 9. 1957)[14]

Dessen ungeachtet ist der BGH der Auffassung des RG, daß die Gutgläubigkeit des Drohenden die Widerrechtlichkeit der Drohung mit einer Strafanzeige ausräume, im Grundsatz gefolgt. Um eine theoretische Begründung des Standpunkts der Rechtsprechung bemüht sich der BGH in der bereits besprochenen Entscheidung vom 23. 9. 1957[15]. Dort hatte eine Ehefrau unter dem Druck der Drohung mit einer Straf-

---

[11] Die Rechtsprechung selbst hat sich mit diesem Problem noch nicht beschäftigt.
[12] Vgl. RGZ 147, S. 17 ff.; *Soergel-Mühl*, Bem. 2 zu § 814 BGB.
[13] Siehe statt aller *Larenz*, Schuldrecht II, S. 406 ff.
[14] Urteil des BGH vom 23. September 1957, BGHZ 25, S. 217 ff. = JZ 1958, S. 568 ff. mit Urteilsanmerkung von *Zweigert*.
[15] Siehe oben, S. 65 ff. und 96 ff.

II. Die Rechtsprechung

anzeige wegen Wechselreiterei gegen ihren Ehemann die selbstschuldnerische Bürgschaft für dessen Verbindlichkeiten gegenüber der X-Bank übernommen. Der BGH hat die Anfechtung der Bürgschaftsübernahme nicht zugelassen, weil die Ehefrau am Unternehmen ihres Mannes erheblich mit eigenen Einlagen beteiligt war. Zur Fundierung der getroffenen Entscheidung zog der BGH Gutglaubenserwägungen heran.

In Übereinstimmung mit dem Berufungsgericht verlangt der BGH als Voraussetzung der Zulassung der Anfechtung nach § 123 BGB, daß der Drohende das Bewußtsein haben müsse, „in unzulässiger Weise" vorzugehen, daß er also die *Umstände* kennen müsse, auf denen die Rechtswidrigkeit seiner Drohung beruhe. Dagegen sei es nicht erforderlich, daß sich der Drohende auch der Widerrechtlichkeit seiner Drohung bewußt sei. Das Berufungsgericht habe allerdings nicht erkannt, daß sich die Bank in einem *unverschuldeten* Irrtum über Tatsachen, die die Rechtswidrigkeit der Drohung begründeten, befunden habe. Aufgrund der erheblichen Beteiligung der Ehefrau am Unternehmen ihres Mannes nämlich habe die Bank unverschuldet annehmen dürfen, daß auch die Ehefrau Mittäter und Nutznießer der Straftat zugleich gewesen sei. Dieser unverschuldete Irrtum habe das Bewußtsein der Bank, in unzulässiger Weise vorzugehen, ausgeschlossen und somit der Drohung mit der Strafanzeige den widerrechtlichen Charakter genommen.

Interessant ist die grundsätzliche Stellungnahme des BGH zur Wirkung der subjektiven Vorstellungen des Drohenden auf die Widerrechtlichkeit der Drohung:

Bei der Frage nach der Zulassung der Anfechtung dürften nicht nur die Interessen des *Bedrohten* berücksichtigt werden; vielmehr sei stets zu prüfen, ob und inwieweit auch der *Drohende* Schutz vor den mit der Anfechtung verbundenen wirtschaftlichen Nachteilen verdiene. Schutz müsse man dem Drohenden unbedenklich dann gewähren, wenn er sich bei der Drohung in einem *unverschuldeten* Irrtum über solche Tatsachen befunden habe, die gerade den anstößigen Charakter der Drohung begründeten. Ein unverschuldeter Tatsachenirrtum sei als nicht so schwerwiegend zu erachten, daß dem Drohenden deswegen der „Makel" einer widerrechtlichen Drohung angelastet werden müßte. Dagegen verdiene der Drohende *keinen* Schutz, wenn der Irrtum ihm zum Vorwurf gemacht werden könne, der Drohende sich also in einem verschuldeten Tatsachenirrtum befunden habe. Erst recht sei der Drohende schutzlos zu stellen, wenn er zwar die Tatsachen richtig erkannt, daraus aber falsche *rechtliche* Schlüsse gezogen habe, wenn also ein *Rechtsirrtum* vorliege.

Die Ausführungen des BGH zum „subjektiven Tatbestand" des § 123 BGB sind zwar zu begrüßen, da sie den Standpunkt der Rechtsprechung

§ 10. Der subjektive Tatbestand bei der Drohung mit einer Strafanzeige

in aller Deutlichkeit präzisieren und somit Klarheit für die praktische Rechtsanwendung des § 123 BGB schaffen. Jedoch wäre in dem zur Entscheidung stehenden Fall ein Eingehen auf Irrtumserwägungen nicht erforderlich gewesen, da bereits eine Würdigung der *objektiven* Umstände des Drohungsgeschehens zum Ausschluß der Widerrechtlichkeit der Drohung und damit zur Versagung der Anfechtung hätte führen müssen. Die Drohung mit einer Strafanzeige gegenüber Angehörigen des Täters ist nämlich dann nicht rechtswidrig, wenn sie zum Zwecke der Wiedergutmachung des durch die Straftat angerichteten Schadens erfolgt und der Angehörige in einer engen wirtschaftlichen Beziehung zu dem zwischen Drohendem und Täter bestehenden Rechtsverhältnis steht. Diese Voraussetzungen lagen hier vor[16].

Hiervon abgesehen halten auch die theoretischen Überlegungen des BGH einer näheren Überprüfung nicht stand.

Der Bundesgerichtshof prüft zunächst, ob die Drohung mit der Strafanzeige dem *Drohenden* zum Vorwurf gemacht werden kann. Dabei verweist er auf die Grundsatzentscheidung zum Irrtum im Strafrecht, BGHSt 3, 105 ff. Man mag zwar darüber streiten, ob eine Übertragung des strafrechtlichen Irrtumsbegriffs auf das Zivilrecht angebracht ist[17], es kann jedoch keinen Zweifel darüber geben, daß § 123 BGB keinen Raum für „strafrechtliche" Irrtumserwägungen läßt. In § 123 BGB kommt es nicht darauf an, ob die Drohung dem *Drohenden* zum Vorwurf gereicht. Es geht hier allein um den Schutz der Entschließungsfreiheit des *Bedrohten*[18]. Auf ihn und nicht auf den Drohenden ist die rechtliche Regelung der Drohung im Zivilrecht ausgerichtet[19]. Steht fest, daß die Entschließungsfreiheit des Bedrohten durch die Drohung mit der Strafanzeige in einer *objektiv* widerrechtlichen Weise beeinträchtigt worden ist, so ist es ohne Belang, ob der Drohende dafür verantwortlich gemacht werden kann. Dies wurde gelegentlich auch in der älteren Rechtsprechung hervorgehoben. Das RG hat in einigen Entscheidungen betont, daß die Anwendung des § 123 BGB lediglich die *objektive* Widerrechtlichkeit der Drohung voraussetze[20].

Auch geht es in § 123 BGB nicht um eine *Bestrafung* des Drohenden, sondern um die *Vernichtung* des unter dem Druck der Drohung zustandegekommenen Rechtsgeschäfts und um die Rückabwicklung der Vorteile, die sich der Drohende rechtswidrig verschafft hat. Im Gegen-

---

[16] Siehe oben, S. 94 ff.
[17] Vgl. dazu *Stoll*, zum Rechtfertigungsgrund des verkehrsrichtigen Verhaltens, JZ 1958, S. 137 ff. (143); *Soergel-Reimer Schmidt*, § 276 BGB.
[18] Siehe hierzu *Flume*, Allg. Teil II, S. 539; *Larenz*, Allg. Teil, S. 331.
[19] Vgl. *Flume*, Allg. Teil II, S. 528 ff.
[20] RG JW 1909, S. 11; RG WarnR 1911, Nr. 4; RG JW 1917, S. 459.

satz zum *Strafrecht* müssen darum die subjektiven Vorstellungen des Drohenden hier außer Betracht bleiben. Ob der Drohende das Unrechtsbewußtsein hat, ob er vorsätzlich oder fahrlässig handelt, ob er sich in einem verschuldeten oder unverschuldeten Irrtum befindet, spielt für die Anwendung des § 123 BGB keine Rolle. In der Tat trifft heute immer noch das zu, was *Planck* schon im Jahre 1901 ausgeführt hat: „... Nur der objektive Thatbestand einer widerrechtlichen Verletzung der Freiheit braucht vorzuliegen, um die Anfechtbarkeit einer Willenserklärung, zu welcher der Erklärende durch Drohung bestimmt ist, zu begründen. Die subjektiven Erfordernisse, welche hinzutreten müssen, um eine Verpflichtung des Drohenden zum Schadensersatze zu begründen, kommen nicht in Betracht[21]."

Auch das weitere Argument des BGH ist nicht stichhaltig. Er meint, es sei unbillig, dem Drohenden die wirtschaftlichen Nachteile der Anfechtung zuzumuten, wenn dieser hinsichtlich der Umstände, welche die Widerrechtlichkeit seiner Drohung begründen, gutgläubig ist. Dies entspricht jedoch nicht der *gesetzgeberischen* Entscheidung in § 123 BGB. Im Gegensatz zur arglistigen Täuschung treffen nämlich die Folgen der Anfechtung bei den Fällen, in denen die Drohung von einem *Dritten* ausgeht, auch den *völlig* unbeteiligten Geschäftspartner des Bedrohten, der von der Drohung nichts wußte noch wissen konnte. Dies zeigt, daß die wirtschaftlichen Nachteile einer Anfechtung auch dem zugemutet werden, der von der Drohung *nichts* weiß. Mithin kann ein entschuldbarer Irrtum oder die Gutgläubigkeit — nach der Entscheidung des Gesetzgebers — den Drohenden nicht vor der Anfechtung bewahren.

Kein noch so berechtigtes Interesse des Drohenden vermag also die *objektive* Widerrechtlichkeit seiner Drohung auszuräumen. Jede andere Entscheidung bedeutete, wie *Enneccerus-Nipperdey*[22] und *Coing*[23] mit Recht hervorheben, eine *Umkehrung* der vom Gesetzgeber getroffenen Wertung in § 123 BGB, welche dem Schutz der Entschließungsfreiheit des *Bedrohten* gegenüber dem Gutglaubensschutz den Vorzug gibt.

III. Ergebnis

Es hat sich ergeben, daß der Standpunkt der Rechtsprechung, die bei der Drohung mit einer Strafanzeige einen unverschuldeten Tatsachenirrtum zugunsten des *Drohenden* berücksichtigt, im Hinblick auf das mit § 123 BGB verfolgte gesetzgeberische Ziel nicht haltbar ist. Vorzuziehen ist daher der Standpunkt der Literatur. Hiernach reicht es für

---

[21] *Planck*, Der Begriff der Widerrechtlichkeit in § 123 BGB, S. 179.
[22] *Enneccerus-Nipperdey*, a.a.O., S. 1065, Fußn. 24.
[23] *Staudinger-Coing*, Bem. 11 zu § 123 BGB.

§ 10. Der subjektive Tatbestand bei der Drohung mit einer Strafanzeige

das Widerrechtlichkeitsurteil über die Drohung mit der Strafanzeige aus, daß die Drohung *objektiv* widerrechtlich ist. Im einzelnen ergibt sich hieraus:

1. Der Drohende braucht die *Tatumstände,* auf denen die Widerrechtlichkeit seiner Drohung beruht, nicht zu kennen. Deshalb kann der *Tatsachenirrtum* des Drohenden die Widerrechtlichkeit seiner Drohung nicht ausräumen.

2. Der Drohende braucht auch *nicht* sich dessen bewußt zu sein, daß seine Drohung *widerrechtlich* ist. Deshalb ist der auf das *Rechtswidrigkeitsbewußtsein* bezogene Irrtum des Drohenden unbeachtlich.

§ 11. Der subjektive Tatbestand der Drohung bei der Drohung mit einer Klage

Übersicht

I. Stand der Meinungen
II. Die Rechtsprechung
    A. RG WarnRespr. 1928, Nr. 52
    B. BGH WM 1972, 946 ff.
III. Ergebnis

Ein kürzlich ergangenes Urteil des Bundesgerichtshofs[1] hat eine bislang vor allem in der Literatur stark umstrittene Frage erneut zu forensischer Bedeutung gebracht: Ist bei der Drohung mit einer Klage die Anfechtung ausgeschlossen, wenn der Drohende gutgläubig annimmt, daß er auf die gewünschte Willenserklärung des Bedrohten einen Anspruch hat, zu dessen Durchsetzung er mit der Klagerhebung droht? Oder anders gewendet: Räumt der gute Glaube des Drohenden an das Bestehen seines Anspruchs die Widerrechtlichkeit der Drohung mit einer Klage aus?

I. Stand der Meinungen

Nach der überwiegenden Meinung im Schrifttum soll die Gutgläubigkeit des Drohenden hinsichtlich seiner vermeintlichen Ansprüche gegen den Bedrohten, ebenso wie bei der Drohung mit einer Strafanzeige, auch bei der Drohung mit einer Klage unbeachtlich sein[2].

Gegen diese Ansicht hat sich *E. Levy* in einer bahnbrechenden Urteilsanmerkung gewandt[3]. Die Rechtsordnung leiste durch die Gewährung einer Zivilklage demjenigen, der einen Anspruch zu haben glaubt, eine bestimmungsgemäße Hilfe, deren Gebrauch ihm jedoch keine Garantie für eine günstige Entscheidung biete und ihm deshalb

---

[1] Urteil des BGH vom 18.5.1972, WM 1972, S. 946 ff. Darüber s. unter S. 144 ff.
[2] Vgl. *Enneccerus-Nipperdey*, Allg. Teil, S. 1065, Fußn. 24; *Larenz*, Allg. Teil, S. 336; *Manigk*, JW 1924, S. 1589; *Oertmann*, JW 1923, S. 367 ff.; derselbe, BGB, S. 433; *Planck*, Der Begriff der Widerrechtlichkeit in § 123 BGB, S. 179; *Staudinger-Coing*, Bem. 11 zu § 123 BGB.
[3] *Levy*, JW 1925, S. 1485. Gegen *Levy: Josef*, JW 1925, S. 2445; *v. Tuhr*, JW 1925, S. 2445.

§ 11. Der subjektive Tatbestand bei der Drohung mit einer Klage

das Kostenrisiko aufbürde. Die Zivilklage sei somit eine „zweischneidige" Waffe und die Drohung mit ihr deshalb nicht „eindeutig", sondern ihrem Wesen nach von vornherein mit der Schwäche des ungewissen Prozeßausgangs behaftet. Aus diesem Grunde könne die erlaubte Klageandrohung nicht deswegen zu einer unerlaubten werden, weil sich der Drohende bei Kenntnis der Sachlage von den ungünstigen Aussichten des Prozesses hätte überzeugen müssen; nur die wirkliche Kenntnis des mangelhaften Rechtsgrundes solle ihm schaden. *Levys* Ansicht hat später in der Literatur Anklang gefunden. *Zweigert*[4] und *Lorenz*[5] haben sich seiner Ansicht angeschlossen.

Levys Lehre bringt in die Diskussion über den Einfluß der Gutgläubigkeit des Drohenden auf die Widerrechtlichkeit der Drohung mit einer Klage neue Gesichtspunkte ein. *Levys* Kritik setzt jedoch an der falschen Stelle an. Was für die Zivilklage richtig ist, muß nicht auch für die *Drohung* mit einer Zivilklage richtig sein. Von einem „ungewissen Prozeßausgang" und einem „Kostenrisiko" kann nämlich nicht die Rede sein, wenn der Drohende aufgrund der Drohung mit der Zivilklage die gewünschte Willenserklärung des Bedrohten erlangt und somit seine angeblichen Ansprüche gerade *ohne* Prozeß durchsetzt.

Wie *Levy* vertritt auch *Flume*[6] die Ansicht, daß der gute Glaube des Drohenden an das Bestehen seines Anspruchs die Widerrechtlichkeit seiner Drohung mit einer Klage ausräumt. *Flume* führt jedoch eine andere, überzeugendere Begründung an: Das Klagerecht sei auch hinsichtlich zweifelhafter oder irrtümlich angenommener Ansprüche gegeben. Bestehe der behauptete Anspruch nicht oder könne er nicht bewiesen werden, sei die Klage abzuweisen, und der Kläger habe die Kosten zu tragen. Bestehe aber das Klagerecht, so könne auch die Drohung mit einer Klage, selbst wenn der behauptete Anspruch nicht bestehe, nicht widerrechtlich sein — ein Gedanke, der unmittelbar einleuchtet und dem in der Tat maßgebliche Bedeutung für die Bewältigung der Problematik des subjektiven Tatbestands bei der Drohung mit einer Klage zukommen dürfte. — Eine Ausnahme läßt auch *Flume* nur für den Fall gelten, wenn der Drohende positiv weiß, daß der behauptete Anspruch ihm nicht zusteht. Wir halten uns *Flumes* These bei der Untersuchung der Rechtsprechung vor Augen.

---

[4] *Zweigert*, JZ 1958, S. 570 ff. (571).
[5] *Lorenz*, JZ 1963, S. 319 f. (319).
[6] *Flume*, Allg. Teil II, S. 540 ff.

II. Die Rechtsprechung

Die Rechtsprechung hat sich mit dem Einfluß der Gutgläubigkeit des Drohenden auf die Widerrechtlichkeit der Drohung mit einer Klage — soweit ersichtlich — in zwei Fällen befaßt. Die erste Entscheidung ist

A. RG WarnRspr. 1928, Nr. 52 (9. 2. 1928)[7]

K hatte irrtümlich angenommen, daß die Eheleute G seine Mitschuldner waren. K befriedigte den Gläubiger und verlangte danach von den Eheleuten Ausgleichung. Da diese sich weigerten, die von K verlangten 10 000 RM zu bezahlen, drohte K ihnen eine Zivilklage an. Unter dem Druck der Drohung gaben die Eheleute G schließlich ein schriftliches Schuldanerkenntnis in Höhe der verlangten Summe ab.

Das Berufungsgericht hat auf die Anfechtung der Eheleute hin die Drohung für widerrechtlich erklärt, weil K in Wirklichkeit keinen Ausgleichsanspruch gehabt habe. Ks Annahme, die Eheleute seien seine Mitschuldner gewesen, sei unerheblich.

Dem ist das RG nicht gefolgt. Die Drohung mit einer Klage, bei gutem Glauben des Drohenden an die Berechtigung seines Anspruchs, sei nicht schon deshalb widerrechtlich, weil sich der Anspruch nachträglich als unbegründet herausstelle.

Es kann kein Zweifel daran bestehen, daß die Bedrohten hier schutzwürdig sind. Sie haben sich nämlich durch die abgezwungene Ausstellung des Schuldanerkenntnisses verpflichtet, für die Schuld aufzukommen, die in Wirklichkeit nicht bestand. Es erscheint jedoch fraglich, ob den Bedrohten dieser Schutz über § 123 BGB zu gewähren ist. Zwar liegt eine Drohung im Rechtssinne vor[8]; sie kann jedoch mit dem RG *nicht* als rechtswidrig angesehen werden. Der Grund liegt darin, daß die Rechtsordnung das zivilrechtliche Klagerecht — wie *Flume* treffend *hervorhebt*[9] — auch hinsichtlich irrtümlich angenommener Ansprüche gewährt. Besteht aber das Klagerecht, dann kann auch die *Drohung*, es auszuüben, nicht rechtswidrig sein.

Dennoch bleiben die Bedrohten nicht ohne Schutz. Das RG hätte nämlich prüfen müssen, ob die Berufung der Bedrohten auf die Anfechtung nach § 123 BGB nicht hilfsweise als Geltendmachung der Bereicherungseinrede gemäß § 821 BGB auszulegen war. Hierbei wäre zu unterscheiden:

Was das Schuldanerkenntnis von den Parteien als *selbständiger* Verpflichtungsgrund[10] gewollt und bestand der frühere Anspruch des Dro-

---
[7] Die Entscheidung ist auch in JW 1928, 1135 abgedruckt.
[8] Siehe oben, S. 38 ff.
[9] *Flume*, Allg. Teil II, S. 540.
[10] Vgl. dazu *Larenz*, Schuldrecht II, S. 368 ff., 407.

§ 11. Der subjektive Tatbestand bei der Drohung mit einer Klage

henden in Wahrheit nicht, so könnte das Schuldanerkenntnis entweder als rechtsgrundlose Leistung kondiziert (§ 812 Abs. 2 BGB) oder die Erfüllung der Verpflichtung aus dem Schuldanerkenntnis einredeweise verweigert werden (§ 821 BGB[11]).

Sollte dagegen durch das Anerkenntnis lediglich die frühere Schuld *bestätigt*[12], nicht aber eine neue Schuld begründet werden, so könnte die Einwendung des Nichtbestehens der anerkannten Schuld weiterhin geltend gemacht werden[13, 13a].

Halten wir fest: Droht der „Gläubiger" in gutem Glauben an das Bestehen eines Anspruchs gegen einen „Schuldner" diesem mit der Erhebung einer Zivilklage, um ihn zur Erfüllung der behaupteten Forderung zu veranlassen, so ist die Drohung nicht widerrechtlich. Hat der vermeintliche Schuldner geleistet, kann ihm nur über die Vorschriften der ungerechtfertigten Bereicherung geholfen werden[14].

Die zweite Entscheidung ist

B. BGH WM 1972, 946 ff. (18. 5. 1972)[15]

Der Handelsvertreter L überredete B, einen Vertrag mit der Firma F über den Kauf einer Entlüftungsanlage zum Preise von 3650 DM zu unterzeichnen. B, der die Anlage gar nicht kaufen wollte, unterschrieb nur, weil L ihm vorspiegelte, die Anlage solle bei ihm nur zu Werbungszwecken installiert werden, wobei die Unterzeichnung des Kaufvertrags lediglich für Versicherungszwecke erforderlich sei. Als B sich später weigerte, den Kaufpreis zu bezahlen und die Anlage abzunehmen, drohte ihm der Inhaber der Firma F, der von der arglistigen Täuschung des L bis zu diesem Zeitpunkt nichts wußte, mit einem kostspieligen Prozeß. Daraufhin schloß der eingeschüchterte B mit der Firma F einen Vergleich, in dem er sich zum Kauf einer billigeren Entlüftungsanlage zum Preise von 2000 DM verpflichten mußte. Für den Kaufpreis akzeptierte B einen Wechsel. Aus dem Wechsel in Anspruch genommen, verweigerte B gemäß § 821 BGB die Zahlung, weil er den der Wechselhingabe zugrundeliegenden zweiten Vertrag wegen widerrechtlicher Drohung angefochten habe.

---

[11] Vgl. *Esser*, Schuldrecht II, S. 244. Im Falle einer Leistungskondiktion (§ 812 Abs. 1, 2) wäre § 814 BGB nicht anwendbar, da das Schuldanerkenntnis keine *freiwillige*, sondern eine durch Drohung abgenötigte Leistung war. Vgl. ausführlich oben, S. 36.

[12] Vgl. *Larenz*, Schuldrecht II, S. 371 ff.

[13] Vgl. RGZ 116, S. 336 (339); *Esser*, Schuldrecht II, 4. Aufl. (1971), S. 245; *Larenz*, Schuldrecht II (9. Aufl.), S. 334.

[13a] Sollten hier nach dem Willen der Parteien solche Einwendungen ausgeschlossen sein, aus denen sich das Nichtbestehen der anerkannten Schuld ergibt (deklatorisches Schuldanerkenntnis), so begründet dieses Schuldanerkenntnis in Wirklichkeit eine neue, selbständige Schuld (vgl. *Larenz*, Schuldrecht II, S. 372; *Möschel*, DB 1970, S. 913; *Wilckens*, AcP 163, S. 137). In einem solchen Fall könnte daher das Schuldanerkenntnis als rechtsgrundlose Leistung kondiziert werden, wenn die frühere Schuld in Wahrheit nicht bestand.

[14] Siehe auch *Flume*, Allg. Teil, S. 541.

[15] Die Entscheidung ist auch in JuS 1973, S. 55 ff. abgedruckt und von *D. Reuter* besprochen.

II. Die Rechtsprechung

Entgegen der Ansicht des Berufungsgerichts hält der BGH die Klagandrohung zu dem Zwecke des Abschlusses des Vergleichs für rechtmäßig. Der BGH geht davon aus, daß die Drohung mit einer Klage nicht widerrechtlich ist, wenn sich der Drohende in gutem Glauben an das Bestehen seiner Ansprüche befindet. Da der Firmeninhaber die Täuschung seines Vertreters weder gekannt habe noch habe kennen müssen, sei er hinsichtlich seiner Ansprüche aus dem ersten Vertrag gutgläubig gewesen. Deshalb greife die Anfechtung des zweiten Vertrags wegen widerrechtlicher Drohung nicht durch. Wolle man im übrigen dem Partner eines Vergleichs die rechtliche Möglichkeit eröffnen, sich von dem Vergleich nachträglich im Wege einer Anfechtung loszusagen, so könne in Fällen wie dem vorliegenden einem Prozeß durch gütliche Beseitigung des Streites kaum noch ausgewichen werden. Gleichwohl verwies der BGH die Sache zwecks weiterer Aufklärung an das Berufungsgericht zurück.

Es ist zu begrüßen, daß sich der BGH in seiner Entscheidung der Auffassung anschließt, daß die Drohung mit einer Klage dann nicht widerrechtlich ist, wenn der Drohende gutgläubig annimmt, gegen den Bedrohten einen Anspruch zu haben. Allerdings erscheint es bedenklich, wenn der BGH aus den gegebenen Tatsachen den Schluß auf die Gutgläubigkeit des Drohenden zieht.

B hatte *vor* dem Abschluß des Vergleichs eine Anfechtung des ersten Kaufvertrags wegen arglistiger Täuschung versäumt. *Nach* Abschluß des Vergleichs hätte eine solche Anfechtung dem B nichts eingebracht, da der im Wege des Vergleichs zustandegekommene zweite Kaufvertrag hiervon *nicht* berührt worden wäre. Aus diesem Grunde versprach allenfalls eine Anfechtung des zweiten Kaufvertrags wegen widerrechtlicher Drohung Aussicht auf Erfolg. Die arglistige Täuschung des B durch den Handelsvertreter spielte für die Entscheidung des konkreten Falles *nur* insofern eine Rolle, als hieraus Rückschlüsse auf die Gut- oder Bösgläubigkeit des drohenden Firmeninhabers zu ziehen waren.

Zwar konnte nach den Feststellungen des Berufungsgerichts — und hieran war der BGH gebunden — dem Firmeninhaber nicht nachgewiesen werden, daß er Kenntnis von der arglistigen Täuschung seines Vertreters hatte oder haben mußte; allein diese Feststellung reichte jedoch noch nicht für die Bejahung seiner Gutgläubigkeit aus. Vielmehr war zu prüfen, ob dem Vertretenen die arglistige Täuschung seines Vertreters von *Rechts* wegen zuzurechnen war und er sich infolgedessen *nicht* auf seine Gutgläubigkeit bei den Vergleichsverhandlungen berufen konnte. Das Berufungsgericht hat in der Tat eine Haftung des Vertretenen für die arglistige Täuschung des Vertreters angenommen, es aber offen gelassen, ob sich diese Haftung letztlich aus dem Gesichts-

§ 11. Der subjektive Tatbestand bei der Drohung mit einer Klage

punkt des Verschuldens bei Vertragsschluß i. V. m. § 278 BGB[16] oder aus einer entsprechenden Anwendung des § 166 Abs. 1 BGB[17] ergebe.

Diese Argumentation des Berufungsgerichts hätte mehr Beachtung durch den BGH verdient. Ohne sich näher mit den angegebenen Zurechnungsnormen zu befassen, lehnte der BGH eine Haftung des Vertretenen für seinen Vertreter ab, weil dieser bei den Vergleichsverhandlungen gar nicht mehr beteiligt war. Hieraus folgt, daß nach der Ansicht des BGH die aus der arglistigen Täuschung des Vertreters bei dem ersten Vertrag resultierende Einstandspflicht des Vertretenen *nicht* auch dessen Haftung bezüglich des *zweiten* Vertrags, des Vergleichs, begründet. Mit anderen Worten: Die einmal entstandene Zurechnung setzt sich nicht auf ein *später* zwischen denselben Parteien zustandegekommenes Rechtsgeschäft fort, selbst wenn das zweite Rechtsgeschäft in tatsächlich und rechtlich *engem* und unmittelbarem Zusammenhang mit dem ersten, die Zurechnung begründenden Rechtsgeschäft steht.

Dieser Auffassung des BGH kann nicht zugestimmt werden. Sie vermag lediglich eine *direkte* Anwendung der genannten Haftungsnormen, nicht aber deren *analoge* Anwendung auszuschließen. Dies gilt insbesondere für die entsprechende Anwendung des § 166 Abs. 1 BGB. In der Literatur[18] und selbst in der Rechtsprechung des BGH ist es anerkannt, daß diese Vorschrift nicht restriktiv auszulegen ist, sondern über ihren Wortlaut hinaus auch dort Platz greifen muß, „wo das Kennen oder Kennenmüssen in anderer Weise auf die Rechtslage Einfluß übt"[19]. So hat der BGH[20] § 166 Abs. 1 BGB für den Fall entsprechend angewendet, daß der Vertreter bei Vertragsschluß genau wußte, daß sich der Geschäftspartner nicht auf einen abweichenden Vertragsinhalt einließe, das Bestätigungsschreiben des Vertretenen aber gleichwohl eine solche Änderung enthielt und der Geschäftspartner es versäumte, dem Bestätigungsschreiben zu widersprechen. Hier wurde dem Vertretenen bei der Frage, ob er mit einem Einverständnis des Geschäftspartners bezüglich der Abweichung des Inhalts des Bestätigungsschreibens von dem zwischen dem Vertreter und dem Geschäftspartner mündlich Vereinbarten rechnen durfte, die Kenntnis des Vertreters zuge-

---

[16] Vgl. dazu RGZ 103, S. 47 ff.; RGZ 162, S. 129 ff.; BGHZ 6, S. 330 ff.; *Flume*, Allg. Teil II, S. 797 ff.; Sorgel-Schultze v. Lasaulx, Bem. 4 zu § 164 BGB.

[17] Vgl. *Flume*, Allg. Teil II, S. 795; *Larenz*, Allg. Teil, S. 484; *Sorgel-Schultze v. Lasauxl*, Bem. 10 zu § 166 BGB.

[18] Vgl. dazu *Raiser*, Urteilsanmerkung, JZ 1961, S. 26 ff.; *Soergel-Schultze v. Lasaulx*, Bem. 13 zu § 166 BGB.

[19] *Staudinger-Coing*, Bem. 8 zu § 166 Abs. 1 BGB.

[20] BGHZ 40, S. 42 ff. = LM § 346 (D) HGB Nr. 9 mit zustimmender Urteilsanmerkung von *Mezger* = NJW 1963, S. 1922 ff.

rechnet, obgleich der Vertreter an dem Bestätigungsschreiben *nicht* beteiligt war[21].

Ebenso hätte der BGH auch im vorliegenden Fall § 166 Abs. 1 BGB *analog* anwenden müssen. Auch hier war der Vertreter an dem Folgegeschäft *nicht* beteiligt. Wie im vergleichsweise herangezogenen Fall der Inhalt des Bestätigungsschreibens die ursprüngliche Vereinbarung modifiziert hat und darüber hinaus an ihre Stelle getreten ist, so hat auch in dem der Entscheidung vom 18. 5. 1972 zugrundeliegenden Sachverhalt der zweite Kaufvertrag den ersten inhaltlich abgeändert und ersetzt. In diesem *engen* und unmittelbaren Zusammenhang zwischen dem ersten Vertrag und dem Folgegeschäft sehen wir die die *analoge* Anwendung des § 166 Abs. 1 BGB rechtfertigende Gemeinsamkeit beider Fälle.

Auch die Tatsache, daß im „Entlüftungsanlagefall" der zweite Kaufvertrag im Wege eines Vergleichs zustandegekommen ist, zwingt zu keiner anderen rechtlichen Beurteilung. Das Berufungsgericht hat zutreffend ausgeführt, daß der Getäuschte in seiner Entschließungsfreiheit *nur* unvollkommen geschützt wäre, „wenn der Vertretene als Frucht der arglistigen Täuschung eine unanfechtbare Rechtsposition durch einen dem Getäuschten aufgenötigten Vergleich erwerben könnte"[22]. Es ist bedauerlich, daß der BGH dieser Argumentation des Berufungsgerichts nicht gefolgt ist[23]. Es ist zwar grundsätzlich richtig, daß der Getäuschte, der aufgrund und in Kenntnis der arglistigen Täuschung einen Vergleich abgeschlossen und dadurch *auch* in seinem Interesse einen Prozeß über die arglistige Täuschung vermieden hat, von einem solchen Vergleich sich nicht soll nachträglich einseitig wieder lossagen dürfen. Dies kann jedoch entgegen der Ansicht des BGH *nur* dann gelten, wenn der Getäuschte den Vergleich aus *freien* Stücken und nicht unter dem *Zwang* einer Klagandrohung abgeschlossen hat. Denn es muß einen Unterschied machen, ob der Getäuschte nach wohlverstandener Ab-

---

[21] § 166 Abs. 1 BGB wäre nur dann *direkt* anwendbar gewesen, wenn der Vertreter *selbst* mit Vollmacht des Vertretenen die von ihm — aber mit anderem Inhalt — geschlossene Vereinbarung bestätigt hätte. Vgl. auch BGHZ 40, 46: „Die Vorschrift (§ 166 Abs. 1) bezieht sich unmittelbar zwar nur auf die Kenntnis des Vertreters bei Abgabe seiner Willenserklärung. Die Bestätigung ist dagegen eine Erklärung des Vertretenen und folgt der Willenserklärung des Vertreters nach. Das steht einer sinngemäßen Anwendung der Vorschrift des § 166 Abs. 1 auf Fälle der hier erörterten Art aber nicht entgegen."
[22] WM 1972, S. 946 ff. (947).
[23] Vgl. die plastische Formulierung *Raisers*, JZ 1961, S. 27: „§ 166 kann die Ausdehnung wenigstens insofern stützen, als er zwar nicht in seiner konstruktiven Begründung, aber in seiner Wirkung dem Gedanken dient, daß, wer sich im Rechtsverkehr fremder Hilfe bedient und die Wirkung fremden Handelns für sich in Anspruch nimmt, auch die Nachteile daraus in Kauf nehmen muß und sich nicht der eigenen sauberen Hände rühmen darf, wenn andere sich für ihn schmutzig gemacht haben."

wägung der Sachlage, gegebenenfalls nach Konsultierung eines Rechtsanwalts, durch den Abschluß eines Vergleichs das Prozeßrisiko bewußt vermeidet, oder ob er sich aus Angst und Unkenntnis des Gesetzes der Drohung beugt. Auch hier zeigt sich wieder, daß in Zweifelsfällen stets der Schutz der Entschließungsfreiheit des Bedrohten vorrangig sein muß.

III. Ergebnis

Levy, Flume und die Rechtsprechung stimmen darin überein, daß bei der Drohung mit einer Klage die subjektiven Vorstellungen des Drohenden von Bedeutung für die Widerrechtlichkeit der Drohung sind und unter Umständen sogar die Widerrechtlichkeit ausräumen können. Diese Ansicht ist der besonderen Stellung des Klagerechts im Zivilrechtssystem angemessen und führt im Einzelfall zu praktikablen Ergebnissen.

Weder *Levy* noch *Flume* vermochten die unterschiedliche Behandlung der Drohung mit einer Klage gegenüber der Drohung mit einer Strafanzeige, bei der die subjektiven Vorstellungen des Drohenden unbeachtlich sind, überzeugend zu rechtfertigen. Es ist zwar richtig, wie *Flume* ausführt[24], daß jeder, der einen Anspruch gegen einen anderen zu haben glaubt, diesen verklagen und ihm infolgedessen als Vorbereitungshandlung gerade zur Vermeidung des Prozesses auch eine Klage in Aussicht stellen kann. Dieser Gedanke scheint indessen *auch* auf die Drohung mit einer Strafanzeige zuzutreffen. *Jeder,* der sich als Opfer einer strafbaren Handlung fühlt, kann den vermeintlichen Täter anzeigen. Weshalb aber soll das Opfer dem vermeintlichen Täter als Vorbereitungshandlung und gerade zum Zwecke der Vermeidung eines Strafverfahrens nicht die Erstattung einer Strafanzeige in Aussicht stellen dürfen?

Die Antwort ergibt sich zwingend aus der *gegensätzlichen* Natur von Straf- und Zivilverfahren. Wer mit einer Klage droht und im Falle der Weigerung des Bedrohten die Klage erhebt, trägt auch die damit verbundenen Risiken: Er ist für das Bestehen des behaupteten Anspruchs beweispflichtig und trägt das Kostenrisiko. Die Einleitung eines Zivilprozesses muß daher wohl überlegt sein. Wer dagegen mit einer Strafanzeige droht und diese im Falle der Weigerung des Bedrohten auch erstattet, gibt jeglichen Einfluß auf das Verfahren aus der Hand und überläßt *alle* damit verbundenen Lasten (Beweislast, Kostenrisiko etc.) dem staatlichen Machtapparat. Er selbst trägt *kein* eigenes Risiko; da er guten Glaubens war, braucht er auch keine *Strafverfolgung* wegen

---

[24] Allg. Teil II, S. 540 ff.

III. Ergebnis

falscher Anschuldigung zu befürchten[25]. Die Erstattung einer Strafanzeige bedarf daher *keiner* Risikoabwägung auf seiten des Drohenden. Für den *Bedrohten* dagegen sind die Gefahren und möglichen Auswirkungen eines Strafverfahrens, bei dem er sich als einzelner dem staatlichen Machtapparat ausgesetzt sieht, ungleich größer und schwerwiegender als beim Zivilverfahren.

Trägt also der Drohende bei der Drohung mit einer Strafanzeige keinerlei Risiko, so ist es gerechtfertigt, hier *strengere* Anforderungen für das Vorliegen einer rechtmäßigen Drohung zu stellen. Es ist daher einleuchtend, wenn die subjektiven Vorstellungen des Drohenden außer Betracht bleiben. Bei der Drohung mit einer Klage hingegen trägt der Drohende das *volle* Risiko der Verwirklichung seiner Drohung. Daher erscheint es angemessen, das Rechtswidrigkeitsurteil über die Drohung *auch* von seinen subjektiven Vorstellungen abhängig zu machen und diese jedenfalls insoweit zu seinen Gunsten zu berücksichtigen, als sie sich auf die irrtümliche Annahme des Bestehens eines Anspruchs gegen den Bedrohten beziehen. Die gegenüber der Drohung mit einer Strafanzeige unterschiedliche Risikoverteilung bei der Drohung mit einer Klage bildet u. E. auch den Hintergrund der Überlegungen des Bundesgerichtshofs, wenn er ausführt: „Die Drohung mit einer Klage nimmt unter allen Arten von Drohungen eine *besondere* Stellung ein; denn die Klage ist der von der Rechtsordnung und gerade im Interesse ihrer Aufrechterhaltung gewährte Rechtsbehelf, um Ansprüche zu klären und durchzusetzen. Ihre Androhung muß jedermann grundsätzlich hinnehmen, auch wenn der Anspruch in Wirklichkeit unbegründet ist[26]."

Im einzelnen hat die Untersuchung ergeben:

1. Die Drohung mit einer Klage gegenüber dem vermeintlichen Schuldner zu dem Zwecke der Erfüllung des behaupteten Anspruchs ist nicht widerrechtlich, wenn der Drohende *gutgläubig* annimmt, daß ihm der Anspruch zusteht. Hat der Bedrohte auf die Drohung hin geleistet, so ist es ihm freilich im Einzelfall nicht verwehrt, die rechtsgrundlos erbrachte Leistung über die Vorschriften der ungerechtfertigten Bereicherung wieder zu kondizieren. § 814 BGB steht nicht entgegen. Dies wird in der Literatur bisweilen verkannt; die Rechtsprechung ist auf dieses Problem noch nicht eingegangen.

2. Die Drohung mit einer Klage ist dagegen widerrechtlich, wenn der Drohende *positiv* weiß, daß ihm der gegen den Bedrohten geltendgemachte Anspruch nicht zusteht. Das gleiche gilt, wenn sich der Drohende

---

[25] Siehe § 164 StGB. Dazu *Schönke-Schröder*, StGB, § 164 Anm. 32; *Jescheck*, StGB Allg. Teil, 2. Aufl. (1972), S. 222.
[26] BGH WM 1972, S. 946.

das entsprechende Wissen seines rechtsgeschäftlichen Vertreters kraft Gesetzes zurechnen lassen muß. Im Interesse eines möglichst umfassenden Schutzes des Bedrohten ist § 166 Abs. 1 BGB insoweit extensiv auszulegen.

§ 12. Der subjektive Tatbestand der Drohung bei der Drohung mit anderen zivilrechtlichen oder zivilprozessualen Rechtsbehelfen

Übersicht

I. Stand der Diskussion
II. Die Rechtsprechung
   A. RG GruchBeitr. 66, 454
   B. RGZ 108, 102
III. Ergebnis

I. Stand der Diskussion

Die Literatur ist auf die Frage, ob die objektive Widerrechtlichkeit der Drohung mit zivilrechtlichen oder zivilprozessualen Rechtsbehelfen durch den guten Glauben des Drohenden an das Bestehen seiner Rechte ausgeräumt wird, bislang kaum eingegangen. Nur *Flume* meint, es sei selbstverständlich, daß die Drohung mit der Ausübung eines Zurückbehaltungsrecht oder mit der Anwendung von Selbsthilfe rechtswidrig ist, wenn damit eine Leistung erzwungen werde, auf welche der Drohende keinen Anspruch habe, möge er auch gutgläubig einen solchen annehmen[1].

II. Die Rechtsprechung

Die Rechtsprechung hält wie bei der Drohung mit einer Klage daran fest, daß die Gutgläubigkeit des Drohenden an die Berechtigung seiner Ansprüche die Widerrechtlichkeit der Drohung mit zivilrechtlichen oder zivilprozessualen Rechtsbehelfen ausschließt. Aus der Rechtsprechung ist das Urteil des RG im „Prunelle-Fall" zu nennen:

A. RG GruchBeitr. 66, 454 ff. (27. 3. 1922)[2]

K hatte seinen Dampfer „Prunelle" bei B in Reparatur gegeben. Bei den Verhandlungen, an denen die Ingenieure beider Parteien beteiligt waren, wurde für die Ausführung der Reparaturarbeiten ein Preis von insgesamt ca. 43 212 M veranschlagt. Nach Vollendung des Werkes stellte B dem K einen Preis von

---

[1] *Flume*, Allg. Teil II, S. 539.
[2] Urteil des RG vom 27. März 1922, Gruchots Beiträge, Bd. 66, S. 454 ff. (Nr. 29).

95 075 M in Rechnung. Da K nicht bereit war, den geforderten Preis zu bezahlen, drohte B mit der Zurückbehaltung des Schiffes. Daraufhin verpflichtete sich K, die 95 075 M zu bezahlen. Später focht er das Schuldanerkenntnis wegen widerrechtlicher Drohung an.

Das OLG Stettin erachtete die Anfechtung für begründet. Der Unternehmer habe durch die Drohung mit der Ausübung eines Zurückbehaltungsrechts nicht die Begleichung einer Schuld erzwingen dürfen, auf die er in dieser Höhe keinen Anspruch gehabt habe.

Das RG dagegen hat dem Besteller die Anfechtung versagt. Der drohende Unternehmer habe nämlich gutgläubig angenommen, daß ihm der erhöhte Preis zustehe. Diese Gutgläubigkeit habe seiner Drohung die Widerrechtlichkeit genommen. Zur Begründung seiner Entscheidung zieht das Gericht einen Vergleich zu der Drohung mit einer Klage: Wie es nicht zweifelhaft sein könne, daß die Drohung mit einer Klage nicht schon deshalb rechtswidrig sei, weil der mit dem Prozeß verfolgte Anspruch sich später als unbegründet herausstelle, so könne auch der Drohung mit der Ausübung eines vom Gesetz grundsätzlich gewährten Selbsthilfe- oder Zurückbehaltungsrecht unter den gleichen Voraussetzungen „der Makel der Rechtswidrigkeit" nicht anhaften. Hieraus folge allgemein, daß die Drohung des Gläubigers mit den ihm von der Rechtsordnung zur Verfügung gestellten Rechtsbehelfen dann nicht widerrechtlich sei, wenn der Gläubiger diese in gutem Glauben an die Berechtigung des zu sichernden Anspruchs einsetze[3].

Das Argument, mit welchem das RG die subjektiven Vorstellungen des Drohenden bei der Drohung mit zivilrechtlichen oder zivilprozessualen Rechtsbehelfen für beachtlich erklärt, ist der Vergleich mit einer Klagandrohung. Es fragt sich, ob dieser Vergleich allgemeine Gültigkeit beanspruchen kann.

Die Drohung mit einer Klage nimmt — wie bereits ausführlich erörtert[4] — unter allen Drohungsarten eine *besondere* Stellung ein. Die Ausübung des Klagerechts ist nicht an bestimmte gesetzliche Voraussetzungen gebunden. *Jeder*, der gegen einen anderen einen Anspruch zu haben glaubt, kann diesen verklagen und zur Vorbereitung mit einer Klagerhebung drohen. Umgekehrt muß jeder Bedrohte die Klagandrohung ertragen, denn der Drohende trägt das volle Risiko der Verwirklichung seiner Drohung. Jedenfalls bis zur Entscheidung des Richters wird die Rechtsstellung des Bedrohten, wenn er sich der Drohung nicht beugt, nicht beeinträchtigt. Daher erscheint es gerechtfertigt, den guten Glauben des Drohenden an das Bestehen seines Anspruchs bei der Beurteilung der Rechtmäßigkeit der Drohung zu berücksichtigen.

---

[3] So auch RGZ 108, S. 102 ff. (104); RG SeuffA 84, S. 261 ff. (261).
[4] Siehe oben, S. 148 ff.

II. Die Rechtsprechung

Anders verhält es sich mit der Drohung mit anderen zivilrechtlichen oder zivilprozessualen Rechtsbehelfen. *Nicht* jeder, der an das Bestehen eines Anspruchs gegen einen anderen glaubt und eine fremde Sache besitzt, kann ein Zurückbehaltungsrecht ausüben[5]. Entsprechendes gilt z. B. für die Geltendmachung eines Unternehmerpfandrechts[6]. Auch nicht jeder, der an das Bestehen eines Anspruchs gegen einen anderen glaubt und diesen mit „seiner Sache" antrifft, darf die Sache im Wege der Selbsthilfe an sich nehmen[7]. Die Rechtsordnung gewährt nämlich die genannten Rechtsbehelfe *nur* unter bestimmten, gesetzlich streng umrissenen Voraussetzungen. Entscheidend ist aber die folgende Überlegung:

Wer mit der Geltendmachung eines Zurückbehaltungsrechts oder mit der unmittelbaren Ausübung von Selbsthilfe droht, um dadurch eine Willenserklärung des Bedrohten zu erzwingen, übt auf diesen einen ungleich stärkeren Druck aus als derjenige, der lediglich mit einer Klageerhebung droht. Denn es macht einen Unterschied, ob der Drohende fremdes Vermögen bereits in *Händen* hat oder unmittelbar aus eigener Machtvollkommenheit darauf zugreifen will, oder ob er den Zugriff auf fremdes Vermögen lediglich auf dem von der Rechtsordnung *jedem* gewährleisteten Wege einleiten will. Während in den beiden ersten Fällen der Drohende in das Vermögen des Bedrohten zunächst *selbst* eingreift oder es unmittelbar gefährdet und damit den Streit über das Bestehen seiner Ansprüche praktisch nach der Maxime „melior est condicio possidentis" vorweg entscheidet, wird bei der Verwirklichung einer Klagandrohung die *erste* und auch *endgültige* Entscheidung dem *Richter* überlassen, ohne daß es vorher zu einem Eingriff des Drohenden in das Vermögen des Bedrohten kommt. Hinzu kommt, daß der Drohende, wenn er bereits durch die Ausübung eines Zurückbehaltungsrechts oder von Selbsthilfe in das Vermögen des Bedrohten eingegriffen hat, im Gegensatz zur Drohung mit einer Klage weder das Risiko der Verwirklichung seiner Drohung trägt noch eine eigene Initiative zu ergreifen braucht. Nicht er, sondern der *Bedrohte* muß tätig werden, wenn er die Zurückbehaltung oder die ausgeübte Selbsthilfe für rechtswidrig hält.

Die aufgezeigten *Strukturunterschiede* zwischen der Drohung mit einem Zurückbehaltungsrecht, einem Unternehmerpfandrecht oder mit Selbsthilfe einerseits und der Drohung mit einer Klage andererseits

---

[5] Zu den Voraussetzungen des Zurückbehaltungsrechts siehe *Esser*, Schuldrecht I, S. 138 ff.; *Larenz*, Schuldrecht I, S. 157 ff.; *Staudinger-Werner*, Bem. 4—17 zu § 273 BGB; *Soergel-Reimer Schmidt*, Bem. 5—10 zu § 273 BGB.
[6] Vgl. hierzu *Esser*, Schuldrecht II, S. 170 ff.; *Larenz*, Schuldrecht II, S. 166; *Raiser*, JZ 1961, S. 285 ff.
[7] Vgl. *Soergel-Mormann*, Bem. 2—7 zu §§ 229—231 BGB.

§ 12. Der subjektive Tatbestand bei der Drohung mit Rechtsbehelfen

sowie der ungleich stärkere Druck, der bei ersteren Drohungsarten auf den Bedrohten durch den vom Drohenden selbst vorgenommenen Eingriff in sein Vermögen ausgeübt wird, verbieten eine schematische Gleichbehandlung der genannten Drohungsfälle. Es erscheint daher angemessen, an die Rechtmäßigkeit der Drohung mit der Ausübung eines Zurückbehaltungsrechts, eines Unternehmerpfandrechts oder von Selbsthilfe strengere Anforderungen zu stellen. Die Drohung soll nicht schon dann rechtmäßig sein, wenn der Drohende gutgläubig das Bestehen eines Anspruchs annimmt. Jede andere Entscheidung bedeutete praktisch eine unerwünschte Anerkennung von *putativen* Rechtsbehelfen mit der Folge einer erheblichen Rechtsunsicherheit[8].

Dagegen besteht kein Grund zu einer Verschiedenbehandlung gegenüber der Drohung mit einer Klage, wenn der angedrohte zivilrechtliche oder zivilprozessuale Rechtsbehelf sowohl von der Struktur als auch im konkreten Fall von der Interessenlage (Beeinträchtigung einer Vermögensposition durch den Drohenden) her gesehen *klageähnlich* ist. Wird z. B. mit der Stellung eines Konkursantrags, mit dem Antrag auf Erlaß einer einstweiligen Verfügung[9] oder mit der Einleitung der Zwangsvollstreckung[10] etc. gedroht, so trägt der Drohende, wie bei der Drohung mit einer Klage, das volle Risiko der Verwirklichung seiner Drohung. Auch hier greift der Drohende nicht selbst unmittelbar in das Vermögen des Bedrohten ein; er stellt ihm lediglich die Einleitung eines Verfahrens in Aussicht, wobei erstmals und letztlich der Richter, also eine staatlich berufene Stelle, entscheidet. Bei diesen Drohungsarten muß demnach der gute Glaube des Drohenden an das Bestehen seiner Ansprüche, wie bei der Drohung mit einer Klage, beachtlich sein.

Nach all dem ist der vom RG im „Prunelle-Fall" herangezogene Vergleich zu der Drohung mit einer Klage nicht stichhaltig. Die nähere Untersuchung bestätigt, daß es für die Beurteilung der Rechtmäßigkeit der Drohung mit der Ausübung eines Zurückbehaltungsrecht nicht auf die subjektiven Vorstellungen des Drohenden ankommen darf.

Zwischen K und B kam ein Werkvertrag zustande, dem ein *Kostenanschlag*[11] zugrundelag. Hatte B die Richtigkeit des Kostenanschlags in dem Sinne *garantiert,* daß er sich verpflichtete, die Reparatur für die darin genannte Endsumme durchzuführen, war die Drohung mit der

---

[8] Vgl. § 231 BGB, nach dem die putative Selbsthilfe immer widerrechtlich ist; ob der Selbsthelfer sich in einem entschuldbaren Irrtum befunden hat, ist unerheblich. Siehe dazu *Enneccerus-Nipperdey,* Allg. Teil, S. 1463; *Lehmann-Hübner,* Allg. Teil, S. 127; *Soergel-Mormann,* Bem. 18 zu §§ 223—231 BGB.

[9] Vgl. RG SeuffA, Bd. 84, S. 261 ff.

[10] Vgl. auch RG JW 1906, S. 82.

[11] Heirzu vgl. *Larenz,* Schuldrecht II, S. 240 ff.; *Palandt-Thomas,* Bem. 1 zu § 650 BGB; *Soergel-Ballerstedt,* Bem. 2 zu § 650 BGB.

Zurückbehaltung des Schiffes *rechtswidrig*, denn B setzte sie dazu ein, um sich *vertragswidrig* eine höhere als die geschuldete Gegenleistung zu verschaffen. Selbst wenn die tatsächlichen Aufwendungen des B zur Durchführung der Reparatur höher als vorgesehen waren, durfte B keinen höheren Preis verlangen, weil er als Unternehmer nach der gesetzlichen Risikoverteilung im Werkvertragsrecht (§§ 644, 646 BGB) dieses Risiko zu tragen hatte[12].

Hatte B dagegen *keine* Gewähr für die Richtigkeit des Anschlags übernommen, hatte der Anschlag lediglich den Charakter einer Schätzung. In diesem Fall mußte B, als er merkte, daß eine wesentliche, nämlich eine über 100 %ige Überschreitung des Anschlags zu erwarten war, dem K unverzüglich davon Anzeige machen (§ 650 Abs. 2 BGB), damit dieser von seinem Kündigungsrecht gemäß § 650 Abs. 1 BGB Gebrauch machen konnte. Da B seiner Anzeigepflicht nicht nachgekommen ist, war er K zum Schadensersatz aus positiver Vertragsverletzung verpflichtet[13]. Berücksichtigte man in einem solchen Fall den guten Glauben des Unternehmers, er dürfe den Kostenanschlag von mehr als 100 % überschreiten, und schlösse man folglich die Widerrechtlichkeit der Drohung mit dem Zurückbehaltungsrecht aus, so begünstigte man einseitig die Besitzposition des Unternehmers und umginge die in § 650 Abs. 2 BGB verankerte Anzeigepflicht.

B. RGZ 108, 102 ff.

Ebenfalls um eine Drohung mit der Ausübung eines Zurückbehaltungsrechts handelte es sich in dem schon besprochenen Essigfall, wo das RG die Anfechtung des Bedrohten aufgrund des guten Glaubens des Drohenden an das Bestehen seines Anspruchs nicht zugelassen hat[14]. Auch dort konnte es, wie schon in Anlehnung an *Flume* aufgezeigt wurde, auf die Gutgläubigkeit des Drohenden nicht ankommen. Die Drohung war nämlich bereits *objektiv* widerrechtlich, weil dem Verkäufer kein Zurückbehaltungsrecht zustand und dieser durch die Zurückbehaltung der Ware seine vertragliche Pflicht, mindestens 10 000 kg Essig zu liefern, verletzte.

III. Ergebnis

Die *Dogmatik* kann sich nicht mit einer Lösung begnügen, die die Drohung mit einer Klage — bezüglich des Einflusses der Gutgläubigkeit des Drohenden an das Bestehen seines Anspruchs auf die Widerrecht-

---

[12] Siehe *Flume*, Allg. Teil II, S. 514; *Larenz*; Schuldrecht II, S. 240.
[13] Siehe statt aller *Soergel-Ballerstedt*, Bem. 5 zu § 650 BGB.
[14] RGZ 108, 102. Siehe oben, S. 44 ff.

lichkeit der Drohung — der Drohung mit anderen zivilrechtlichen oder zivilprozessualen Rechtsbehelfen gleichstellt. Die *besonderen* Merkmale der Drohung mit einer Klage — der Drohende trägt das volle Risiko der Verwirklichung seiner Drohung; das Klagerecht ist nicht an bestimmte gesetzliche Voraussetzungen gebunden; der Bedrohte muß die Klagandrohung ertragen, weil der Drohende nur die Einleitung eines Verfahrens in Aussicht stellt, worüber letztlich der Richter befindet —, die diesem Drohungsmittel seine besondere Stellung unter allen Drohungsmitteln geben und daher seine besondere rechtliche Behandlung bezüglich des subjektiven Tatbestands der Drohung rechtfertigen, sind nicht bei allen zivilrechtlichen oder zivilprozessualen Rechtsbehelfen gegeben. Aus diesem Grunde erscheint eine Differenzierung notwendig:

1. Bei der Drohung mit zivilrechtlichen oder zivilprozessualen Rechtsbehelfen, bei deren Durchführung der Drohende aus eigener Machtvollkommenheit in das Vermögen des Bedrohten *eingreift* und deren Androhung infolgedessen den Bedrohten ungleich schwerer unter Druck setzt als die Androhung einer Klage (Zurückbehaltungsrecht, Unternehmerpfandrecht, Selbsthilferecht etc.), ist der gute Glaube des Drohenden an das Bestehen seines dem geltendgemachten Rechtsbehelf zugrundeliegenden Anspruchs *ohne* Einfluß auf die rechtliche Beurteilung der Drohung. Hier kommt es *allein* auf die Würdigung der objektiven Umstände der Drohung an. Liegen hiernach die gesetzlichen Voraussetzungen des geltendgemachten Rechtsbehelfs nicht vor, so ist die Drohung unweigerlich *rechtswidrig*.

2. Bei der Drohung mit *klageähnlichen* Rechtsbehelfen, deren Androhung in ihren wesentlichen Merkmalen der Struktur der Drohung mit einer Klage entsprechen (Konkursantrag, einstweilige Verfügung, Zwangsvollstreckung etc.), ist dagegen der gute Glaube des Drohenden an die Berechtigung seines Anspruchs zu berücksichtigen; er räumt die objektive Widerrechtlichkeit der Drohung aus.

§ 13. Der subjektive Tatbestand der Drohung bei der Drohung mit einer Kündigung

Übersicht

I. Stand der Diskussion
II. Die Rechtsprechung
III. Ergebnis

I. Stand der Diskussion

Unerörtert ist im Schrifttum die Frage geblieben, ob die Widerrechtlichkeit der Drohung mit einer Kündigung dadurch ausgeschlossen wird, daß der Drohende gutgläubig das Vorliegen eines objektiv nicht bestehenden Kündigungsgrundes annimmt.

II. Die Rechtsprechung

Die höchstrichterliche Rechtsprechung hatte, soweit ersichtlich, bislang wenig Anlaß, sich mit dem Einfluß des guten Glaubens des Drohenden auf die Widerrechtlichkeit der Drohung mit einer Kündigung zu befassen. Lediglich das BAG setzt sich in einigen Entscheidungen mit dieser Problematik auseinander.

In der schon besprochenen Entscheidung des BAG vom 14. 7. 1960[1] war ein Arbeitnehmer in den Verdacht geraten, einen Betrug gegen seinen Arbeitgeber begangen zu haben. Unter dem Druck der Drohung des Arbeitgebers, im Weigerungsfall den Arbeitnehmer fristlos zu entlassen, kam ein Aufhebungsvertrag zustande, der das Arbeitsverhältnis mit sofortiger Wirkung auflöste. Bei der Erörterung des Falles durch das BAG tauchte die Frage auf, ob die Widerrechtlichkeit der Drohung und somit auch die Anfechtung durch den guten Glauben des Arbeitgebers an das Bestehen eines Kündigungsgrundes ausgeschlossen werde. Das LAG Kiel als Vorinstanz hat dem Arbeitnehmer in der Tat die Anfechtung versagt, weil sich der Arbeitgeber für berechtigt gehalten habe, den Arbeitnehmer fristlos zu entlassen. Dieser Auffassung ist das BAG entgegengetreten. § 123 BGB wolle nicht „die Handlungsweise des Drohenden bestrafen, sondern die freie Willensentschließung des Be-

---

[1] BAG AP § 123 BGB Nr. 13. Siehe oben, S. 125 ff.

§ 13. Der subjektive Tatbestand bei der Drohung mit einer Kündigung

drohten schützen". Daher komme es für die Beurteilung der Frage, ob die angedrohte Handlung widerrechtlich sei oder nicht, auf die subjektive Einstellung des Drohenden nicht an. Für die Zulassung der Anfechtung reiche vielmehr bereits die *objektive* Widerrechtlichkeit der Drohung aus. Objektiv widerrechtlich sei die Drohung mit einer fristlosen Kündigung jedenfalls dann, wenn eine fristlose Kündigung selbst von Rechts wegen nicht möglich gewesen sei.

Damit bezieht der 2. Senat des BAG einen klaren Standpunkt. Er beugt insbesondere einem möglichen Mißverständnis vor, welches sich aus einer Formulierung des 3. Senats im Urteil vom 30. 3. 1960[2] ergeben könnte, wonach die Drohung mit einer fristlosen Kündigung zum Zwecke der Beendigung des Arbeitsverhältnisses dann nicht widerrechtlich sei, wenn ein „verständiger Arbeitgeber" in der gleichen Lage eine solche Kündigung ausgesprochen hätte. Diese Bezugnahme auf das Verhalten eines verständigen Arbeitgebers ließ durchaus offen, ob nicht doch bei der Beurteilung der Drohung die subjektiven Vorstellungen des, wenn auch verständigen, Arbeitgebers beachtlich seien. Der 2. Senat des BAG hat dagegen, wie oben dargelegt, klar ausgesprochen, daß es auf die subjektive Einstellung des Drohenden nicht ankomme, und gerade im Hinblick auf die mißverständliche Formulierung des 3. Senats ausgeführt, ein verständiger Arbeitgeber spreche eine fristlose Kündigung nicht aus, wenn er sie von Rechts wegen nicht aussprechen könne. Hieraus folgt: Die Drohung mit einer fristlosen Kündigung ist dann rechtswidrig, wenn eine fristlose Kündigung — wäre sie ausgesprochen worden — in einem fiktiven Kündigungsschutzprozeß, den der Arbeitnehmer gegen seinen Arbeitgeber angestrebt hätte, nicht durchgedrungen wäre.

Leider hat der 2. Senat diesen u. E. richtigen Standpunkt in der Entscheidung vom 20. 11. 1969[3] wieder aufgegeben. Unter Berufung auf die Grundsatzentscheidung des BGH vom 23. 9. 1957[4], welche die subjektiven Vorstellungen des Drohenden bei der Drohung mit einer Strafanzeige für beachtlich erklärt, und die Entscheidung des 3. Senats des BAG vom 30. 3. 1960 stützt sich der 2. Senat des BAG wieder auf den Begriff des „verständigen Arbeitgebers. „Der verständige Arbeitgeber entspreche auf arbeitsrechtlichem Gebiet der vom BGH auf dem allgemeinen Zivilrechtsgebiet angesprochenen Rechtsgemeinschaft „der billig und gerecht Denkenden". Danach komme es für die Beurteilung der Drohung mit einer fristlosen Kündigung nicht auf das Ergebnis eines fiktiven Kündigungsschutzprozesses an, sondern darauf, „ob die Rechtsgemeinschaft die Verknüpfung von Drohung und Ziel mißbilligt und

---
[2] BAG AP, § 123 BGB Nr. 8 mit Urteilsanmerkung von *Hueck*.
[3] BGHZ 25, 217 ff. Siehe oben, S. 136 ff.
[4] BAG AP § 123 BGB, Nr. 16.

II. Die Rechtsprechung

damit für das Gebiet der Kündigung eines Arbeitsverhältnisses auf den — objektiviert gesehen — verständigen Arbeitgeber bzw. Arbeitnehmer". Von diesem Ausgangspunkt kommt der 2. Senat zu dem Ergebnis, daß ein in diesem Sinne verständiger Arbeitgeber mit der fristlosen Kündigung zwar nur dann drohen werde, wenn er sie nach den ihm bekannten Begleitumständen *zur Zeit der Drohung* ernsthaft in Erwägung ziehen durfte, daß die Drohung aber nicht schon dann rechtswidrig sei, wenn die Rechtsgewißheit, wie sie sich am Schluß eines ordnungsmäßig durchgeführten Kündigungsschutzprozesses ergebe, zur Zeit der Drohung noch nicht vorgelegen habe.

Auch dieser neue Standpunkt des BAG ist eindeutig. Trotz der Betonung einer objektivierten Betrachtungsweise führt er in vielen Fällen zu einer Berücksichtigung der subjektiven Vorstellung des drohenden Arbeitgebers und damit im Ergebnis zu einer ungerechtfertigten Verschiedenbehandlung des bedrohten Arbeitnehmers. Besteht z. B. ein schwerwiegender und dem äußeren Anschein nach begründeter Verdacht, ein Arbeitnehmer habe eine strafbare Handlung gegen seinen Arbeitgeber begangen, und nötigt hierauf der Arbeitgeber dem Arbeitnehmer das Einverständnis zu einer sofortigen Vertragsauflösung ab, so ist die Drohung widerrechtlich, wenn der Arbeitgeber es unterlassen hat, die Zustimmung des Betriebsrats einzuholen oder wenn er dem Arbeitnehmer vorher keine Gelegenheit zur Stellungnahme gegeben hat[5]. Hier ist der Verstoß gegen äußere Gültigkeitsvoraussetzungen der Kündigung — sei es gegen gesetzliche Normen, sei es gegen vertragliche Fürsorgepflichten — evident, so daß ein „verständiger Arbeitgeber" unter Nichteinhaltung dieser Voraussetzungen eine fristlose Kündigung nicht ernsthaft in Erwägung ziehen durfte.

Hat der Arbeitgeber dagegen die äußeren Gültigkeitsvoraussetzungen bei seiner Drohung eingehalten, so wäre die Drohung nach der Ansicht des BAG nicht zu beanstanden, weil bei einem äußeren Anschein nach begründeten Verdacht einer strafbaren Handlung ein verständiger Arbeitgeber eine fristlose Kündigung nicht nur ernsthaft in Erwägung ziehen durfte, sondern sie auch *ausgesprochen* hätte. Stellt sich nun *nachträglich* die Unschuld des verdächtigten Arbeitnehmers heraus, so bliebe er schutzlos, da ja die Anfechtung aufgrund des „guten Glaubens" des Arbeitgebers im Zeitpunkt der Drohung ausgeschlossen wäre. Somit erwiese sich das Abheben des BAG auf den — „objektiviert gesehen" — verständigen Arbeitgeber letzten Endes gerade in den *problematischsten* Fall der Drohung mit einer fristlosen Kündigung, nämlich beim *objektiven* Fehlen eines Kündigungsgrundes, als Berücksichtigung des guten Glaubens des Drohenden.

---

[5] Siehe oben, S. 125 ff.

§ 13. Der subjektive Tatbestand bei der Drohung mit einer Kündigung

Dieses Ergebnis kann nicht richtig sein. Hätte nämlich der Arbeitgeber die fristlose Kündigung *ausgesprochen* und hätte darauf hin der Arbeitnehmer einen Kündigungsschutzprozeß angestrebt, so wäre die Kündigung nach Aufklärung der Sachlage für *unwirksam* erklärt worden, weil ein Kündigungsgrund objektiv *nicht* bestand. Es ist nicht ersichtlich, weshalb nun der Arbeitgeber gerade durch eine *Drohung* mit der fristlosen Kündigung im Ergebnis *rechtswirksam* die Beendigung des Arbeitsverhältnisses soll herbeiführen dürfen, wenn er doch durch eine *ausgesprochene* Kündigung dieses Ziel nicht hätte erreichen können. Dabei soll keineswegs übersehen werden, daß der Arbeitgeber, statt die für die weitere berufliche Zukunft des Arbeitnehmers einschneidender wirkende fristlose Kündigung[6] auszusprechen, sich letztlich des milderen Mittels der einverständlichen Vertragsauflösung bedient. Aber hierin liegt gerade das eigentlich Anstößige dieses Vorgehens. Ließe man den bedrohten und gefügigen Arbeitnehmer in solchen Fällen ohne Schutz, so läge hierin geradezu ein Anreiz für die Arbeitgeber, unter allen Umständen eine einseitige fristlose Kündigung zu vermeiden und stattdessen dem verdächtigten Arbeitnehmer das Einverständnis in die Vertragsauflösung abzunötigen. Dies hätte zur Folge, daß die gesetzlichen Kündigungsvorschriften umgangen würden; sie liefen in diesen Fällen vollkommen ins Leere.

Auch der Einwand, der Arbeitnehmer, der doch wisse, daß der Kündigungsgrund objektiv nicht bestehe, habe es sich selbst zuzuschreiben, wenn er sich aus übertriebener Ängstlichkeit der Drohung beuge und sein Einverständnis zur Vertragsaufhebung abgebe, sticht nicht. § 123 BGB setzt keine „begründete Furcht" voraus[7]. Es ist — wie *Coing* zu Recht hervorhebt[8] — nicht zu fragen, ob es objektiv gerechtfertigt und vernünftig ist, sich durch die Drohung eben dieser Art beeinflussen zu lassen. Es ist lediglich zu fragen, ob die ausgesprochene Drohung hic et nunc für die Willenserklärung des Bedrohten kausal gewesen ist.

Der innere Grund für die Bevorzugung des Arbeitnehmers liegt aber in Wirklichkeit an anderer Stelle verborgen. Es handelt sich nämlich in den hier besprochenen Fällen, wie bei der Drohung mit einer Strafanzeige, immer um einen *Interessenkonflikt*, der sich aus der Berücksichtigung des guten Glaubens des drohenden Arbeitgebers an das Bestehen eines Kündigungsgrundes einerseits und aus der Verwirklichung des Schutzes des bedrohten und unschuldigen Arbeitnehmers andererseits ergibt[9]. Auch hier darf die Lösung dieses Konflikts *nicht* einseitig

---

[6] Siehe oben, S. 126.
[7] Siehe oben, S. 14 ff.
[8] *Staudinger-Coing*, Bem. 8 zu § 123 BGB.
[9] Siehe oben, S. 135.

auf Kosten des Bedrohten gehen. Dieser ist selbstverständlich nicht schutzwürdig, wenn er die ihm zur Last gelegte Verfehlung wirklich begangen hat. Dagegen besteht kein Grund, den Schutz seiner Entschließungsfreiheit hintanzustellen, wenn er unschuldig ist. Die Entscheidung des Gesetzgebers, der in § 123 BGB den Schutz der Entschließungsfreiheit des Bedrohten *höher* bewertet als den Schutz des guten Glaubens des Drohenden[10], ist zu respektieren. Es wäre daher wünschenswert, wenn das BAG bald wieder von dem Kriterium des — objektiviert gesehen — verständigen Arbeitgebers abrücken und zu seiner vom 2. Senat in der Entscheidung vom 14. 7. 1960 vertretenen Auffassung zurückkehren würde.

III. Ergebnis

Die Drohung mit einer Kündigung ist in mancher Hinsicht mit der Drohung mit einer Strafanzeige vergleichbar. Sie trifft den Bedrohten ähnlich hart wie die Drohung mit einer Strafanzeige. Während er hier den Verlust seines Arbeitsplatzes und damit einen erheblichen Eingriff in seine soziale und wirtschaftliche Stellung befürchten muß, droht ihm dort der Verlust seiner Unbescholtenheit und damit ein Eingriff in seine soziale und rechtliche Stellung in der Gemeinschaft. Entsprechend hart ist die jeweilige Waffe in Händen des Drohenden. Je effektiver aber die Drohung ist, desto stärker ist der Druck, der dadurch auf den Bedrohten ausgeübt wird, und desto eher wird dieser bereit sein, sich dem Druck zu beugen, um späteren Unannehmlichkeiten — sei es der staatlichen Inquisition, sei es dem Forschen eines neuen Arbeitgebers — aus dem Wege zu gehen.

Angesichts dieser Gemeinsamkeiten erscheint es nur konsequent, wenn die Untersuchung im Ergebnis zu einer Gleichbehandlung der Drohungen hinsichtlich der subjektiven Vorstellungen des Drohenden geführt hat.

Bei der Drohung mit einer Kündigung ist festzuhalten:

Sie ist nur dann rechtmäßig, wenn sowohl ein *Kündigungsgrund* als auch alle äußeren Gültigkeitsvoraussetzungen einer Kündigung, die im einzelnen in den verschiedenen Rechtsbereichen (z. B. Arbeitsrecht, Mietrecht etc.) gefordert werden, *objektiv* vorliegen. Der gute Glaube des Drohenden an das Bestehen eines Kündigungsgrundes, der in Wirklichkeit nicht vorliegt, ist unbeachtlich[11]. Ebenso unbeachtlich ist sein Rechtsirrtum, er dürfte kündigen, obgleich in Wirklichkeit die äußeren

---

[10] Siehe oben, S. 139.
[11] Vgl. auch *Hueck*, AP § 123 BGB, Nr. 8 und 13.

Gültigkeitsvoraussetzungen der Kündigung nicht erfüllt sind. In diesen Fällen ist die Drohung widerrechtlich, auch wenn ein verständiger Dritter oder ein billig und gerecht Denkender gekündigt hätte.

Ausblick

Die Entscheidung des Gesetzgebers, die Zulassung der Anfechtung wegen Drohung von ihrer Widerrechtlichkeit abhängig zu machen, stellt den Juristen vor erhebliche Schwierigkeiten. In der Tat gehört der Begriff der Widerrechtlichkeit in § 123 BGB — wie *Lorenz* zu Recht hervorhebt — „zu den klassischen Problemen der Rechtsgeschäftslehre, die mit jedem Fall zum erneuten Überdenken schon vorhandener Lösungen herausfordern"[1].

Der Versuch, das Problem der Widerrechtlichkeit in § 123 BGB von Grund auf zu behandeln und dabei vorhandene, mehr oder weniger herrschende Theorien erneut auf ihre Berechtigung hin zu überprüfen, hat zur Feststellung ihrer Unzulänglichkeit geführt. Weder die Anspruchstheorie noch die Zusammenhangstheorie und schon gar nicht die am § 226 BGB orientierte Theorie vermochten zu überzeugen. Die Analyse der Rechtsprechung hat eindeutig ergeben, daß nur der elastische Maßstab, die Widerrechtlichkeit der Drohung an der „Ansicht aller billig und gerecht Denkenden" zu messen, zu vertretbaren Ergebnissen führen kann. Unerläßliche Voraussetzung hierfür ist die Heranziehung und Bewertung *aller* Umstände, die dem Drohungsgang sein Gepräge geben.

Es hat sich auch gezeigt, daß eine Konkretisierung dieses Maßstabs nach Fallgruppen notwendig ist. Die Bildung von Fallgruppen und ihre schrittweise Fortentwicklung bieten die beste Richtigkeitsgewähr für die Entscheidung über die Widerrechtlichkeit der Drohung in jedem einzelnen Fall; damit tragen sie zur Verwirklichung von Rechtsgleichheit und Rechtssicherheit bei. Die von uns erarbeiteten Fallgruppen können gewiß weder abschließend noch erschöpfend sein. Sie sind vielmehr lediglich als ein Beitrag zur Diskussion zu verstehen.

Eine Differenzierung nach Fallgruppen empfiehlt sich auch bei der schwierigen Frage des Einflusses der subjektiven Vorstellungen des Drohenden auf die Widerrechtlichkeit der Drohung. Auch dieses bislang wenig diskutierte Problem ist nicht im Sinne eines starren Entweder-Oder zu lösen. Es hat sich vielmehr gezeigt, daß die Art des Drohungsmittels dabei eine entscheidende Rolle spielt.

---

[1] *Lorenz*, JZ 1963, S. 319.

Sollte es gelungen sein, mit dieser Untersuchung in der an Konturen verlierenden Diskussion über die Widerrechtlichkeit der Drohung hier und dort einige neue Akzente zu setzen, so hätte der Verfasser die ihm gestellte Aufgabe erfüllt.

Schrifttum zur Drohung

Angeloff, Simeon: Widerrechtliche Bestimmung durch Drohung (BGB § 123 Abs. 1), Diss. Tübingen 1903.

Arndt: Die Friedensaufgabe des Richters, NJW 1967, S. 1585 ff.

Arzt: Die Ansicht aller billig und gerecht Denkenden, Diss. Tübingen 1962.

Aubry-Rau: Cours de Droit Civil Français d'après la Méthode de Zachariae, 6. Aufl., Bd. I—IV v. E. *Bartin* (Paris 1936—1942), Bd. V—VII v. P. *Esmein* (Paris 1948—1958).

Balis: Allgemeiner Teil des griechischen bürgerlichen Gesetzbuches, 8. Aufl., 1961.

Beitzke: Urteilsanmerkung, MDR 1957, S. 27.

Beling, Ernst: Drohung im Anfechtbarkeits- und Erpressungstatbestand (§ 123 BGB, § 253 StGB), Archiv für die civilistische Praxis, Bd. 125, S. 263 ff.

von Blume, W.: Beiträge zur Auslegung des Deutschen BGB, Iherings Jahrbücher für die Dogmatik des bürgerlichen Rechts, Bd. 38, S. 224 ff.

Colin-Capitant: Traité de Droit Civil Français, bearbeitet von Julliot de la Monandière, Bd. 1 1957, Bd. 2 1959.

Cosack-Mitteis: Lehrbuch des deutschen Bürgerlichen Rechts, 8. Aufl., 1927.

Diederichsen: Urteilsanmerkung, AP § 781 BGB Nr. 1.

Enneccerus-Nipperdey: Allgemeiner Teil des Bürgerlichen Rechts, 15. Aufl., 1960.

Erman: Handkommentar zum Bürgerlichen Gesetzbuch, 5. Aufl., 1972.

Fischer, H. A.: Die Rechtswidrigkeit unter besonderer Berücksichtigung des Privatrechts, 1911.

Flume: Allgemeiner Teil des Bürgerlichen Rechts, Bd. II, Das Rechtsgeschäft, 1965.

Frankenburger: Die Anfechtung von Rechtsgeschäften wegen Irrtums, Arglist und Drohung (§§ 119, 123 ff. BGB) und die Rechtsprechung, Seufferts Blätter für Rechtsanwendung, Bd. 73, S. 491 ff.

Friedländer, Heinz: Grenzlinien von Drohung und Wucher. Zur Auslegung der §§ 123, 138 II BGB, Iherings Jahrbücher für die Dogmatik des bürgerlichen Rechts, Bd. 82, S. 149 ff.

Heinitz: Wirtschaftlicher Druck und Anfechtung wegen Drohung im Arbeitsrecht, JW 1932, S. 3423.

Henle, Rudolf: Das Anwendungsgebiet der Anfechtbarkeit wegen Drohung, Festschrift für E. Zitelmann zum 60. Geburtstag, 1913.

— Drohung im Anfechtbarkeits- und Erpressungstatbestand, 1925.

Herschel: Urteilsanmerkung, AP 1970, § 123 BGB Nr. 16.

Hoffmann-Stephan: Ehegesetz, 2. Aufl., 1968.

Hölder: Kommentar zum Allgemeinen Teil des Bürgerlichen Gesetzbuches, 1900.

Hueck: Urteilsanmerkung, Arbeitsrechtssammlung, Bd. 6, S. 604.

— Urteilsanmerkung, AP 1960, § 123 BGB Nr. 8.

— Urteilsanmerkung, AP 1960, § 123 BGB Nr. 13.

Gasis, A.: Allgemeiner Teil des griechischen bürgerlichen Gesetzbuches, 1973.

Guhl: Das schweizerische Obligationsrecht, 6. Aufl., 1972.

Josef: Urteilsanmerkung, JW 1925, S. 2445.

Karas, Franciszek: Die widerrechtliche Bestimmung durch Drohung, Diss. Rostock 1903.

Kaser: Das Römische Privatrecht, 2. Aufl., 1971.

Klee, Gustav: Der Drohungsbegriff nach Zivilrecht, Diss. Erlangen 1907.

Kohler, Josef: Die Menschenhülfe im Privatrecht, Iherings Jahrbücher für die Dogmatik des heutigen römischen und deutschen Privatrechts, 25. Bd., S. 1 ff.

Kolbe, Viktor: Das erzwungene Rechtsgeschäft nach Gemeinem Recht und Bürgerlichem Gesetzbuch, Diss. Greifswald 1902.

Klang: Kommentar zum Allgemeinen bürgerlichen Gesetzbuch, 1934.

Kubisch: Urteilsanmerkung, NJW 1967, S. 1605 ff.

BGB-RGRK: Kommentar der Reichsgerichtsräte zum Bürgerlichen Gesetzbuch, 11. Aufl., 1959.

Larenz: Allgemeiner Teil des deutschen bürgerlichen Rechts, 2. Aufl., 1972.

— Urteilsanmerkung, AP § 180 BGB Nr. 1.

Lehmann-Hübner: Allgemeiner Teil des Bürgerlichen Gesetzbuches, 16. Aufl., 1966.

Levy, E.: Urteilsanmerkung, JW 1925, S. 1485.

Leonhard: Der Allgemeine Teil des BGB, 1900.

Lorenz, W.: Urteilsanmerkung, JZ 1963, S. 319 ff.

Löwisch: Das Rechtsgeschäft, 1971.

v. Lübtow: Der Edikttitel „Quod metus causa gestum eçit" (1932).

Manigk: Urteilsanmerkung, JW 1924, S. 1589.

Marty, G. - P. *Raynaud:* Les Obligations, 1962.

Menge, Arthur: Der Begriff der Widerrechtlichkeit bei der Drohung im § 123 BGB, Diss. Göttingen 1906.

Michaelides-Nouaros: Urteilsanmerkung, Ephimeris Ellinon Nomikon, Bd. IB, S. 215 ff.

Munk, Marie: Die widerrechtliche Drohung des § 123 BGB in ihrem Verhältnis zu Erpressung und Nötigung, Diss. Heidelberg 1911.

Neubecker, F. K.: Haftung für Wort und Werk. Eine rechtsvergleichende Skizze, Festgabe der Berliner juristischen Fakultät für O. Gierke zum Doktor-Jubiläum, 3. Bd., 1910.

Neubecker, F. K.: Zwang und Notstand in rechtsvergleichender Darstellung, I. Bd. Grundlagen. Der Zwang im öffentlichen Recht, 1910.

Niemann,Walter: Zur Lehre von der Drohung des § 123 BGB im Bürgerlichen Gesetzbuch, insbesondere von dem Begriff der Widerrechtlichkeit, Diss. Leipzig 1908.

Nipperdey: Grenzlinien der Erpressung durch Drohung, 1917.

— Urteilsanmerkung, Bd. 11 der Entscheidungen des RAG und der LAG, S. 592 ff.

— Urteilsanmerkung, Bd. 11 der Entscheidungen des RAG und der LAG, S. 601 ff.

— Urteilsanmerkung, Bd. 13 der Entscheidungen des RAG und der LAG, S. 80 ff.

— Urteilsanmerkung, Bd. 18 der Entscheidungen des RAG und der LAG, S. 88 ff.

Oertmann: Bürgerliches Gesetzbuch, 1. Buch, Allgemeiner Teil, 3. Aufl., 1927

— Urteilsanmerkung, JW 1923, S. 367 ff.

Offenloch, Werner: Rechtswidriger Zwang im rechtsgeschäftlichen Verkehr, Diss. Freiburg 1967.

Oser: Das Obligationsrecht, Kommentar zum schweizerischen Zivilgesetzbuch, 1915.

Ostler: Urteilsanmerkung, NJW 1966, S. 2400 ff.

De Page: Traité Elémentaire de Droit Civil Belge, 8. Bde., 2. Aufl., 1951—1957.

Palandt: Bürgerliches Gesetzbuch, 32. Aufl. (1973).

Planck, Gottlieb: Bürgerliches Gesetzbuch, Bd. I Einleitung und Allgemeiner Teil, 3. Aufl., 1903.

— der Begriff der Widerrechtlichkeit in § 123 BGB, Festgabe der Göttinger Juristen-Fakultät für F. Regelberger zum 70. Geburtstag, 1901.

Raske: Urteilsanmerkung, LM § 1747 BGB Nr. 1.

Reinicke, D. und G: Urteilsanmerkung, MDR 1951, S. 103 ff.

Reuter, D.: Urteilsanmerkung. JuS 1973, S. 55 ff.

Rieg: Le rôle de la volonté dans l'acte juridique en droit civil français et allemand, Paris 1961.

Rietzel: Urteilsanmerkung, LM § 123 BGB Nr. 15.

Schätz: Die Mangelhaftigkeit der Rechtsgeschäfte nach deutschem und französischem Recht, Diss. München 1962.

Schliemann: Die Lehre vom Zwange, 1861.

Schneider, E.: Urteilsanmerkung, NJW 1966, S. 2399 ff.

Soergel - Siebert: Bürgerliches Gesetzbuch 10. Aufl., 1967.

Staudinger: Kommentar zum BGB, 11. Aufl., 1957.

von Tuhr: Der Allgemeine Teil des Deutschen Bürgerlichen Rechts, Bd. I, 1910; Bd. II, 1 Halbband 1914; 2 Halbband 1918.

— Über die Mängel des Vertragsschlusses nach schweizerischem Obligationsrecht, Zeitschrift für Schweizer Recht N. F. Nr. 17.

von Tuhr: Urteilsanmerkung, JW 1925, S. 2445.

Volkmar: Urteilsanmerkung, Entscheidungen des RAG und der LAG, Bd. 35, S. 118 f.

— Urteilsanmerkung, Entscheidungen des RAG und der LAG, Bd. 40, S. 340 ff.

Wenzel: Güteversuch, Vergleichsdruck und Drohung von der Richterbank, NJW 1967, S. 1587 ff.

Wieseler: Die Widerrechtlichkeit der Drohung als Erfordernis der Anfechtung wegen Zwanges, Diss. Rostock 1903.

Windscheid-Kipp: Lehrbuch des Pandektenrechts, 9. Aufl., 1906.

Verzeichnis der besprochenen und angeführten Entscheidungen

Reichsgericht

24. Okt.	1882	GruchBeitr. 27, 736 ff.	92, 93
16. Mai	1893	RGZ 31, 156 ff.	57
27. Okt.	1902	JW 1900—1902, 286	119, 129
8. Dez.	1904	RGZ 59, 351 ff.	28, 57
16. Jan.	1905	JW 1905, 134 ff.	57, 71, 89
28. Jan.	1905	JW 1905, 200	21, 23, 28, 113
16. Dez.	1905	JW 1906, 82 ff.	113
9. Juni	1906	Zeitschr. f. Rpfl. in Bayern 1906, 479 ff.	57, 93
16. Dez.	1908	JW 1909, 11	138
3. März	1910	GruchBeitr. 54, 883 ff.	93
3. Nov.	1910	WarnRspr. 1911, Nr. 4	138
22. Okt.	1910	WarnRspr. 1910, Nr. 407	51
20. Jan.	1913	WarnRspr. 1913, Nr. 183	31
20. Jan.	1913	WarnRspr. 1913, Nr. 186	113
15. März	1913	JW 1913, 638 ff.	57, 93
13. Juni	1913	JW 1913, 1033	57, 72, 89
1. Dez.	1914	JW 1915, 238 ff.	57, 93
23. Jan.	1915	Recht 1915, Nr. 818	31
5. Jan.	1917	Recht 1917, Nr. 1767	43
8. Febr.	1917	JW 1917, 459 ff.	31, 57, 92, 114, 116, 138
16. Mai	1917	WarnRspr. 1917, 264 ff.	114
14. Febr.	1918	Leipziger Zeitschr., 1918, 829	114, 116
5. Juli	1921	RGZ 102, 311 ff.	57, 58, 87, 88, 107
14. Febr.	1922	RGZ 104, 79 ff.	31, 35
27. März	1922	GruchBeitr. 66, 454 ff.	114, 151
29. Febr.	1924	RGZ 108, 102 ff.	31, 44, 56, 152, 155
3. April	1925	RGZ 110, 382 ff.	88, 97, 107, 114, 133
11. Dez.	1925	RGZ 112, 226 ff.	57, 59, 88, 107, 133, 135
25. Febr.	1927	WarnRspr. 1927, 118 ff.	30, 31
9. Febr.	1928	WarnRspr. 1928, Nr. 52	107, 143
3. Febr.	1930	Leipziger Zeitschr., 24, 1235	92, 93
25. Febr.	1930	SeuffA 84, 261 ff.	152
19. Mai	1930	WarnRspr. 1930, 420 ff.	29
3. Juni	1930	HRR 1930, Nr. 1595	57, 90, 133
18. Dez.	1930	JW 1931, 2140 ff.	112, 113
20. Febr.	1933	WarnRspr. 1933, Nr. 58	97
5. Okt.	1933	HRR 1933, Nr. 1828	133
31. Jan.	1936	SeuffA 90, 161 ff.	22, 28
16. Nov.	1939	HRR 1940, Nr. 140	88, 89, 93, 95
25. Jan.	1941	RGZ 166, 40 ff.	59

Bundesgerichtshof

14. Juni	1951	BGHZ 2, 287 ff.	52, 59, 73, 74
26. Juni	1952	BGHZ 6, 348 ff.	24, 67
19. Nov.	1953	BGHSt 5, 254 ff.	88
8. Okt.	1955	MDR 1957, 26 ff.	106
17. Jan.	1957	JW 1957, 596	88
23. Sept.	1957	BGHZ 25, 217 ff.	14, 31, 52, 65, 74, 79, 96, 136
17. Okt.	1960	LM Nr. 23 zu § 123 BGB	107
20. Juni	1962	JZ 1963, 318 ff.	36, 42
6. Febr.	1963	WM 1963, 511 ff.	87, 89, 107
25. Juni	1965	LM Nr. 32 zu § 123 BGB	52, 79, 109
6. Juli	1966	JZ 1966, 753 ff.	24, 27
28. Mai	1969	MDR 1969, 741 ff.	75
18. Mai	1972	WM 1972, 946 ff.	110, 141, 144, 149

Reichsarbeitsgericht

9. Aug.	1929	ArbRechtSamml. 6, 601 ff.	120
20. Dez.	1930	ArbRechtSamml. 11, 589 ff.	121, 123
20. Dez.	1930	ArbRechtSamml. 11, 121 ff.	123
10. Jan.	1931	ArbRechtSamml. 11, 598 ff.	121
14. Febr.	1933	ArbRechtSamml. 18, 86 ff.	121, 123
6. Nov.	1935	ArbRechtSamml. 25, 135 ff.	123
13. Nov.	1940	ArbRechtSamml. 40, 334 ff.	23, 28

Bundesarbeitsgericht

2. Mai	1957	AP Nr. 1 zu § 180 BGB	89
30. März	1960	AP Nr. 8 zu § 123 BGB	158
14. Juli	1960	AP Nr. 13 zu § 123 BGB	125, 157
3. Mai	1963	AP Nr. 1 zu § 781 BGB	88, 91
15. Okt.	1969	AP Nr. 18 zu § 123 BGB	74, 121
20. Nov.	1969	AP Nr. 16 zu § 123 BGB	66, 69, 158

Oberlandesgerichte

Berlin (Kammergericht)	Bl. f. Rechtspfl. i. Bez. des KG, 1908, 102 ff.	93
Braunschweig	SeuffA 46, Nr. 168	113
Hamburg	SeuffA 37, Nr. 269	88
Hamburg	HansGerZ 1907, 228	72, 89
Hamburg	HansGerZ 1934 B, Nr. 194	129
Hamm	ZblJR 1955, 294 ff.	60, 61
Jena	Bl. f. Rechtspfl. in Thür. u. Anh., 60, 258 ff.	116
Karlsruhe	Badische Rechtspraxis 1906, 122	93
Karlsruhe	Badische Rechtspraxis 1907, 128 ff.	113
Kiel	SchlHAnz. 1906, 292 ff.	46

Landesarbeitsgerichte

Gleiwitz	ArbRechtSamml. 35, 118 ff.	77
Hannover	MDR 1951, 36 ff.	123

Landgerichte

Paderborn	MDR 1951, 102 ff.	63, 69

Sonstige Gerichte

Königliches Obertribunal	Entsch. d. Kgl. ObTr. N.F. 7, 97	85
OGH für die britische Zone	OGH-HEZ 2, 228 ff.	31

MIX
Papier aus verantwortungsvollen Quellen
Paper from responsible sources
FSC® C105338

Printed by Libri Plureos GmbH
in Hamburg, Germany